JN439100

이동소 수필집

영
끝

수필집

이동소

세종출판사

| 머리글

중국에서 코로나19 확진자가 발생한 지 2년, 세상은 대혼란 속에 빠져 허덕이고 있다. 코로나바이러스의 확산은 전 세계의 사회, 정치, 경제, 문화 전반에 걸쳐 치명적인 변화를 초래했다. 만물의 영장 인간이 만든 기존의 시스템이 고작 미생물 하나에 의해 뿌리째 흔들리고 있는 게다. 전쟁이 터진 것도 아니고, 멀건 대낮에 벼락을 친 듯 사람들이 죽어나간다.

모든 게 혼돈이다. TV를 틀면 연일 코로나로 황폐해져가는 세상 뉴스가 사람을 주눅들게 한다. 국내외 경제가 흔들리니 정국 또한 불안하다. 백신과 치료약을 개발하면서 코로나사태에 대응하고 있지만, 바이러스 또한 만만치 않다. 약이 독해질수록 코로나바이러스 역시 변이를 일으켜 그 세력을 키워가고 있으니 말이다. 국민들은 이제 국가를 믿지 못하고, 내일에 대한 정책이나 공약에 대해 실낱같은 기대도 걸지 못한다. 앞으로의 인류역사는 필시 인간과 코로나 바이러스와의 엎치락뒤치락하는 씨름판 역사가 되지 싶다.

요즘 신조어로 '영끌'이란 말이 있다. '영혼까지 끌어 모으다'를 줄인 말로, 무슨 일을 도모할 때 부족한 걸 여기저기서 모조리 끌어 모아 채운다는 뜻이다. 그런데 요즘 이 말이 노동만으로 부富를 축적하기 어려워진 젊은 세대가 빚을 내어 부동산과 주식 등에 투자하는 현상을 가리키는 사회경제용이가 되이비렸다.

개인적으로 나는 '영끌'이란 말을 좋아한다. 내 삶의 신조가 바로 '영끌'이기 때문이다. 세상사 모두가 어디 쉬운 게 있던가. 벌거벗은 몸으로 전쟁터 같은 이 지구에 내동댕이쳐지는 순간부터, 목숨을 부지하고 살아가는 매일 매일이 살얼음판이니 말이다. 특히 나처럼 흙수저에다 특출한 능력도 없이 태어난 열등생에겐 이 세상은 시작부터 버겁고 주눅드는 씨름판이다. 그러니 생존싸움에서 밀리지 않고, 남에게 손가락질을 받지 않으려고, 나는 일생 동안 죽을힘을 다해 나 자신을 '영끌'로 무장하며 살아왔다.

이제 내 나이 칠순, 코로나사태로 미루어왔던 네 번째 수필집을 발간하게 되어 나름 뿌듯하다. 일선에서 물러나 조용히 살아갈 나이에 무슨 욕심이 있으랴만, 글을 쓰는 시간이 나에겐 고단한 삶의 힐링작업이고, 스스로에게 파이팅 주문을 거는 시간이다. 세상이 아무리 암울하고 어지러워도 내가 중심을 잘 잡아야 한다. 환경에 휘둘리지 말고, 주눅 들지 말고, 삶의 선배로서 모범을 보여야 한다. 늙어가는 육신은 어쩔 수 없지만, 영혼만은 젊은 시절처럼 하루하루를 열정과 에너지를 쏟아 부으며 '영끌'로 무장하며 살아가야 한다. 이런 각오로 살아가고파 이번 수필집 이름을 『영끌』로 지었다.

제1부 「인생구조기술사」에선 인생 해거름을 살아가면서 나름 깨달아가는 삶의 철학을, 제2부 「애물단지」에선 나와 끈끈한 인간 고리를 맺고 살아가는 가족과 지인들의 애틋한 이야기를, 제3부 「방

관자」에선 세상 속에서 인간이 살아가는 삶의 모습과 법칙을 확대경으로 재조명했다. 그리고 제4부 「스케치」에선 주변에서 내가 맞닥뜨리는 사건이나 사물을 나름의 시선으로 들여다보며 사색하는 이야기를, 마지막으로 제5부 「은하철도999」에서는 앞의 수필집과 마찬가지로 지구를 돌아다니며 보고 듣고 느낀 기록을 기행수필로 엮었다.

부족한 내 글이 인생 해거름을 함께하는 동료들과 암울한 시기를 보내고 있는 누군가에게 공감이 가고 잠시나마 위로가 되길 바란다. 부디 인류가 직면한 코로나재앙을 우리 모두가 합심하여 잘 극복하고, 하느님 보시기에 좋은 평화로운 세상이 빨리 도래하길 기원한다.

차례

▌머리글 · 4

제1부
인생구조기술사

인생구조기술사 ___ 15
노인을 거부하다 ___ 20
지구별 여행자 ___ 25
세수도 안하는 여자 ___ 30
영끌 ___ 35
시속 50킬로 ___ 40
아침의 기적 ___ 45
헤어 롤러(hair roller)로 젊음을 말다 ___ 50
진광불휘眞光不煇 ___ 55
흙수저, 금수저 ___ 60

제2부

애물단지

애물단지 ___ 67

이별연습 ___ 72

언니의 삭발 ___ 77

자식 해바라기 ___ 82

형부와 춘란 ___ 87

카레를 끓이며 ___ 92

모녀인연 ___ 97

할머니는 지구파괴자 ___ 102

애어른 ___ 108

고향의 느티나무, 현봉玄峰선생님 ___ 113

제3부

방관자

방관자 ___ 121

소소한 일상이 그립다 ___ 126

코로나 레드(Corona Red) ___ 131

플렉스(flex) ___ 136

언택트(untact)시대 ___ 141

딩크(Dink)족 ___ 146

우테크 ___ 151

윤리방정식 ___ 156

오물을 토하다 ___ 161

할매니얼 열풍 ___ 166

제4부

스케치

연꽃에게서 배우다 ___ 173

화두, 한재 미나리 ___ 178

반려견에서 인생을 ___ 183

유기견 ___ 188

수명 ___ 193

귀뚜라미의 부활 ___ 197

비문증飛蚊症 ___ 201

손수건 ___ 206

지방종脂肪腫 ___ 210

저녁 같이 드실래요? ___ 215

발로 창조하는 천상의 소리 ___ 220

죽음의 무도 ___ 225

어머니의 노래, 트로트(trot) ___ 230

찐팬의 가슴앓이 ___ 235

세상에서 제일 아름다운 풍경 ___ 240

제5부

은하철도 999

지구탈출 캡슐을 타다 ___ 247

나이아가라를 정복하다 ___ 251

하늘에 바벨탑을 쌓다 ___ 264

맨해튼의 밤거리, 뉴요커가 되어 ___ 270

천섬(Thousand Islands) ___ 275

포스토니아 동굴을 찾아서 ___ 282

플리트비체 국립공원 ___ 288

고래상어와 아들 ___ 293

인생구조기술사

행복은 스스로 만드는 것.

인생이 하나의 드라마이고
마라톤일진대,
기나긴 여정의
오르막과 내리막,
폭염과 한파를
순간순간
누가 더 액티브하게
즐기며
살리는지
그게 더
중요한 게
아닐까?

인생구조기술사

서울 롯데월드 타워 전망대. 입장료가 아까워 구경을 해야 하는데 앞이 아찔하다. 우스운 건 어릴 적부터 고소공포증이 있으면서도 어딜 가나 높은 전망대는 다 올라야 직성이 풀린다. 안개인지 미세먼지인지 희뿌연 유리 너머 서울 시내가 장난감 모형처럼 오목조목 나타난다. 미세한 바람에도 건물이 흔들릴 것 같은 불안감이 엄습해 온다. 문득 이 높은 빌딩을 어떻게 올렸으며, 비상시엔 어떻게 안전을 유지하는가 하는 생각이 든다.

롯데월드 타워는 지상 123층, 지하 6층으로 전망대 높이가 554.5미터로 중국의 핑안 파이낸스센터와 상하이타워, 두바이의 부르즈 할리파 다음으로 세계에서 4번째로 높은 빌딩이다. 그중 서울 스카이는 117층부터 123층까지 7개의 층인데, 118층에는 유리로 된 바닥이 있어 밑을 볼 수 있다.

언젠가 이 롯데월드 타워를 만든 최첨단기술에 대한 동영상을 보았다. 세계 제일을 자랑하는 각 나라 건축기술에다 최첨단 IT기술을 넣어 설계를 하고, 화재나 지진 등의 비상사태 시엔 건물내부에서 자체로 해결할 수 있도록 구조설계를 한 것을 보고 놀라지 않을 수가 없었다.

건물이 자연재해나 어떤 물리적인 충격에도 거뜬히 지탱할 수 있으려면 건물자체의 내력이 외부의 힘에 견딜 수 있게 설계되어야 한다. 갑작스런 재해나 돌발적인 외압에 견뎌내기 위해선 건물이 서 있는 밑바탕이 견고해야 함은 물론, 철골이나 벽돌 등 건물의 재질이 튼튼해야 한다. 그리고 그 자재들을 어떻게 정밀하게 잇고 연결하는가에 따라 강도가 달라진다. 이렇게 빌딩이나 건물의 안정도를 설계하는 사람이 바로 건축구조기술사다. 방풍, 내진, 화재, 보안뿐 아니라 어떤 자재와 어떠한 각도로 이들을 연결해야 건축물이 안정한가를 연구하고 기획하며 진단하는 일을 하는 건축사다.

건축구조기술사는 옛날 단독주택 시대엔 상상도 못한 직업군이다. 고작 땅을 파서 철골을 심고, 돌과 흙으로 벽을 쌓아올린 후 지붕을 씌우면 건물이 완성되었으니 말이다. 당시는 집이란 개념 역시 추위와 비바람을 피하는 공간으로 생각했다. 하지만 하늘 높이 오르고 싶은 인간의 욕심에 비례해서 건물은 높아져갔고, 그에 따라 안전문제가 대두된 것이다. 바탕은 허술한데 욕심이 과하면 화를 부르는 것은 인생이나 건물이나 매한가지다. 우리네 인생사가 그렇듯, 건물도 거짓말을 하지 않는다. 건물을 올린 기초가 얼마나 깊고 튼튼한가, 얼만큼 좋은 재료로 신중을 기해 올렸는가가 바로 건물의 안정도를 결정하기 때문이다. 하늘에 닿을 듯한 롯데월드 타워가 태풍이나 지진에도 끄떡없는 이유가 바로 이것이다.

한 사람의 인생도 하나의 건축물과 같다. 자신의 인생 건물을 올리기 전에 얼마나 기초를 잘 다졌는가가 제일 중요하다. 어린 시절엔 게으름을 피우지 말고 열심히 지식과 지혜를 습득해서 세상과 맞설 기초를 튼튼히 다져야 한다. 그리고 자신의 인생 탑을 올릴 땐 소신껏 용기 있게 삶을 펼쳐나가야 한다. 소심한 마음에 아직 도래하지도 않은 미래의 태풍이나 쓰나미를 생각하곤 지레 겁을 먹으면 진전이 없다. 오늘이 이 세상 마지막인 양, 한 방울의 기름과 영양소를 모조리 태워 자신의 오늘을 쑥쑥 성장시켜야 한다. 그러기 위해선, 설령 내일 모진 풍파와 시련이 닥칠지라도 그에 대응하는 내력이 있어야 한다. 그 힘이 바로 세상과 맞서며 앞으로 돌진해갈 자신의 꿈이나 희망 같은 게 아닐까 싶다. 결코 포기할 수 없는 한 맺힌 목표나 소원! 그런 게 있다면, 눈앞의 작은 벽이나 돌멩이에 걸려 넘어지진 않을 테니 말이다.

돌아보면, 나도 나름 참으로 열정적으로 살았던 것 같다. 가진 것 없고, 나 스스로 남들보다 뛰어난 DNA가 아닌 걸 알기에, 게으름을 피우다간 세상에서 도태될 것 같은 위기감에 항상 긴장하며 나를 중무장하고 달렸다. 그리곤 열심히 달린 대가로 나름의 목표에 도달했고, 그게 최상인 듯 그 무대 위에서 내가 맡은 역役을 열심히 연기하며 살았다. 그런데 이제 해거름에 서서 뒤를 돌아보니 모두가 안개처럼 아스라하다. 가장 큰 문제는 나를 지탱해주고 내 삶의 전부라고 생각했던 철골이 흔들리고 있다는 점이다. 내가 그토록 갖고 싶어 했던 것들, 도달하고 싶은 자리들이 모두가 시들하다. 몸은 이미 늙어 에너지가 바닥인데 손에 남은 건 아무것도 없고, 무얼 위해 달렸는지도 아리송한 게 서글프기 짝이 없다.

지인 중에서 젊어서부터 마라톤을 즐겨하던 사람이 있다. 그는 마라톤을 또 다른 인생길로 비유했다. 정해진 코스를 따라 아무 생각 없이 달리면서 자신을 깡그리 잊어버리고 다시 찾는 과정이라고. 그리고 골인점을 통과한 후엔 뿌듯한 희열과 상실감이 교차한다고도 했다. 이제는 그 말이 무슨 뜻인지 어렴풋이 알 것 같다. 나의 의지가 아니라 누군가가 정해준 코스를 따라 우리는 무작정 달린다. 왜 달리는지, 그 목적지가 어딘지도 모른 채 말이다. 하루하루가 전쟁터인 삶 속에서, 군중과 함께 숨 쉬고 땀을 흘리며 내가 아직은 살아있다는 걸 느낀다. 그리곤 그렇게 꿈꾸던 목표를 달성한 후엔 잠시의 기쁨과 함께 회의가 인다. 이게 과연 내가 그토록 꿈꾸며 힘들게 달려온 종착지인가, 그럴 가치가 있는가 하는 생각이다.

한 생을 살고 보니, 인생을 행복하고 견고하게 지탱하는 철골은 그 어떤 객관적인 척도가 아닌 것 같다. 세상의 눈으로 보는 부富나 명예는 더더욱 아니다. 내 의지와는 무관하게 갑자기 세상 속으로 던져진 나라는 인간! 그런 내가 이승의 삶을 무난하게 마치려면, 나라는 존재에 대한 인식부터 제대로 해야 한다. 내 존재를 결코 과대평가하지도 과소평가하지도 말며, 그냥 마라톤 대열 속에 달리는 한 선수로 인정해야 한다. 출발점이 있으면 반드시 결승점이 있다. 시간이 지나면 누구든 결승점에 골인하게 되어있다. 출발 시 누가 조금 유리하게 시작하더라도, 달리는 도중 누가 더 폼 나게 차려입고 달리더라도, 중간에 누군가 운 좋게 지름길로 가게 되더라도, 이를 부러워할 이유가 하나도 없다. 어차피 도착하는 종착역은 똑같으니 말이다.

행복은 스스로 만드는 것. 인생이 하나의 드라마이고 마라톤일진대, 기나긴 여정의 오르막과 내리막, 폭염과 한파를 순간순간 누가 더 액티브하게 즐기며 달리는지 그게 더 중요한 게 아닐까? 그러려고 하면 당연히 몸피를 줄여 가볍게 달려야 한다. 치렁치렁 멋스레 걸치고 싶은 욕심을 내려놓고, 결승점에 골인할 때까지 가난한 자존감을 지키며 버틸 수 있는 내공! 이게 바로 마라톤의 진한 맛을 즐기며 탄탄한 인생길을 달리기 위한 중심철골이 아닐까싶다.

요즘 들어 조그만 미풍에도 내 인생의 주축이 흔들린다. 작은 것에 감동을 받는가 하면, 별것 아닌 것에 상처를 입고 진물이 흐른다. 남은 삶, 드센 풍랑에도 내 삶을 튼튼히 지탱해 줄 인생구조기술이 절실한 이유다.

노인을 거부하다

간만에 얼굴에 마사지를 한다. 호박에 줄을 긋는다고 수박이 되랴만, 마사지크림을 얼굴에 골고루 바른 후 정성껏 두 손으로 문지른다. 그리곤 인간 지방줄기세포가 들어있는 마사지 시트를 얼굴에 맞추어 붙인다. 내 얼굴이 비정상인지 크기가 맞지 않다. 하얀 시트를 바른 얼굴이 괴기영화 속의 유령 같다.

얼마 전만 해도 조카며느리가 운영하는 뷰티 샵에서 주기적으로 관리를 받았다. 근육을 풀어 몸속에 쌓인 젖산과 노폐물을 배출시키는 게 주목적이었지만, 얼굴도 덤으로 관리를 해주었다. 그런데 코로나사태로 무려 6개월 동안 근육마사지는 물론 얼굴에 신경을 쓸 겨를이 없었다. 그런데 오늘 거울을 보니 거울 속의 얼굴이 낯설기만 하다. 한 노인이 서글픈 미소를 지으며 나를 바라보고 있다.

동물과 마찬가지로 인간은 출생 후 꾸준히 성장을 하며, 사춘기를 지나면서 육체적으로 최고의 성숙기를 맞이한다. 하지만 아쉽게도 25세 전후에 그 전성기가 끝나고, 이후부터 노화가 서서히 진행된다. 100세 인생에서 1/4 시기에 벌써 노화가 시작된다니 서글픈 일이 아닐 수 없다. 그리곤 나이가 들면서 신체 각 기관들의 성능은 점차 쇠퇴하게 되고, 그 결과 온갖 병을 앓아가며 노년기를 보내다가 죽음을 맞이한다. 생로병사生老病死는 조물주의 피조물인 연약한 인간이 걸어가야 할 숙명적 과정인 게다.

작품 「노인과 바다」로 노벨상을 받은 헤밍웨이는 나이가 들어 늙어가는 걸 아주 싫어했다고 한다. 그는 노인취급을 당하는 것을 모욕으로까지 받아들였다. 그러기에 자신이 젊고 강인하다는 걸 스스로 각인하기 위해 킬리만자로를 돌아다니며 사냥을 하고, 카리브 해에서 며칠씩 파도와 싸우며 대어낚시에 매달리기도 했다. 심지어 경비행기를 타다가 사고가 나서 세 번이나 죽을 고비를 넘겼다. 그의 일생은 작품 「누구를 위하여 종을 울리나」처럼 그 자체가 도전과 모험의 연속이었던 셈이다.

「노인과 바다」에서 늙은 어부 산티아고는 대어를 낚는 데는 성공하지만, 상어 공격을 받아 대어를 육지로 끌고 오는 데는 실패한다. 결국 앙상한 뼈대만 남은 물고기를 끌고 오게 되지만, 노인은 '인간은 파괴될 수는 있어도 정복될 수는 없다.'며 스스로를 위로한다. 헤밍웨이는 늙은 어부의 입을 통해 목숨만 유지하는 노인생활을 거부하고, 끝까지 용기와 도전을 하는 매력 넘치는 남성미를 보여주고 싶었던 게다. 그의 나이 불과 62세, 비행기 추락사로 입은 부상이 악화

되어 글쓰기가 어려워지고 침대에 들어 눕게 되자 그는 총으로 스스로 목숨을 끊어버렸다.

나 역시 그랬다. 나는 어릴 때부터 늙고 병든 노인을 보면 마냥 애처롭고 불쌍하게 보였다. 그 이유는 확실치 않지만, 가난한 시골에서 자라면서 친척이나 이웃 노인들이 중병이 들어도 병원에도 제대로 가보지 못하고 죽는 걸 너무 많이 보았기 때문이 아닐까 하는 생각이 든다. 교직생활 초기, 공립중학교에 막 발령이 나서 몸도 마음도 한창 싱그러울 때였다. 학교에 40대쯤 되어 보이는 음악과목 강사가 있었다. 정식교사가 아닌데도 그녀는 늘 명랑하고 사람들과 어울리는 걸 좋아했다. 게다가 멋 부리는 걸 좋아해, 날마다 높은 하이힐에다 몸에 착 달라붙는 치마정장과 화려한 스카프를 두르고 나타났다. 얼굴엔 기미가 가득하고 눈가 주름이 시선을 끌었지만, 그녀는 언제나 당당했고 커피타임이나 술자리에선 여왕자리를 차지하며 인기를 끌었다. 옷이 바뀔 때마다 다들 그녀에게 아름답다고 칭찬을 하며 아부를 하는데, 내 눈엔 그 선생님이 그렇게 가여울 수가 없었다. 그때 나는 생각했다. '늙는 건 너무 추하고 불쌍하다. 난 40세 전까지, 아름다울 때까지만 교편을 잡으리라.'고.

교편을 잡는 동안에도 문득문득 그 선생님 생각이 났다. 세월이 흘러 어느새 내 나이가 마흔이 되었을 즈음, 그 옛날 나 스스로에게 한 약속이 떠올랐다. 그런데 우스운 건, 그때 거울 속의 나를 보니 아직은 싱싱하고 젊어보였다. 그리곤 내가 그렇게 두려워하고 경멸하던 나이, 쉰 살이 되었다. 그런데도 내 눈엔 내가 그렇게 추하단 생각이

들지 않았다. 이 얼마나 모순적이고 자가당착인가 말이다.

이제야 어렴풋이 알 것 같다. 생각해 보면, 나이는 어디까지나 인간 스스로가 만든 시간개념일 뿐이다. 그런 의미에서 사회적 나이는 인간이 제도적으로 만든 약속이라 어쩔 수 없지만, 정신적 나이는 자기 스스로가 만드는 것이다. 자신의 삶을 얼마나 액티브하고 젊게 살아가는가에 따라 그 나이가 결정되니 말이다. 그 여선생님이 그렇게 자신만만했던 건, 세상을 열정적으로 살며 스스로를 젊고 아름답다고 생각했기 때문이다. 그러니, 그녀는 늘 소녀였다. 반면에, 어릴 적부터 고생을 많이 한 탓에 일찍부터 노인행세를 한 내가 되레 불쌍한 존재였던 게다.

이 세상은 인간과 인간의 관계로써 돌아간다. 태어나면서부터 가족이란 혈연조직으로부터 출발해서, 성장하면서 크고 작은 조직과 사회의 단체에 속하게 된다. 그게 어떤 모임이든, 거기서 제각기 맡은 역할을 충실히 해야 그 조직이 조화를 이루고 매끄럽게 돌아간다. 경험이 풍부한 어른이 해야 할 역할이 있고, 새내기 젊은이가 맡을 일이 따로 있다. 모두가 젊은이의 역할만 고집한다면 사회는 어떻게 될까? 어린 것이 연장자를 마음속으로 업신여기고 가엾게만 본다면 어른노릇은 누가 할까 말이다

젊은이와 노인과의 차이는 무엇일까? 물론 신체적 조건이 다르다. 생물학적으로 젊은이는 세포의 대사활동이 활발하고, 감각기관과 운동기관의 신경 전달속도 역시 빠르다. 하지만 노인들은 세포노화로 인해 신체기관의 성능이 떨어질 뿐 아니라, 외부 자극에 대한 감각과

반응도 둔하다. 하지만 정신적 나이는 다르다. 아무런 희망도 없이 그냥 오늘의 삶에 안주하는가, 아님 오늘보다 더 나은 내일을 위한 꿈이 있는가에 따라 영혼의 나이가 결정되기 때문이다. 스스로를 늙은이라 자처하며 모든 걸 포기한 채 세상의 음지에서 웅크리고 살아가는 자는 노인이지만, 아직은 자기에게 창창한 미래가 있다고 믿으며 매일 새로운 꿈을 꾸고 도전을 하는 자는 언제까지나 청춘이다.

꿈은 세월에 녹슬지도 않고, 나이를 먹지 않아 참 좋다. 눈가 주름은 어쩔 수 없지만, 나는 아직도 내일에 대한 설렘 속에 작은 꿈 하나를 가슴에 품고 산다. 하지만 이제 그 꿈은 화려하지 않고 소탈하다. 젊은 날처럼 막무가내 산 너머 무지개를 쫓아가는 꿈이 아니라, 지금 내 위치에서 버릴 건 버리고 속을 튼실하게 살찌우며 멋지게 늙어가는 꿈이다. 빈 손으로 태어나 그동안 세상으로부터 공짜로 받고 누린 것에 감사하며, 죽기 전에 세상에 하나씩 되돌려주고 갚는 것도 하느님 보시기에 좋을 성싶다.

세월의 강물에 나를 맡긴다. 노인을 거부하고 팽팽한 얼굴의 젊은이를 부러워할 게 아니라, 세월을 순순히 안고 얼굴에 고운 나이테를 하나씩 만들어가며 아름답게 익어가는 거울 속 내 모습을 그려본다.

지구별 여행자

친구로부터 카카오 톡이 왔다.

저녁 무렵, 젊은 여성이 전철에 앉아 있었다. 창밖으로 노을을 감상하며 가고 있는데, 다음 정거장에서 한 중년여인이 올라탔다. 여인은 큰 소리로 투덜거리며 그녀의 옆자리 좁은 공간에 끼어 앉았다. 그러고는 막무가내로 그녀를 밀어붙이며 들고 있던 여러 개의 짐 가방을 그녀의 무릎 위에까지 올려놓았다. 그녀가 처한 곤경을 보다 못한 맞은편 사람이 그녀에게 왜 여인의 무례한 행동에 아무런 항의도 하지 않고 그냥 앉아 있느냐고 물었다. 그러자 그녀가 미소 지으며 말했다.

"사소한 일에 화를 내거나 언쟁을 할 필요는 없지 않겠어요? 우리가 함께 여행하는 시간은 짧으니까요. 저는 다음 정거장에서 내리거든요."

간단한 메시지가 죽비로 내 등을 내리친다. 뻔히 알면서도 자꾸 잊어버리는 진리의 소리다. 아니, 잊어버리는 게 아니라 망각한 척하고 사는 게다.

인간은 지구별 여행자다. 지구라는 하나의 행성에 떨어져 한바탕 소풍을 끝낸 후 어김없이 다시 하늘로 돌아가야 한다. 내 의지와는 상관없이 이 별에 떨어졌지만, 어차피 정해진 시간을 놀다 가야한다면 이 여행을 맘껏 즐기다 가야한다. 따라서 그 짧은 시간에 아웅다웅할 게 없다. 그런데도 함께 여행하는 짧은 시간을 우리는 얼마나 많은 다툼과 무의미한 논쟁으로 허비하는가? 서로를 용서하지 않고 실수를 들춰내며 불평하느라 귀한 시간과 에너지를 얼마나 낭비하는가? 당장 나음 징거장에 내려야 할지도 모르는데 말이다.

인간은 절대자 신이 만든 피조물로서, 생명도 수명도 유한하다. 내 몸이지만 내 것이 아니며, 하물며 씨름판 이 세상에서 갈취한 소유물이나 재산 또한 내 것이 아니다. 내일이라도 주인이 가져가면 아무 대꾸 없이 내주어야 한다. 어디 그뿐이랴. 죽을 만큼 힘들게 올라간 고지에서 이제 막 자랑스레 공중 부양하려는데, 이승에서의 내 역할극이 끝났으니 즉시 내려오라는 명령이 떨어지면 가차 없이 막을 내리는 게 우리네 일생인 것이다.

시간은 강물과 같아서 막을 수도 없고, 되돌릴 수도 없다. 그러나 이 물을 어떻게 흘려보내느냐에 따라 시간의 질량은 달라질 수가 있다. 지금 이 순간에도 시간은 쉼 없이 흘러가고, 다시는 돌아오지 않는다. 시간은 어떤 경우에도 멈추는 법도, 더디게 흘러가는 법도 없다. 인간은 길어야 고작 100년의 삶을 살다가 죽는다. 그러니 매 순간이 바로 우리의 생명줄이다. 한 순간도 허투루 보내면 안 되며, 알차고 밀도 있게 사용해야 하는 이유다.

즐거운 여행엔 세 가지 조건이 맞아야 한다고 한다. 첫째는 짐이 가벼워야 하고, 둘째는 동행자가 좋아야 하며, 셋째는 여행을 마치고 돌아가면 반겨줄 집이 있어야 한다. 여행을 그렇게 다니면서 내가 아직도 잘 안 되는 것은 여행가방의 크기를 줄이는 일이다. 나름 만일의 변수에 대비하는 것이란 핑계를 대지만, 기실 따지고 보면 욕심주머니를 줄이지 못하는 게다. 이승의 모든 것은 여기 사는 동안 잠시 빌려 쓰는 것, 여행간 호텔에 비치되어 있는 치약과 같은 것이다. 그러니 언제라도 떠날 수 있게 가방을 가볍게 하고 다녀야 한다.

선천적으로 역마살이 끼여서인지 나는 틈만 나면 밖으로 나간다. 여고시절 내 버킷리스트 중 하나가 지구 한 바퀴를 훑고 돌아다니는 것이었다. 여행의 즐거움은 다람쥐 쳇바퀴 노는 일상을 이탈, 낯설고 신비스러운 세상을 찾아가며 보고 느끼는 희열이다. 하지만 같은 경비를 들여서 하는 여행이라도 여행 도중에 자신이 얼마나 편하게 즐기는가에 따라 여행의 질과 품격이 달라진다. 여행은 그 자체가 예측할 수 없는 이변의 연속일진대, 그때마다 불평을 하며 마음이 편하지 않으면 그 여행은 실패한 것이니 말이다.

내 여행의 첫 동행자는 딸이었다. 딸아이가 어릴 때 나랑 약속한 대로, 딸이 대학에 들어가고 나서 우리 모녀는 해외여행을 시작했다. 딸내미와 나는 무엇이든 긍정적으로 생각하는 편이다. 음식이 조금

안 좋아도, 숙소가 조금 불편해도 그걸 트집 잡지 않는다. 사랑하는 피붙이와 함께 하는 여행이니 집을 떠나는 순간부터 축복이고 행복이라고 생각하는 까닭이다. 둘은 가이드와 함께 하는 공식 일정이 끝난 뒤에도 거의 매일 밤나들이를 했다. 막대한 시간과 돈을 소비하며 즐기러 나온 터에, 외국에까지 와서 꾸역꾸역 잠만 자는 건 미련곰탱이다. 가볍게는 호텔 바를 찾기도 하지만, 대개는 야시장이나 밤거리를 돌아다니며 야간관광을 하고 술도 한잔씩 했다. 그러니 딸과 여행하는 내내 그대로 시간이 멈추어도 좋다는 생각이 매순간 들곤 했다.

딸이랑 10년 넘게 돌아다니다보니, 여행 짝이 남편으로 바뀌었다. 딸에겐 이제 함께 여행하고픈 남친男親이 생겼던 게다. 남편은 나이도 지긋하고 힘도 좋아 든든한 포터와 보호자가 되어주었다. 하지만 구관이 명관이라고, 딸만 못했다. 날이 갈수록 단점이 자꾸 발견되는 것이었다. 가장 심각한 것은 밤이었다. 그는 집에서도 TV를 켜놓고 자는 게 습관이 되어있는지라 나는 여행 내내 선잠을 자야 했다. 딸아이랑 즐기던 밤나들이를 하자고 했다간 단번에 거절을 당했다. 무엇보다 그는 여행 도중 계속 투정을 했다. 음식이 안 맞다, 가이드가 마음에 안 든다, 여행지에 볼 게 없다는 등 끊임없이 불평을 늘어놓았다. 그러니 나중엔 여행이 아니라 종일 노동을 하는 느낌까지 들었다. 영하 20도의 혹한 날씨 속에 이런 썰렁한 사람과 함께 꽁꽁 얼어붙은 캐나다와 미국을 돌아다닌 한 달, 시간마저 그대로 냉동되어버리는 것 같았다.

그런데 우스운 것은 한 세월이 훌쩍 지난 지금, 딸아이와의 여행은 물론 남편과의 여행조차도 순간순간이 그리운 추억으로 남아있다. 남편과 함께했던 그 귀한 시간들을 조금만 더 여유를 가지고 즐겼더라면 얼마나 좋았을까? 누구랑 하는 여행이든 지금에 비하면 그 때는 몸도 마음도 얼마나 건강하고 싱그러운 시절이었던가 말이다. 잠시 하는 여행도 이를진대, 하물며 100년을 해야 하는 지구별 여행을 더 말해서 무엇하랴.

인생이란 전철을 타고 잠시 지구별 여행을 하는 것! 우리의 최종 목적지는 그렇게 목숨 걸고 추구하던 진선미眞善美도, 불멸도 아니다. 이 짧은 여행에 불편하다고 투정할 게 무엇이며, 함께 탄 사람과 다툴 일이 무엇이랴. 기왕에 시작한 여행, 한껏 즐기면 될 것을 말이다. 지구별에서의 짧은 여행을 즐기는 비법은 세상이 아니라 나 스스로에게 있는 게다.

"나는 잠시 이곳에 여행을 왔다. 나는 곧 여길 떠날 것이다."

세수도 안하는 여자

나른한 토요일 오후, 세수도 안한 채 거실에서 빈둥거리고 있다. 실은 얼굴을 씻기 싫은 게 아니라, 오늘은 새 하루를 열기 싫은 게다. 아직 세수를 하지 않았으니, 나는 하루를 시작하지 않았다. 오늘은 세상 밖에서 혼자 나뒹굴고 싶다.

사람들은 습관처럼 아침저녁으로 세수를 한다. 국어사전에 '세수洗手'는 말 그대로, 손이나 얼굴을 씻는다는 의미이다. 어릴 적부터 익히고 생각 없이 반복해 온 행동이기에 그 누구도 불평 없이 이 일을 계속한다. 물론 몸을 씻는 일은 위생학적으로 볼 때나 사회적으로 볼 때도 그 당위성이 있다. 아침 세수로 밤새 몸에서 배출한 노폐물을 씻고, 저녁엔 온종일 세상에서 묻은 먼지와 땀을 씻어내기 위해서 샤워를 한다. 그리고 더러운 몸으로 공동체생활을 하는 건 가족이나 사회에서 접촉하는 사람들에게 민폐를 끼치는 것도 사실이다.

물의 주 속성은 더러운 걸 깨끗하게 정화시키는 역할로, 물로 씻는다는 행위는 많은 의미를 지닌다. 성서에서 물로 하는 세례는 어둠에서 광명으로, 죽음에서 새 생명을 가지고 태어남을 상징한다. 그런가 하면, 우리 조상들은 예로부터 정화수井華水를 떠놓고 천지신명에게 소원을 빌었고, 구도자求道者들은 쏟아지는 폭포수 아래서 어지러운 영혼을 정화시키기도 했다. 하지만 나에게서 세수는 물리적인 역할보단 하루의 시작과 끝을 상징한다. 아침에 일어나 세수를 해야 하루가 시작되고, 저녁에 돌아와 몸을 씻어야 하루가 마무리되기 때문이다. 그러니 나에게서 세수는 하루를 열고 닫는 일종의 전례 행위인 셈이다.

그럼에도 불구하고 한 번씩은 얼굴을 씻고 싶지 않을 때가 있다. 세수를 해서 버거운 새날을 맞이하기보단, 그냥 어제 그대로 머물고 싶은 날이다. 심신이 파김치가 되어 하루만이라도 세상 밖으로 튕겨나가 칩짐하고 싶은 날, 바로 오늘 같은 경우다. 고작 얼굴 하나를 씻지 않는 일이지만, 나에게서 이건 다람쥐 쳇바퀴를 돌리듯 살아온 일상에서 과감히 이탈하는 행위이니 일종의 외도外道 의미를 지닌다. 모든 걸 잊고 지구를 떠나 이름 모를 행성에서 피정避靜하는 날과 같은 게다.

나는 선천성 결백증이 있는 편이라 매일 몸을 씻는다. 하루도 샤워를 하지 않으면 몸이 찝찝해서 잠을 이룰 수가 없다. 그러니 결혼한 후 씻는 걸 싫어하는 남편이나 아이들과 한참 싸우기도 했다. 집안도 깨끗하게 반질거리지 않으면 직성이 풀리지 않았고, 식구들이 매일 몸을 안 씻고 속옷을 갈아입지 않는 게 내겐 큰 스트레스였다. 하지만 피할 수 없으면 즐기라고, 세월 따라 나도 조금씩 변해갔다. 어쩔 수 없이 내가 식구들 군단에 조금씩 동화되어간 게다. 깨끗하고 잘 정돈된 방안보단 조금은 어질러져 있는 게 마음이 평온하고, 빳빳하게 다린 옷보단 입던 옷이 더 편하다고 하던 어린 아들의 말이 이해되기 시작했다. 그러니 언제부턴가 우리 집은 '무질서가 질서'인 집으로 바뀌어버렸다. 하지만 세월이 흘러도 변하지 않은 게 하나 있다면, 그건 하루도 빠짐없이 내 몸을 씻는 일이다.

학창시절부터 나는 생체리듬이 다른 애들과는 달랐다. 밤에 공부나 작업을 해야 능률이 오르기 때문에 항상 밤늦게 자리에 드는 게 습관이 되어버렸다. 그러다 보니 나는 늘 잠이 부족하다. 아침에 알람소리를 듣고 몸이 벌떡 일어나도 뇌와 눈꺼풀은 작동을 거부한다. 이런 때 새날이 시작되었음을 뇌에게 알리는 작업, 곧 신경의 'OFF 모드'를 'ON 모드'로 바꾸는 작업이 바로 세수다. 차가운 물로 얼굴을 팍팍 두드려 씻고, 머리카락 사이에 물기 묻은 손을 넣어 벅벅 문지르면 그제야 정신이 든다. 세포들이 하나씩 꿈틀거리며 일어나 작동을 시작하는 것이다. 내가 원하든 원하지 않든, 오늘 새 하루가 왔음을 인정하며 그걸 엄숙하게 자각하고 받아들이는 절차, 그게 바로 세수인 게다.

생각해 보면, 한창 사회생활을 하던 당시 내가 몸을 씻고 얼굴을 씻는 일은 일종의 전례 행위였다. 아침에 일어나 세례를 받듯 머리에 물을 발라 영혼을 리뉴얼시키고, 화장품으로 나를 한껏 분장하는 작업은 두려운 전쟁터로 들어가기 전에 나를 무장시키는 의식이었으니 말이다. 그리곤 먼지 풀풀 날리는 전장戰場으로 돌진해 들어가 온종일 신경을 곤두세워 전투를 치러야 했고, 해가 저물면 폭격 맞은 패잔병처럼 절뚝거리며 집으로 돌아와 단내 나는 하루를 뜨거운 물로 씻어내었다. 따라서 나에게서 아침 세수는 기꺼이 하루를 받아들이겠다는 긍정의 염원이고, 저녁 샤워는 지친 심신을 스스로 다독이고 오늘 하루도 무사히 지냈음에 감사를 드리는 기도인 셈이다. 그런 의미에서 오늘처럼 내가 세수를 안 한다는 말은 곧, 세상과 오늘을 거부하는 것이요, 나와 세상과의 단절을 의미한다고 할 수 있다.

인간의 역사는 인간 스스로가 만든 시간의 단위로 이루어져 있다. 그런데 언제부턴가 인간은 자신이 만든 시간의 노예가 되고 말았다. 짧은 시간에 최대의 효과와 능률을 올린다는 명목으로, 하루를 쪼개고 시간을 더 쪼개어선, 그 틀 속으로 자신을 밀어 넣곤 앞만 보고 돌신한다. 하지만 성공을 담보로 자신의 시간을 반납하는 것 그 자체가 불행이다. 거기엔 인간의 가장 중요한 품격品格, 자유와 여유가 없으니 말이다. 초바늘에 따라 움직이는 인간은 영혼을 상실한 로버트일 뿐이다.

나이가 들어서인지 요즘은 세상을 보는 눈과 취향이 많이 바뀌어 가는 걸 느낀다. 어깨에 힘을 준 품격 있는 옷보단 느슨하고 편안한 걸 찾게 되고, 멋지고 중후한 신발보다 가볍고 편한 신발을 찾는다. 사람도 마찬가지다. 세상의 잣대와 이해관계를 떠나 그냥 보면 즐겁고 편한 사람을 만난다. 화려한 장밋빛 인생이 아니라 풋풋한 흙냄새를 풍기는 들꽃의 삶이 더 좋아진 까닭이다. 세상 굴레와 욕심의 끈을 과감히 자른 후의 가벼운 삶이 주는 넉넉함, 몸빼바지를 입은 듯한 편하고 여백 있는 삶이 절실한 까닭이다.

다람쥐 쳇바퀴 돌리는 일상에서 한 번씩 이탈하는 건 스릴 있고 재미있는 일이다. 몸을 씻는 일도 마찬가지다. 이따금씩 그 과정을 생략하면 육신도 편하고 영혼이 자유롭다. 누가 내게 과제를 준 것도 아닌데 스스로 일거리를 만들어 목에 굴레를 씌우는 게 얼마나 어리석은가 말이다.

벌러덩 거실 바닥에 드러눕는다. 반려견 두 녀석이 호위병처럼 덩달아 곁에 눕는다. 전신에 힘을 빼자 나른 나른 몸이 땅속으로 빠져든다. 서산으로 넘어가는 따스한 햇살이 거실을 가득 채운다. 눅눅한 행복바이러스가 봄 아지랑이처럼 피어오른다. 오늘, 세수를 안 한 여자가 누리는 행복이다.

영끌

날마다 집값이 폭등한다. 국가의 부동산정책의 실패로 서울의 집값이 1년 사이 80퍼센트가 올랐다고 한다. 그러니 운 좋게 로또에 당첨되거나 금수저를 가지고 태어난 경우를 제외하곤, 젊은이들이 서울에서 직장생활을 하며 돈을 모아 제집을 마련하는 건 거의 불가능하다. 서울의 아들네도 예외가 아니다. 아들 내외가 성실하게 일하며 저축을 하고 있지만, 10억이 넘는 집을 마련하려면 한 세월을 보내야 하지 싶다. 자식에게 아무것도 물려준 게 없는 부모의 입장에선 미안하고 안쓰러울 뿐이다.

요즘 신조어로 '영끌'이란 말이 있다. '영혼까지 끌어 모으다'를 줄인 말로, 무슨 일을 할 때 부족한 것을 여기저기서 모조리 끌어 모아 채운다는 뜻이다. 그런데 요즘 이 말이 노동만으로 부富를 축적하기 어려워진 젊은 세대가 빚을 내어 부동산과 주식 등에 투자를 하는 현상을 가리키는 사회경제용어가 되어버렸다. 이른바 '영끌 대출', '영끌 투자', '영끌 주식'이란 말이 바로 그것이다.

2019년 중국 우한 시에서 비롯된 코로나사태가 전 세계로 퍼져 장기화되면서 세계경제는 물론 한국경제도 바닥을 치고 있다. 잘 나가던 회사가 도산되고 가게가 문을 닫자 실직자가 무더기로 쏟아진다. 직장을 잃고 갑자기 생계가 막막해진 젊은이들의 고독사孤獨死 뉴스가 연일 보도된다. 그러니 끝이 안 보이는 터널 같은 미래에 불안을 느낀 2030세대들은 로또처럼 뭔가 한방에 돈을 벌 수 있는 걸 찾는다. 이를 테면 부동산이나 주식, 가상화폐 등이다. 이들은 할 수 있는 모든 수단을 총동원해서 투자자금을 끌어 모은다. 그야말로 영혼까지 끌어 모으는 세다. 은행의 담보대출이나 신용대출은 물론, 고금리인 제2금융권 신용상품, 심지어 카드사의 현금서비스와 카드론까지 끌어들여 집을 사거나 주식과 가상화폐 등에 모험을 건다. 그러나 부동산 투자도 그렇지만, 주식이나 가상화폐는 더 위험한 게 현실이다. 한탕 이익을 취하곤 어느 날 바람처럼 사라지는 '먹튀' 유령회사들이 난무하는 시장이다 보니, 한순간에 전 재산을 잃어버리고 나락으로 떨어지는 청년들이 부지기수不知其數라고 한다.

개인적으로 나는 '영끌'이란 말을 매우 좋아한다. 내 삶의 신조가 바로 '영끌'이기 때문이다. 세상사 모두가 어디 쉬운 게 있던가. 벌거벗은 몸으로 전쟁터 같은 이 지구에 내동댕이쳐지는 순간부터 목숨을 부지하고 살아가는 매일 매일이 살얼음판이니 말이다. 특히 나처럼 흙수저에다 특출한 능력도 없이 태어난 열등생에겐 이 세상은 시작부터 버겁고 주눅드는 씨름판이다. 따라서 생존싸움에서 밀리지 않고 남에게 손가락질을 받지 않으려면 죽을힘을 다해 나 자신을 '영끌'로 무장해야 했다. 공부를 할 때도 생사生死의 갈림길에 선 듯 에너지와 기氣를 모조리 쏟아 부었고, 살아가면서 맞닥뜨리는 모든 과제에 혼신의 힘을 다해 임했던 것이다.

우리는 어릴 적부터 '하늘은 스스로 돕는 자를 돕는다.'는 말을 생활신조로 여기며 살았다. 당시는 비록 흙수저로 태어나도 성실하게 땀 흘려 일하고 알뜰히 저축을 하면 그런 대로 미래가 보장되는 세상이었으니 말이다. 부지런히 일하면 결혼해서 아늑한 가정도 꾸리고, 월세와 전세를 돌다가 언젠간 내 집을 마련할 수가 있었다. '티끌 모아 태산'이란 말이 '영끌' 대신 통하던 시대였던 게다. 그런데 세상이 왜 이렇게 바뀌어버린 걸까? 이제 하루하루를 노동으로 저당 잡아 꿈을 일구어나가는 젊은이들이 되레 미련곰탱이 취급을 받는다. 청년들은 더 이상 이 사회를, 아니 어른들을 믿지 못하는 것 같다. 하신 철썩 같이 회사를 믿으며 자신의 미래를 통째로 걸고 충성을 다했는데 어느 날 아무런 대책도 없이 거리로 내팽겨쳐졌으니, 무작정 이들을 나무랄 수도 없는 노릇이다.

어릴 때 우리들은 단칸방에 5남매가 북적거리며 살았다. 그러니 어린 나이부터 생존경쟁을 온몸으로 익히며 자랐다. 보리밥도 배부르게 못 먹던 시절이니 반찬투정이 있을 수 없고, 욕심 부려 내 것만 고집하다간 어른들에게 혼이 났다. 형제들도 정당한 경쟁을 하되, 피붙이로서 서로를 챙기는 포용과 양보의 미덕을 배웠다. 위계질서位階

秩序와 가문家門을 중시하는 할아버지와 할머니 밑에서 예를 갖추어 어른들을 섬기고 순종하며, 어른들의 눈이 무서워서 무슨 일이든 중도에 포기하는 게 용납되지 않았다. 엄격한 대가족사회에서 우리들은 이미 사회생활에 필요한 모든 자질과 자세를 배우고 익히며 성장했던 것이다.

내가 초등학교에 다니던 시절엔 입시전쟁이 한창이었다. 어느 등급의 중·고등학교로 진학하는가가 곧 자신의 미래를 결정하는 열쇠였다. 학교에서조차 공공연히 과외가 인정되는 때였지만, 우리 집은 과외는커녕 학교에서 주는 강냉이 빵으로 점심을 때울 만큼 가난했다. 그런데 6학년이 되어 내게도 행운이 찾아왔다. 성당에 다니는 어느 교우가 나를 사기가 운영하는 과외팀에 공짜로 넣어준 것이다.

그 팀에 들어가 쟁쟁한 부잣집 아이들과 공부를 하면서 나는 처음으로 냉엄한 생존법칙을 깨달았다. 이 세상엔 빈부와 권력에 따라 삶의 질에 등급이 있다는 것, 흙수저로 태어난 내가 신분을 상승시키는 유일한 방법은 좋은 학교에 들어가 나를 탄탄대로 위에 올려놓아야 한다는 것을. 고작 13살배기 어린애였지만 자본주의사회의 룰(rule)을 깨닫자 숨어있던 애살과 투쟁기질이 불처럼 살아났다. 시험에 낙방하면 죽겠다는 각오로 나는 밤잠도 설치며 그야말로 '영끌 투쟁'으로 공부를 했고, 결국엔 당시 일류로 손꼽히던 K여중에 당당히 장학생으로 입학했다. 생각해 보니 그 후로 나는 조연이 아니라 의연한 주인공이 되어 세상무대에 돌진했던 것 같다.

핵가족시대에서 자란 2030세대는 사고思考부터가 우리 세대와는 다르다. 부모들은 고작 한두 명 낳은 자녀를 엄한 교육은커녕, 바람 불면 날아갈까 애지중지 키운다. 그러니 이들은 제 혼자서 걸음마를 하고 홀로서기하는 것조차 힘들어 한다. 전지전능한 하느님과는 달리 피조물인 인간의 능력엔 한계가 있다. 자신이 부여받은 에너지와 기氣를 인생 초반에 어디에 쏟는가에 따라 미래가 달라진다. 어릴 때 기초공사가 잘 되어야 인생 건축물을 튼튼하게 올릴 수 있다. 그러기 위해선 한 뼘의 땅을 넓히려고 돌담에 뿌리를 박고 몸부림치며 기어오르는 담쟁이덩굴의 오기와 끈기를 어린 시절에 몸으로 익혀야 한다. 매순간 열성과 혼魂을 다해 하루를 한 달처럼 알뜰히 살아가는 법도 일찍부터 배워야 한다.

모든 인간은 태어나면서 이 세상을 살아가기 위한 능력과 잠재력을 제각기 공정하게 부여받았다. 기왕이면 하늘로부터 받은 이 귀한 달란트를 모든 이에게 유익한 일에 쓰는 게 바람직하지 않을까? 눈앞의 재물이나 명예에 현혹되지 말고, 로또처럼 기적을 꿈꾸며 나만 잘 살기를 바라는 '영끌'이 아니라, 모두가 더불어 잘 살아가는 사회공동체 속의 작은 성공이 하느님 보시기에도 좋은 모습이 아닐까 싶다.

시속 50킬로

달달거리며 자동차가 달린다. 앞이 훤히 뚫렸는데도 내 차는 시속 50킬로다. 얼마 전부터 시내 수행속도가 시속 50킬로로 바뀌었다. 성미가 급해서 항상 시속 100킬로 이상으로 요리조리 차선을 바꾸며 운전하던 내가 언제부턴가 이렇게 법규를 잘 지키는 착한 시민이 된 게다.

자동차를 구입한지 10년이 넘었다. 사람이 노화하면 신체기관에 탈이 나듯, 자동차도 세월 따라 부속이 닳고 망가지는 건 당연하다. 하지만 내 차는 연식에 비해 아직 깨끗하다. 고작 직장이나 가까운 시장 정도를 다녔으니 실제 주행거리는 다른 차에 비해 절반도 안 된다. 차를 다시 바꿀까, 아님 나이도 있으니 이참에 건강을 생각해서 걸어 다니며 대중교통을 이용해볼까 하는 생각이 반반이다. 게다가 바로 코앞에 살고 있는 딸내미가 자동차를 두 대나 소유하고 있어,

급하면 언제든 빌려 쓸 수도 있으니 말이다.

지난달에 차의 엔진소리가 큰 것 같아 정비소에 들렀다. 여름에 대비해서 에어컨가스와 엔진오일을 갈아 넣고 점검을 했는데, 변속기가 오래 되어 교체를 해야 한다고 했다. 9월에 자동차보험 만기가 되어 그 전에 차를 바꾸든지 팔아버릴 생각이라고 말했더니, 그런 상황이라면 당장 심각한 상태는 아니니 그때까지 조심해서 타고 다니라고 했다. 그러니 조금 이상해도 꾸역꾸역 차를 끌고 다녔다. 심각한 병이 아니면 항상 무리를 해서 만성피로를 몸에 달고 살아온 내 삶의 방식이 차에도 그대로 적용된 게다.

일주일 전이지 싶다. 집에서 막 나와 큰 도로로 진입하는데 차가 기어변속이 안 되고 공회전을 하는 것이었다. 예열이 덜되어 그런가 싶어 도로가에 한참 차를 세워 있다가 출발했다. 차는 출발했지만, 속도를 50킬로 이상으로 올리면 차에서 엔진소리가 심하게 났다. 그러니 가속기에 그냥 발만 얹은 상태로 운전을 했다. 정비소엘 다시 갈까 하다가 묘한 오기가 생겼다. 지금 내 몸인들 어디 건강해서 움직이는가? 여기 저기 부실한 기관이 있어도 적당히 먹고 호흡만 잘하면 에너지가 나와 거동을 한다. 그러니 자동차 역시 엔진자체가 망가지진 않았으니 연료를 주입하면 굴러가는 건 당연한 것, 이런 차에 내가 적응하면 되는 게다.

문제는 따로 있었다. 세 살 버릇 여든까지 간다고, 40년 넘게 난폭택시기사처럼 운전하던 그 버릇이 하루아침에 바뀌겠는가? 이성과 몸은 따로 논다. 머리는 제어를 해도, 발은 자꾸 가속페달을 밟으려한다. 마음이 급해 조금이라도 액셀러레이터를 밟으면 차가 금방이라도 설 듯 덜컹거리기까지 한다. 그럴 때면 차가 아니라 내 심장이 멎는 것 같다. 하지만, 그 덕에 지정속도 50킬로를 철저히 지켜주니 되레 고마운 일인 게다.

내 삶을 돌아봐도 마찬가지다. 인생을 자동차 운전에 비유한다면, 나는 어떻게 하면 다른 이들보다 빨리 달릴까 하는 욕심에 머리를 굴려 할 수 있는 일은 다했다. 카메라가 없는 이면도로에선 정해진 규범을 은근슬쩍 눈 감고 신호등이나 규정 속도를 무시한 채 달리기가 일쑤였다. 대로大路에선 시간차 공격으로 차선을 넘나들며 앞지르기도 하고, 때론 애먼 상대를 향해 클랙슨을 울려대며 협박한 적도 많다. 다행이도 '양심'이라는 브레이크장치가 내 몸에 내장되어 있어 치명적인 사고는 없이 오늘에 이르렀지 싶다. 하지만 모든 걸 내 중심으로 생각하며 달려오는 동안, 어쩜 많은 사람들에게 위화감을 조성하고 상처를 주었을지도 모를 일이다.

이 자동차가 나를 많이 가르친다. 언젠가는 클랙슨이 고장 나서 한동안 벙어리 차를 몰고 다녔다. 그때는 걸핏하면 모든 걸 세상 탓으로 돌리며 빽빽 소리를 지르던 나를 돌아보게 하는 시간이었다. 아무리 마음이 급해도 클랙슨이 울지 않으니 상대를 나무라고 위협하는 대신, 내가 조순하게 기다리고 양보하며 차를 몰고 다녔다. 그런데 이번 경우는 그때보다 더 심각하다. 자칫 한눈을 팔다간 목숨까지 바쳐야하는 위급상황이 될 수도 있으니, 순간순간 피가 마른다.

하지만 천천히 조심조심 달리다보니 좋은 것도 있다. 빨리 달릴 땐 보이지 않던 가로수도 보이고, 길거리 모퉁이의 작은 가게들도 눈에 들어온다. 이면도로를 지날 때면 보면 트럭 위에 수박을 잔뜩 싣고 고함을 지르는 질퍽한 사내음성이 수박 맛처럼 싱그럽게 들린다. 오늘따라 로터리에 심어둔 튤립과 접시꽃이 눈부시게 아름답다. 이 모두가 빨리 가려고 앞만 보고 치닫느라 예전엔 내가 놓친 것들이다. 여태 내가 살던 고장과는 다른 곳에 왔나하는 착각마저 든다.

고장 난 차 덕에 날마다 수행을 한다. 욕심을 부리면 안 된다고, 남의 차선을 넘보면 안 된다고, 얄팍하게 시간차 공격으로 앞지르기를 하면 안 된다고, 틈틈이 조곤 조곤 나를 채근하며 가르친다. 어차피 시간이 지나면 목적지에 도착할 것, 그렇게 앙탈을 부릴 필요가 없다고도 한다.

일생을 살아가며 속도를 제어하는 게 어디 고장 난 자동차뿐이겠는가? 인간의 거침없는 야망과 질주에 태클을 거는 게 너무나 많다. 지금처럼 생물도 미생물도 아닌 코로나바이러스에 모든 일상과 경세활동이 발목이 잡히는가 하면, 갑자기 난치병에 걸리거나, 아님 불의의 교통사고나 천재지변으로 언제든 주저앉을 수가 있으니 말이다. 그런 위기에 처하게 되면 인간은 비로소 호흡을 고르고 비로소 무작정 달려온 길을 되돌아보며 속도조절을 하게 된다.

이제야 조금씩 보인다. 인생은 길고도 짧은 마라톤, 조물주가 인간을 창조해서 세상으로 내보내며 과제로 내린 주행거리와 시간은 정해져 있다. 빨리 가든, 천천히 가든, 일정시간이 지나면 똑같은 종착역에 도착하도록 만들어두었다. 시간개념이 없어 너무 빨리 달리면,

하늘에서 갑작스런 방해물을 내려 급정거를 시키거나 제어장치를 발동시킨다. 그러니 연약한 피조물인 인간의 인생 여정에 있어서 일등과 꼴찌란 건 애초에 없다. 누가 얼마나 그 코스를 여유 있고 행복하게 즐기며 달렸는가가 더 중요할 따름이다.

새삼 고장 난 차에 감사한다. 남은 인생길은 나 스스로 속도를 제어하며 달리리라. 세상의 속도계가 아닌 천상의 속도계를 따를 때, 남은 주행 길은 더 탄탄하고 행복하지 싶다. 시속 50킬로가 내겐 딱이다.

아침의 기적

아무 생각 없이 눈을 뜬다. 아침 9시 30분, 이제 반려견 춘삼이에게 밥을 줄 시간이다. 습관처럼 부엌으로 나가려다 기겁을 한다. 오늘은 클래식수업 종강 날! 반장이라 챙겨갈 것도 많거니와, 10시 30분 수업시간에 맞춰가야 강의녹음을 해서 단톡방에 올려줄 수가 있다. 평상시 같으면 지금 집에서 출발해야 하는 시각이다.

이런 때는 어떻게 해야 하지? 잠시 눈을 감고 호흡을 가다듬는다. 이건 분명 비상사태다. 그럴수록 진중하게 움직여야 한다. 우선 내가 절대로 지각을 하지 않는다고 믿기로 하자. 다음으론 내가 거기 강의실에 앉아 여느 때처럼 수업녹음을 하고 있는 모습을 상상한다. 이제부턴 나를 믿고 걱정 말고 찬찬히 진행하기만 하면 된다. 이게 바로 오늘 같은 위기상황 시에 내가 대처해온 삶의 방식이다.

2007년 전 세계를 강타한 론다 번(Rhonda Byrne)의 저서 「시크릿(The Secret)」! 이 책은 미국 주요 TV프로는 물론, 세계적인 인터넷 서점 '아마존'에서 자기계발서가 세운 세계 최대 판매기록을 하나씩 갈아치운 성공전략지침서다. 이 책에서 성공을 위한 이론으로 나를 사로잡은 건 '끌어당김의 법칙'이다. 내가 성공하거나 하지 못하는 이유가 운명이나 외적요인이 아니라 바로 나 자신 안에 있으며, 내 성공 여부의 책임 또한 온전히 나에게 있다는 논리다. 나 자신은 우주 안에서 가장 강력한 자석으로, 내 안의 자기력은 생각을 통해 특정한 자기磁氣 주파수로 우주로 방사된다. 그리곤 우주에 도달한 이 주파수가 다시 내게로 돌아올 때 내가 앞서 생각한 것과 같은 주파수의 것들을 인력으로 끌어 모은다. 중요한 건, 이렇게 모인 것들이 내가 인지하지도 못하는 사이에 언젠가 내 삶에서 현실로 나타난다는 사실이다.

호주의 전직 TV 프로듀서이자 번역가였던 저자 론다 번은 우연히 인류 역사상 위대한 성공자들인 플라톤, 셰익스피어, 뉴턴, 베토벤, 링컨, 에디슨, 아인슈타인 등의 업적을 번역하다가 이들에게 공통의 성공 비밀이 있음을 발견하게 된다. 그리곤 이 비밀을 세상 사람들과 나누고 싶다는 한 가지 열망으로, 이미 이 비밀을 알고 이를 실천하며 살아가고 있는 '비밀의 대가들'을 찾아 나선다. 내가 좋아하는 「영혼을 위한 닭고기 스프」의 저자인 잭 캔 필드를 비롯해서 이미 전 세계인들의 정신세계와 경제, 과학, 사회분야에 막대한 영향력을 행사하며 존경을 받고 있는 미국의 24명의 성공자들이다. 그녀는 이들의 성공스토리를 모아 영화를 만들었고, 잇따라 나온 책도 세계적인 베스트셀러가 되었다. 이 한 권의 책으로 나 역시 삶이 바뀌었다. 모진 풍파의 세월 속에 촛농처럼 굳어버린 부정적 사고에 변화를 일으킨 것이다. 바로 생각의 주파수 바꾸기다.

내 생각 하나로 미래의 나의 삶이 결정된다니, 이 얼마나 놀랍고 두려운 일인가! 결국 긍정적이고 좋은 생각을 많이 해야 좋은 일들이 자꾸 일어나며, 부정적이고 나쁜 생각을 자꾸 하면 그것이 언젠가는 나쁜 일들이 되어 줄줄이 소시지처럼 내게 돌아온다니 말이다. 곰곰 생각해 보니 그랬던 것 같다. 내가 은연중에 우려하던 일은 언젠가는 일어났고, 꿈에도 그리던 일은 미래 어느 때인가 꼭 실현되었기 때문이다. 그렇다면, 나도 모르는 사이, 내가 어떤 생각을 하는지가 내 인생행로 자체를 결정해 버린 게다. 그러니 지금 내가 누리고 있는 현재의 삶은 결국 과거 내 생각의 산물이고 거울인 셈이다.

우리는 흔히 무언가를 도전해야 하는 중요한 순간에 두려움에 억눌려 자기 스스로 그 일을 피하는 핑계를 만든다. 실패를 먼저 상상하는 부정적인 사고인 게다. 해야만 하는 이유가 아니라 못할 이유를 하나씩 찾아내어, 어쩔 수 없이 자신이 못한다고 스스로를 위로하는 것이다. 세상에 성공한 이보다 실패자가 많은 이유가 바로 여기에 있나.

정신을 가다듬고 행동 순서를 정한다. 먼저, 집근처에 나가 있는 남편에게 전화를 해서 춘삼이를 부탁한다. 녀석이 당뇨병에 걸린 후로 아침저녁 정해진 시간에 사료를 주고 1시간 후엔 인슐린주사를 놓아주어야 하기 때문이다. 아무리 바빠도 생명보다 소중한 게 있으랴. 갑자기 할미가 부산하게 움직이는 게 심상찮은지 녀석도 나를 졸졸 따라다닌다.

다음으론, 클래식 지도교수에게 드릴 커피를 내릴 차례다. 대학 안에 카페가 있지만, 교수님은 우리 집 과테말라커피를 좋아하신다. 원두커피 한술 반을 총알처럼 갈아 커피메이드에 넣고 커피를 내린다. 커피향이 부엌에 가득하다. 커피마니아인 나로선 커피를 마시지 않으면 새날이 시작되지 않는다. 하지만 오늘은 비상사태니 이것도 참기로 하자. 원두가 내려오는 동안, 종강파티에 쓸 귤과 사과를 꺼내어 씻고 접시와 칼, 종이컵을 주섬주섬 비닐봉투에 담는다. 커피를 밀폐용기에 담고, 식탁 위에 수북하게 있는 준비물을 커다란 가방에 쓸어 담는다.

집이 필요 없이 넓은 건 이런 땐 불편하다. 재빨리 복도를 지나 내 방 욕실로 들어가 고양이 세수를 한다. 얼굴에 물을 세 번 찍어 바르고 닦은 뒤, 양치질을 한다. 여자가 외출 시 화장을 빼놓을 순 없지. 기초화장품을 순서대로 얼굴에 두드리고 비비크림을 바르는 걸로 화장 끝! 다음은 옷장 문을 열고 제일 먼저 눈에 띄는 옷, 내가 최근에 매칭해서 입어본 걸 꺼내 재빨리 걸친다. 한번 입어본 옷이니 코디에 실수가 없다. 헝클어진 머리는 빗으로 한번 쓱 빗고, 모자를 쿡 눌러 쓴다. 모양새 없는 머리를 커버하는 데는 모자가 최고다.

지하주차장에 내려가 시동을 걸며 시계를 보니 9시 55분이다. 여느 때 같으면 황령산터널을 통과할 시각이다. 하지만 걱정을 하지 말자! 나는 필시 제 시간에 도착할 테니 말이다. 출발하기 전에 다시 한번 눈을 감고 상상을 한다. 도로가 휑하니 뚫려 내 차가 총알 같이 달리는 장면이다. 그리곤 심호흡을 한번 한다. 차는 빙상 위를 출발하는 보트처럼 매끄럽게 세상 밖으로 나간다. 그런데 이게 웬일인가! 집 앞 산복도로에 차들이 빼곡하다. 앞이 막막해진다. 일순 누군가에게 전화를 해서 수업 녹음을 부탁할까 하는 생각이 든다. 하지만 고개를 저으며 나쁜 생각을 DEL키로 지운다.

큰 도로에 나오자마자 007첩보요원이 탄 차처럼 쌩쌩 달린다. 3차선 도로 사거리에 도착하자, 신호등 앞에 차들이 줄을 서 있다. 그런데 신기하게도 내가 가까이 가자 초록불로 바뀐다. 덕분에 브레이크를 밟지 않고 전속력으로 사거리를 통과한다. 계속, 계속, 이런 현상이 이어진다. 마치 국빈이 탄 차처럼, 누군가가 나를 기다리고 있다가 신호등을 조작해주는 느낌이 든다. 이 지경이 되자 내 신념은 더욱 확고해진다. 페달을 밟는데 콧노래가 저절로 흘러나온다. 자신이 원하는 대로 세상이 돌아갈 때 나오는 '승리의 칸타타'다. 10시 10분, 황령산 터널 앞이다. 평상 시 같으면 집에서 여기까지 30분이 걸리는데 오늘은 15분 만에 도착했다. 이젠 마음을 놓는다. 여기서 학교까진 고작 10분 거리다.

K대학교 후문으로 들어가 바로 앞에 있는 주차장에 파킹을 한다. 괜히 강의실 옆 주차장을 고집하다간 시간을 소비할 수 있으니 말이다. 이제 시계는 10시 20분, 수업 시작 10분 전이다. 나는 과일과 커피보따리를 양손에 들고서 경쾌하게 걸어간다. 짐은 무거워도 마음은 새털처럼 가볍다. 무엇보다 반장의 책임과 의무를 타인에게 떠넘기지 않아서 좋다.

내 의지로 작은 기적을 이루어낸 아침, 머리 위의 아침햇살이 더없이 붉고 찬란하다.

헤어 롤러(hair roller)로 젊음을 말다

헤어 롤러로 머리를 감는다. 이제 손가락에 눈이 달린 듯 앞과 옆, 뒷머리까지 능숙하게 삼는다. 대충 모양새가 그럴싸하다. 헤어드라이어로 머리카락을 살살 말린 후, 아기 다루듯 조심조심 롤러를 푼다. 굵은 빗으로 머리를 살살 빗어준다. 고작 롤러 몇 개를 감았는데, 거울 속에 새 여인이 나타났다. 여자의 변신은 무죄다.

평소 치장하길 싫어하는 내가 요즘 재미를 붙인 게 있다. 샤워 후에 헤어 롤러로 머리카락을 손질하는 일이다. 신기하게도 롤러로 머리를 감으면 방금 미용실에서 서비스를 받고 나온 것 같다. 꼬불꼬불한 퍼머 머리가 일순 부드럽고 스마트한 머리로 바뀌는 게 마술이다. 특히 빳빳하게 말아 올린 앞머리가 제일 마음에 든다. 말아 올린 게 머리카락이 아니라 내 자존심이고 젊음인 듯해서다.

며칠 전이었다. 모처럼 여유가 있어 혼자서 서면 지하상가를 어슬

렁거리며 돌아다녔다. 코로나사태로 사람들을 만나기도 어렵다 보니 불현듯 혼자 아이쇼핑이라도 하며 돌아다니고 싶은 충동이 일었던 게다. 젊은이 향기가 물씬거리는 화장품가게를 구경하다가 우연히 눈에 띈 게 알루미늄 헤어 롤러였다. 내 생에 한 번도 사용해 본 적이 없는 헤어기구를 무심코 바구니에 담았다. 갑자기 왜 그걸 골랐는지 나도 알 수가 없다. 아마도 지루한 일상에 뭔가 도전적인 걸 한번 해보고 싶다는 생각이 순간 들었지 싶다.

집에 와서 큰일이나 있는 듯, 부랴부랴 샤워를 하고 스스로 마루타 실험에 들어갔다. 먼저 수건으로 머리 물기를 대충 닦고 헤어드라이어로 머리를 적당히 말린 후 롤러를 하나씩 감아본다. 난생 처음 하는 일이니 능숙할 리가 없다. 머리카락이 자꾸 채신머리없이 삐죽거리며 삐져나온다. 흐트러진 자존심을 감아올리듯, 안간힘을 쓰며 롤러에 머리카락을 밀착시켜 감고 또 감는다. 마지막으로 헤어드라이어로 다시 머리를 살짝 말리고 롤러를 푼 후 두근거리는 가슴으로 머리를 술술 빗는다. 아니 이게 누구인가? 거울 속에서 젊은 여인이 나를 보고 웃고 있다. 이건 미용이 아니라 마술이다.

여행을 가면 밤에 친구들이 하나 같이 머리에 롤러를 감고 있었다. 일생 동안 커트머리를 고수한 나로선 그게 이해가 되지 않았다. 다 늙은 친구들이 여행을 와서까지 무슨 멋을 부린다고 저렇게 난리를 피운담. 미용대회라도 나가는 듯 서로 머리카락을 감아주고 칭찬을 하며 부산을 떠는 게 식상하기까지 했던 것이다.

도대체 여자, 아니 인간에게서 머리카락은 무슨 의미일까? 걸핏하면 머리카락을 감고 풀고 자르며 난리를 피우니 말이다. 마음이 울적할 때, 뭔가 기분전환을 하고 싶을 때도 사람들은 애먼 머리카락을 지지고 볶고 괴롭힌다. 인생에서 뭔가 변하고 싶을 때, 어떤 새로운 도전을 할 때도 머리카락부터 손을 댄다. 학교에 재직 시엔 별난 남학생이 마음을 다잡는다고 스님처럼 삭발을 하는 것도 보았다. 그러고 보니 사람들은 머리카락을 변화와 변신의 '스타트(ON) 스위치'로 생각하는 것 같다.

여자에게서 머리카락은 특별한 의미를 지닌다. 머리카락은 여자의 치장의 시작이고 마무리이기 때문이다. 비록 옷차림이 수수해도 머리모양이 세련되고 날렵하면 그만큼 사람이 멋져 보인다. 반면에 아무리 옷을 잘 입어도 머리가 어수선하면 옷 티가 나지 않는다. 친구들이 항상 헤어 롤러를 들고 다니며 머리를 가꾸는 것도 다 그런 까닭이지 싶다. 언젠가 TV드라마를 보는데, 김밥집에서 일하는 여자들이 날마다 미용실을 들러 앞머리를 높이 세우고 출근을 했다. 이유인즉, 올린 머리가 자신들의 유일한 자존심이라고 말했다. 그러고 보니 그랬다. 김밥집에서 서빙을 하고 있는데도, 당당하고 우아하게 치켜세운 앞머리가 아무도 범접할 수 없는 어떤 위엄 같은 걸 느끼게 했으니 말이다.

여자에게서 이렇게 소중한 머리카락도 흐르는 세월을 피할 수는 없다. 생물학적으로 인간은 30대가 채 되기 전부터 노화老化가 일어나기 시작한다. 윤기 자르르 흐르던 머리카락은 영양분이 빠져 푸석푸석해지고, 그렇게 무성하던 머리 숲은 어느새 솎은 상추밭 이랑처럼 엉성해지고, 옻칠처럼 검던 머리는 희끗희끗 억새풀이 돋기 시작한다. 이걸 감추려고 집중 헤어 케어를 하고, 머리카락을 심고, 염색을 하는 등 난리를 피워보지만, 생리적인 노화현상을 결코 멈출 수는 없는 게다.

여자가 화장을 하고 자신을 꾸민다는 건 아직 청춘이란 뜻이다. 옷이나 구두에 신경을 쓰며 장식품을 걸치고 치장을 한다는 건 삶에 대한 열정과 젊음이 있다는 증거다. 지금도 세상에서 공중 부양하고 싶고, 누군가에게 잘 보이고 싶으며, 무엇보다 스스로에게 자긍심이 있는 사람이다. 특히 앞머리를 높이 세우고 집을 나선다는 건, 오늘도 세상 속으로 당당하고 씩씩하게 걸어 들어간다는 의미다. 머리로 자존감을 한껏 높이고 세상에 우뚝 서겠다는 결단이기도 하다.

젊은 날엔 나도 나름 멋을 부렸던 것 같다. 짧은 머리지만 항상 앞머리에 힘을 주고, 세련된 옷차림과 걸음걸이로 세상을 향해 돌진해 나갔다. 그러던 내가 일선에서 물러나고 부턴 화장은 물론, 치장하고 꾸미는 자체가 귀찮아졌다. 어쩌다 있는 문인회 행사나 한 달에 한두 번 비즈니스행사를 제외하면, 항상 편한 복장에 머리도 대충하고 다닌다. 이 나이에 누군가 특히 잘 보이고 싶은 사람도 없고, '생얼'로 만나도 만만한 친구들뿐이니 말이다. 코로나사태가 장기화되고 나선 그 증세가 더 심해졌다. 항상 마스크를 하고 다니다 보니 굳이 화장할 필요가 없었던 것이다.

신기한 건, 납작한 머리 대신에 헤어 롤러로 머리를 다듬고 나서부터 생활이 달라졌다. 외출을 할 때 머리를 멋지게 올리고 나면, 그에 맞게 옷도 골라서 입게 된다. 신발도 편하게 신던 운동화 대신 구두나 부츠를 신게 된다. 재직 시 출근할 때의 내 모습이다. 그리고 자세도 다르다. 어깨를 쫙 펴고, 턱을 당기고, 척추를 곧추세운다. 걸음걸이도 당당하고 발자국이 비뚤지 않게 신경을 써서 걷게 된다. 더 기가 찬 건, 나갈 일이 없어 종일 집에 있는데도 우아하게 올린 머리가 아까워 함부로 몸을 굴리지 않는다. 되도록이면 누워서 뒹굴지 않고 서재에 똑바로 앉아서 뭔가 창조적이고 건설적인 일을 도모하니, 이보다 바람직한 변화가 어디 있겠는가 말이다. 인생 해거름에 고작 만 원짜리 헤어 롤러 덕분에 삶의 자세가 바뀌어가고 있다.

이제 외출한 시간이다. 바짝 세운 앞머리에 마지막으로 스프레이를 뿌린다. 설령 오늘이 이 세상 마지막일지라도, 오늘도 나는 씩씩하고 당당하게 세상 속을 걸어 나아가리라.

진광불휘眞光不輝

캠프파이어 모닥불이 활활 타오른다. 붉은 혀가 금방이라도 세상을 통째로 삼킬 것 같다. 적색 와인에 붉은 불빛이 어울려 진하 바닷가의 밤은 농익어간다. 일생동안 이런 곳엔 처음 와봤다는 팔순 노모의 얼굴엔 감격과 회환의 미소가 서럽게 번진다. 철썩 철썩 무심한 듯, 애절한 듯, 바위에 부딪치는 파도소리가 한 세월을 거꾸로 휘감아 돌린다.

무슨 인연인지 내 인생드라마의 곳곳에 여기 진하 바다가 배경으로 나온다. 하지만 같은 장소가 그때마다 내게 던지는 느낌과 메시지는 달랐다. 하늘의 별들도, 몰아치는 파도도, 그리고 내가 지핀 모닥불도 항상 다른 모습과 소리로 내게 다가왔던 것이다. 푸릇한 꿈을 꾸던 소녀시절부터 연緣을 맺은 이곳을, 한 세월이 훌쩍 지나 노모랑 형제들과 함께 찾은 감회가 새롭다.

내가 이곳을 처음 찾은 때는 여고시절이었다. 입시지옥에 허덕이던 시절, 여름방학에 친구들이랑 객기를 부려 여기로 민박여행을 온 것이다. 우물 안 개구리로 공부밖에 모르고 살던 내가 처음 접한 이곳 바다는 너무나도 신비로워 근접하기엔 어떤 두려움마저 일었다. 모래사장에 앉아서 먼 수평선을 바라보니 알 수 없는 그리움과 설렘으로 가슴이 두근거렸다. 저 푸른 물살을 헤치고 나아가면 꿈에도 그리던 신비의 세계가 있을 것만 같았다. 사정없이 바위를 때리는 파도소리는 내게 세상을 향해 과감하게 돌진하라는 응원의 메시지를 던졌다. 우리는 밤늦도록 별이 쏟아져 내리는 바닷가에 옹기종기 모여 앉아선 주워 온 나무 조각으로 모닥불을 지피며 싱그러운 젊음과 낭만을 노래했다. 금방이라도 꺼질듯하면서도 끝까지 환하게 불씨를 이어나가는 불꽃을 바라보며, 가난과 핍박의 세월 속에 주눅들어 사그라져가고 있던 내 가슴속 꿈의 불씨가 되살아나는 걸 느꼈다. 어쩜 그 순간에 이곳이 내 영혼의 쉼터로 자리를 잡았는지도 모를 일이다.

대학시절에도 나는 이곳을 자주 찾았다. 친구들이랑 식사 후 차를 마시고, 모래사장을 맨발로 뛰어다녔다. 여름엔 알바로 모은 돈으로 캠핑을 오곤 했는데 그 느낌이 또 달랐다. 아름드리나무가 우거진 숲속에 우리도 남들처럼 당당하게 텐트를 치고, 튼실한 나무들을 포개두고 거창하게 캠프파이어를 했다. 거침없이 혀를 날름거리며 작렬하게 산화하는 장작불을 보며, 내 안에서 무언가가 불끈거리며 올라오는 걸 느꼈다. 아마도 내 젊음을 송두리째 태울 그 무엇을 갈구했던 것 같다. 그때 생각했다. 기왕에 지핀 불이라면, 거침없이 타올라 세상에 웅장하게 모습을 드러내야만 그 존재의 의미가 있다고.

세월이 훌쩍 흘러 나도 가정을 이루어 한 남자의 아내, 두 아이의 엄마가 되었다. 그 동안 나름 내 작은 불씨를 지피고 불꽃을 갈무리하느라 정성을 쏟았다. 미약한 불씨로 불을 지피는 데도 공이 들었지만, 마음만 앞서 덜 마른 솔가지를 잔뜩 쑤셔 넣다가 매캐한 연기에 질식하기도 했다. 주변을 볼 여유도 없이 아궁이만 들여다보고 불을 때다가 눈썹이 까맣게 거슬리기도 했고, 불쏘시개를 너무 밀어 넣은 탓에 화가 난 불꽃이 내 둥지를 전소시킬 뻔한 적도 있었다. 하지만 어찌된 영문인지 내가 지핀 불꽃은 항상 남의 것에 비해 왜소하고 초라해보였다. 흙수저로 태어난 열등감이 일생 주홍글씨처럼 나를 따라 다니며 타오르는 불꽃에 재를 뿌렸던 게다.

부산에 살다 보니 철따라 불꽃축제를 자주 본다. 우리 집이 산중턱에 있어 굳이 축제현장에 가지 않더라도 광안리 바닷가나 황영산 위에서 벌이는 불꽃축제가 훤하게 보인다. 컴컴한 하늘에 거침없이 올라가 굉음과 함께 휘황찬란하게 터지는 불꽃! 그 화려한 윤무와 변신에 나는 항상 넋을 잃고 바라보곤 했다. 하늘 끝에서 갖가지 신비로운 형상을 그리며 지상으로 떨어지는 현란한 불빛에 금방이라도 세상이 바뀔 것만 같았다. 하지만 아니었다. 세상을 몽롱하게 물들이던 향연 뒤, 현란한 불꽃이 재가 되어 사라진 뒤의 어둠은 더 깊고 짙었다. 불빛이 멈춘 하늘과 세상은 더없이 캄캄한 암흑과 쓸쓸함으로 내게 다가왔다. 한순간의 화려한 불꽃쇼가 바로 우리네 인생이란 생각이 들었던 게다.

무엇이든 잡으면 끝장을 보는 DNA 탓에 나름 치열하게 살았다. 오로지 화려하게 불을 지필 생각에 영혼까지 다 쓸어 넣었다. 요즘 2030세대들이 하는 '영끌투자'처럼 내 모든 걸 쏟아 부었던 셈이다. 덕분에 나도 한 번씩은 일회용 폭죽처럼 하늘 높이 치솟아 현란한 불꽃을 만들기도 했다. 이제 인생 해거름에 선 나이, 나는 그 옛날 바닷가 그 자리에 앉아 사그라져가고 있는 모닥불을 다독이고 있다. 머지않아 새벽동이 트면 이 불마저 사그라질 것이다. 그런데 지금 내 가슴은 더없이 평화롭다.

밤이 깊어 모닥불은 서서히 사위어간다. 세상을 집어삼킬 듯 이글거리며 거침없이 자신을 태우는 불꽃도 화려하지만, 이제 곰실곰실 자신을 삭이며 재가 되어가는 숯불도 참으로 아름답다. 악마의 목구멍처럼 혀를 날름거리며 세상을 현혹하다가 사그라지는 화염 뒤의 정적은 더없이 구슬프고 서럽다. 하지만 치열했던 연극의 대단원 막을 내리는 이 순간, 놋그릇 같은 침묵 속의 잔잔한 행복이 곰실거리며 피어오른다. 몸피를 줄여 한줌의 재가 되어 자연으로 돌아가는 모습은 수도승의 다비식처럼 거룩하다.

하늘을 올려다본다. 현란한 불꽃놀이에 가려져 보이지 않던 달빛과 별빛이 오늘따라 영롱하게 밝다. 태초부터 그 자리에서 빛을 발하던 진광眞光은 결코 반들거리지도 눈부시지도 않는 법, 다만 세상 어둠이 깊을수록 빛을 발할 뿐이다. 지금도 일순 섬광처럼 사라질 휘황한 불꽃놀이에 현혹되고, 한번이라도 화려한 폭죽의 불꽃으로 세상에 공중 부양하고픈 이 어리석음은 언제 끝이 나려는지…….

'진광불휘眞光不煇'의 진리를 깨닫는 밤이다.

흙수저, 금수저

여고동기 친구 L이 지방신문에 났다. 대학에 발전기금을 기탁하여 「B대 약대 동문회장, 대학발전기금 1억 출연 약정」이란 타이틀로 대학교총장과 함께 찍은 사진도 실렸다. 친구는 지난 해 B대학교 약대 동문회장을 맡았는데, 이미 예전부터 약대 장학금으로 매년 1000만 원씩을 10년 동안 전달해 왔다고 한다. 그런데 올해 동문회장으로서 약학대학교 건물증축을 위해 1억 원을 추가 기증한 것이다.

아침에 동기회 카카오톡 방에 올라온 이 기사와 사진을 보고 가슴이 찡했다. L은 남편이나 부모로부터 재산을 물려받은 게 아니라, 나처럼 흙수저 출신의 소녀가장으로 억척 같이 자기 길을 개척해 온 친구이기 때문이다. 고등학교 때 아버지가 실직한 후 학교 앞에 작은 문구점을 차렸는데, 친구가 직접 여학생교복의 흰 칼라를 재단하고 재봉틀로 만들어 교복사에 납품까지 했다는 억척녀다. 축하메시지의 댓글이 이어지자 친구가 답한 내용인즉, '어쩌다 보니 이렇게 되었다. 약사면허 평생 우려먹었고, 잘난 체했으니…….' 그게 다였다. 얼마나 멋진 친구인가 말이다.

가진 자라고 해서 다 이렇게 베푸는 건 아니다. 아무리 많이 가져도 자신의 앞만 쳐다보는 근시안을 가진 이들에겐 '사회 환원'이란 생각이 떠오를 리 없다. 흔히 사회에서 성공한 자들은 자신이 똑똑하고 열심히 노력해서 이루어낸 결과라고 자만하며, 자기가 속한 조직이나 단체에 대한 고마움을 망각하는 경우가 많다. 아흔 아홉 개를 가진 자는 하나를 더해 백 개를 채우고 싶은 게 인간이기 때문이다. 그런 의미에서 친구는 자기 직업에 대한 긍지와 자부심을 가지며, 그동안 사회로부터 받은 혜택과 은혜에 감사하며 되갚을 줄을 아는 멋진 커리어 우먼이다. 고생을 해보지 않은 사람들은 작은 나눔이 얼마나 귀하게 쓰이는지를 알 리가 없다. 먹을 게 없어 끼니를 굶어본 사람만이 노숙자나 거지들의 배고픈 심정을 알 수 있고, 등록금을 마련하기 위해 땀 흘리며 노가다 알바를 뛰어본 사람만이 학비를 못내는 가난한 후배들에게 이렇게 장학금을 줄 수가 있는 게다.

어린 시절, 나는 가난이 너무 싫었다. 할아버지 댁은 대대로 넉넉하지 못한 선비가문이었다고 한다. 그래서 아버지는 자식들 교육을 위해 과감히 고향을 떠나셨다. 그런데 내가 초등학교 때 아버지가 다니던 화장품회사가 부도가 나고, 급기야 아버지는 고혈압으로 쓰러져 자리에 누우셨다. 우리는 국유지 산동네로 이사를 했고, 어머니가 5남매 가장家長이 되어 장사를 하러 다니셨으니 가정형편이 말이 아니었다. 우리 형제들은 늘 배가 고팠다. 다행히도 학교에 가면 강냉이 빵 급식으로 허기진 배를 채울 수가 있었다. 어린 마음에도 하얀 쌀밥과 계란말이 반찬을 들고 와서 먹는 친구들이 그렇게 부러울 수가 없었다. 슬프게도, 이 세상은 공평하지만은 않다는 현실을 자각해야만 했다. 기왕에 태어날 바에야 좋은 옷에다 하얀 쌀밥을 실컷 먹을 수 있는 집에 태어났으면 얼마나 좋을까? 왜 우리는 비가 줄줄 새는 산동네 판잣집에서 살아야 하는 걸까? 이런 열등의식은 주홍글씨처럼 항상 나를 따라다녀 주눅들게 하고, 어깨를 움츠려들게 했다.

다행히도 내가 당시 일류학교로 꼽히던 K여중에 들어가고 나선 자존감을 조금 회복할 수가 있었다. 친척들로부터 초등학생 과외부탁이 자주 들어왔고, 입주식 과외로 성적을 잘 올리는 게 소문이 나서 내 몸값이 꽤 올랐기 때문이다. 흥미로운 건, 나 스스로 돈이란 걸 벌게 되면서 출생이나 부富에 대한 의식이 조금씩 달라졌다. 가난이란 건 노력에 따라 얼마든지 극복할 수 있는 과제란 걸 어렴풋이 깨달았던 것이다. 결국 아버지가 일찍 돌아가시는 바람에 나는 대학시절부터 집안 살림을 어깨에 메고 꾸려나갔다. 밑바닥까지 내려가면 이젠 올라가는 일만 남은 것. 바닥에서 조금씩 삶의 레벨이 올라가는 데 오히려 보람과 긍지를 가졌다. 친정집이 국유지 산동네에서 연립주택으로, 그리곤 다시 정원이 딸린 이층집으로 옮기면서, 나 스스로 세상의 중심으로 돌진해 들어가는 어떤 쾌감마저 들었다.

한 세월이 훌쩍 흐른 지금, 누군가가 내게 흙수저로 태어나 고생한 걸 어떻게 생각하느냐고 묻는다면, 그게 그리 나쁜 것만은 아니라고 씩씩하게 대답할 수가 있다. '질량 불변의 법칙'처럼, 우리네 인생의 행·불행의 총량도 일정하다고 믿기 때문이다. 가진 것 없는 집안에서 태어나 가난을 물려받은 대가로, 젊었을 때 내가 치른 노동과 땀은 모두 진한 엑기스로 모여 두고두고 내 삶의 귀한 보약이 되었던 것이다. 어린 나이에 내가 맞닥뜨린 모진 세파 덕에 내 몸은 튼실하다 못해 두터운 가죽이 되었고, 예기치 않게 만난 천둥과 벼락은 내 심장을 강철로 무장시켜 주었다. 그리고 눈높이가 높은 세인世人들 눈에는 띄지 않는 작은 행복도토리를 주울 수가 있었고, 땅에 납작 엎드려 본 탓에 들에 핀 작은 들꽃을 보는 행운도 가졌다. 어디 그뿐이랴! 나를 보고 자란 아이들 역시 부모에게 의존하지 않고 제 스스로 세상을 헤쳐 나가는 담력을 길러 일찍부터 홀로서기를 하고 있으니, 이보다 더한 축복이 어디 있을까 말이다.

흙수저와 금수저 출신의 차이는 인생이란 긴 마라톤경기를 시작하는 출발점의 차이일 뿐이다. 부모나 조상 덕에 금수저를 가시고 태어난 사람은 마라톤 출발점이 다른 이들보다 조금 앞일 터이니, 남들보다 유리한 건 당연하다. 하지만 출발 시에 조금 앞에서 달렸다고 그들이 꼭 승자勝者는 아니다. 앞을 알 수 없는 기나긴 삶의 여정에 어떤 장애물을 만나고 그걸 어떻게 지혜롭게 대처하는가, 마라톤이 끝날 때까지 심신의 컨디션 조절을 얼마나 잘하는가가 성공의 관건이기 때문이다.

더 기가 차는 것은, 자신이 목숨 걸고 목표로 삼고 달렸던 부富나 명예 등의 골인점이 실은 사막의 신기루란 사실이다. 태어날 때 그랬

듯, 이 세상을 떠날 땐 알몸으로 떠나니 자신이 공들여 쌓아올린 탑은 바닷가의 모래성일 뿐이다. 그러니 진정한 승자는 금수저를 가지고 앞에서 출발한 사람도 아니고, 기를 쓰며 골인 라인에 빨리 도착한 사람도 아니다. 시간이 지나면 어차피 종점은 오는 것. 달리는 여정 순간순간을 얼마나 긍정마인드로, 세상을 즐기며 왔는지가 중요할 따름이다. 거기에다 친구처럼 가진 걸 이웃과 나누고, 허우적거리는 동료의 손을 잡고 달리는 여유를 가질 수 있다면, 이보다 아름다운 인생 여정이 어디 있으랴.

부모 덕에 금수저를 가지고 태어나는 사람보다, 몸소 세상과 싸우며 금수저를 일구어낸 사람이 행복하다. 거기다가 이 세상 소풍을 마칠 때까지 가진 걸 이웃과 나누며 마음이 부자로 살아가는 사람이 진품 금수저를 획득한 자가 아닐까?

애물단지

애물단지는
신경을 쓰게 하고
손이 많이 가니
성가신 존재임에
틀림없다.
하지만 이들
애물단지로 인해
내가 살아있음을 느낀다.
내 손이 필요하다는 것은
세상에서 내가 아직은
쓸모가 있다는 말이다
더 오래 살아야 할
명분도 생기고,
내 자존감도
높아진다.

애물단지

나에겐 애물단지가 많다. 그중 가장 큰 애물단지는 자나 깨나 둘째 딸인 나만 찾는 구순의 친정어머니와 회갑이 넘은 남동생이다. 오늘 셋이서 성당에서 미사를 마치고 식사를 하다가 내가 '내 애물단지들!'이라고 했더니, 어머니께서 애물단지란 말은 내가 그만큼 관심과 애착을 가지고 있다는 말이니 되레 고맙다고 하신다.

'애물단지'란 말 그대로 신경을 쓰게 하고 속을 태우는 물건이나 사람이다. 하지만 어머니 말씀처럼 이 단어가 꼭 나쁜 의미만은 아니다. 속을 태우지만, 사랑하지 않을 수 없는 존재다. 인간관계에서 정말 그 대상이 미워 단념을 했다면 어떠한 애증愛憎의 감정도 남아있지 않을 테니 말이다. 더구나 교직에 있으면서 말썽쟁이 학생들과 학부형 상담을 많이 했던 나로선 애물단지란 말이 그렇게 심각한 단어가 아니다. 그냥 속을 조금 썩이는, 하지만 부모의 관심과 사랑을 받고 있는 귀한 존재라고 생각하기 때문이다.

어떤 의미에서 나는 애물단지가 마냥 부럽다. 내 생에 한 번도 애물단지가 되어본 적이 없어서다. 나는 일찍 철이 들어 한창 부모 속을 썩일 사춘기 때부터 집안을 돕기 위해 학생과외 알바를 했고, 학창시절에 공부를 안 해서 부모님이 애를 태운 적도 없다. 어쩔 수 없이 '애어른'이 되어버린 나로선 주변에서 친구들이 '애물단지'라고 불리며 부모로부터 관심을 받는 게 그렇게 부러울 수가 없었다. 어린 내 마음에 애물단지는 '사랑 받는 보배단지'로 여겨졌던 게다.

그러고 보니 나는 자식 복이 많은 것 같다. 부모들에게선 흔히들 자식들이 애물단지가 되는데, 우리 아이들 역시 어릴 적의 나처럼 부모 속을 썩인 적이 없으니 말이다. 일을 하느라 항상 밖으로 나도는 어미였는데도 애들은 그런 나를 인정해주었고, 저들이 알아서 해야 할 일을 찾아서 했다. 공부도 알아서 하고, 성인이 되어 취직을 하거나 반려자를 구하는 것도 내손을 빌리지 않고 저희끼리 척척 알아서 했다. 이제는 다들 가정을 꾸려 오순도순 잘 살고 있는 터라 내 걱정거리는 더더욱 없다. 그런 내게 늘그막에 새로이 애물단지가 생길 줄을 어찌 상상이나 했겠는가.

3년 전부터 약간의 치매증세가 있는 친정어머니는 하루에도 몇 번씩 내 속을 뒤집는다. 하는 행동이 여섯 살배기 내 손주와 다름이 없다. 요즘은 아침마다 노인학교에 가시기 때문에 매일 서랍장 정리를 하고, 날씨에 맞춰 입을 옷을 코디해서 가지런히 걸어두고 온다. 하지만 하루만 지나면 서랍장이 엉망이 된다. 당신 마음대로 뒤죽박죽으로 다시 정리를 하시는 게다. 더 기가 차는 건 빵이나 과일을 사다 드리면 그것들을 어디에 꽁꽁 숨겨버리신다. 그러니 한참 뒤에 침대 밑이나 창고 방에서 썩은 음식이 무더기로 나오기가 일쑤다. 그 옛날 먹을 게 없어 자식들을 굶주리게 하던 아픈 추억이 깊게 각인되어 그런 본능적인 행동을 하시는가 싶어서 마음이 더 아프다. 내가 투정을 하면 되레 어머니가 화를 내신다. 음식이 상할까봐 어디에 잘 보관하려고 치우셨단다. 그리고 배가 고파도 식탁에 차려둔 음식을 드시질 않으니 애가 탄다. 때마다 전화를 해서 어르고 달래며 하나하나 코치를 해야 한다. 전화기 너머로 먹는 소리를 직접 들려달라고 하면, 그제야 깔깔 웃으며 시키는 대로 다 드신다. 나이가 들면 어린애가 된다는 말이 맞는 게다.

이제 회갑이 넘은 남동생도 마찬가지다. 동생은 어릴 적부터 유독 나를 따랐다. 현실감이 부족한데다 감수성이 예민해서 문학이나 음악을 좋아하는 것도 나랑 닮은꼴이다. 동생은 중학생 때부터 나를 따라 음악 감상실을 들락거렸다. 그런데 몇 년 전부터 올케가 서울에서 사업을 벌이는 바람에 동생부부는 이산가족이 되었다. 딸들 곁에 있고 싶어 하는 어머니 마음을 헤아려 차마 부산을 떠나지 못한 게다. 그러다 보니 동생도 어머니와 한 세트로 내 애물단지가 되어버렸다.

설상가상으로 우리 집에도 애물단지가 둘이나 생겼다. 딸내미가 기르던 반려견 둘을 손주가 태어나면서 내가 떠맡은 탓이다. 처음엔 삼식이만 기르고 있었는데, 녀석이 분리불안증이 심해 동생 춘삼이를 또 데리고 왔다. 갓 태어난 춘삼이를 내가 안고 와서 그런지 녀석은 껌딱지처럼 나만 졸졸 따라다닌다. 그런데 2년 전에 녀석이 당뇨병에 걸려버렸다. 게다가 올 겨울엔 당뇨병 후유증으로 백내장이 와서 눈 수술까지 했다. 그러니 녀석에겐 아침저녁으로 정해진 시간에 특수사료와 인슐린주사를 놓아줘야 한다. 게다가 안구건조증이 심해 하루에 4가지 안약과 눈물촉진제를 시간에 맞춰 넣어줘야 하니, 매일 매일이 전쟁이다. 하지만 녀석에게서 나는 생명을 관리하는 신 같은 존재이니 한시도 긴장을 늦춰선 안 된다.

삼식이도 만만찮다. 녀석은 동생보다 덩치가 작아 항상 동생한테 주눅이 들어 있다. 춘삼이 오줌냄새가 나는 배변통을 피해 거실 구석구석을 다니며 오줌으로 영역표시를 하고 다니니 기가 찰 노릇이다. 그리고 틈만 나면 곁에 와서 안아달라고, 만져달라고 낑낑거린다. 주인의 사랑만은 결코 동생에게 뺏기지 않으려는 몸부림인 게다.

애물단지는 분명 신경을 쓰게 하고 손이 많이 가니 성가신 존재임에 틀림없다. 매일 더듬이를 곧추세워 그들을 관찰하고 적절한 조치를 취해야 한다. 어머니는 수시로 들락거리며 먹거리와 옷가지를 챙겨야 하고, 강아지들도 건강상 이틀마다 산책을 나가야한다. 하지만 이들 애물단지로 인해 내가 살아있음을 느낀다. 내 손이 필요하다는 것은 세상에서 내가 아직은 쓸모가 있다는 말이다. 그러니 더 오래 살아야 할 명분도 생기고, 아울러 내 자존감도 높아진다. 실은 일선에서 물러나고 나선 사회에서 쓸모없는 인간이 되어 퇴출당했다는 느낌이 자꾸 들었다. 당장 죽지는 못하니 내 인생무대가 막을 내릴 때까지 꾸역꾸역 먹고 하릴없이 남은 세월을 삭이고 있었던 셈이다.

그런데 이 세상에 아직도 나를 절실히 필요로 하는 존재가 있다는 게 얼마나 감사한 일인지 모르겠다. 힘은 들지만 나만 보면 행복해하는 어머니와 동생, 나로 인해 밝고 건강하게 생명줄을 이어가는 삼식이와 춘삼이를 보면 보람을 느끼고 엔도르핀이 마구 솟구치니 말이다.

나이 탓인지 요즘은 애물단지를 챙기는 게 힘에 부친다. 하지만 어쩌랴. 일생 내가 안고 살아야 할 내 사랑이라면, 모든 걸 긍정적으로 생각해야 하리. 오늘 어머니랑 건강하게 100세까지만 같이 살자고 손가락을 걸었다. 어쩜 그땐 나도 꼬부랑 할미가 되어 더 이상 어머니를 보필하지 못하고 자식들의 애물단지가 되어 있을지도 모를 일이다. 그러니 내가 애물단지가 되는 것보다는 애물단지를 보살필 수 있는 지금 이 순간이 얼마나 은혜로운지 모르겠다.

내 손길을 기다리는 애물단지들이 있어 오늘도 행복하다.

이별연습

석 달 만에 안과엘 갔다. 주기적으로 검진하기 위해서다. 진료를 마치고 담낭의가 조심스럽게 말했다. 육아휴가로 당분간 쉬게 되어서 죄송하다고. 그녀는 말끝을 흐리며 미안한 표정을 지었다. 팍팍한 직장생활을 해본 워킹 맘들이라면 그 마음을 안다. 더구나 지금은 코로나사태로 인해 환자들이 몰리는 병원이 감염에 가장 취약지가 아닌가 말이다. 나는 반사적으로 웃으며 이런 위험한 시기에 아기를 위해 아주 잘한 결정이라고 말해줬다. 그런데 내 가슴은 아직도 먹먹하기만 하다.

내가 다니는 병원은 부산에선 제일 큰 안과로 외래를 보는 의사가 15명이나 된다. 그 중 내 담당의는 그 병원에서 유일한 여자 의사다. 비문증飛蚊症으로 처음 이 병원을 찾은 날, 솔직히 진료실에서 그녀를 처음 대면하곤 살짝 미심쩍은 생각이 들었다. 이제 나이가 30대 전후인 걸 고려할 때 아무래도 진료경험이 부족할 터, 전문성 있는 진단이나 심도 높은 시술을 할 수 있을까 하는 의문이 들었던 것이다. 그런데 그게 편견이었다는 걸 곧 알게 되었다. 그녀의 전문성 있는 설명과 훈훈한 인간미는 나를 사로잡기에 충분했다.

진료가 거듭될수록 그녀에 대한 나의 신뢰는 깊어졌다. 무엇보다 내 전공이 생물학이다 보니 공유할 수 있는 화제로 대화를 많이 하며 가까워졌고, 어느 날 내 수필집을 건넨 후론 그녀는 내 수필의 애독자가 되었다. 그녀가 첫 아이를 임신해서 불편한 몸으로 진료를 하는 모습을 보면 괜히 안쓰럽기도 했다. 병원에 가는 날엔 마치 여동생을 보러 가는 기분이 들어 가슴까지 설레곤 했다.

나이 탓인지 요즘은 주변의 작은 변화에도 민감해지고 주눅이 든다. 곰곰 생각해 보니, 내가 서운한 건 담당의가 병원을 떠난다는 사실만은 아닌 것 같다. 나는 준비가 안 되어 있는데, 느닷없이 바뀌는 환경에 아무런 대책도 없이 내몰리게 되는 일종의 피해의식 같은 것이다. 모두들 나만 남겨두고 매정하게 제 갈 길을 휑하니 떠나버리는 데 대한 서운함과 소외감 같은 게 내 가슴을 황량하게 한다.

얼마 전엔 수십 년 동안 피붙이처럼 지내던 직장후배가 말도 없이 서울로 이사를 가버렸다. 코로나사태로 정신이 없어 한동안 서로 연락을 못했는데, 그녀가 이사를 하고 한 달이 지난 뒤에 전화가 와서 그 사실을 알게 된 것이다. 갑작스레 가게 되어 말을 못했다고 나름 변명을 했지만 그때의 공허함과 배신감이란 이루 말할 수가 없었다. 나는 항상 그녀를 동생처럼 생각하고 챙겼는데, 그녀에게 나란 존재는 그냥 수많은 지인 중 한 사람이었다는 걸 생각하니 가슴이 너무 쓰렸다.

생각해 보면, 인간사人間事 자체가 만나고 헤어지는 게 다반사인데 담당의가 잠시 휴직하고 떠나는 사실이 이렇게 가슴 아픈 일인가, 나 스스로도 의아하다. 그런데 인간과 인간의 관계는 참으로 미묘한 함수다. 당연히 가까울 거라고 여겨지는 사이가 그렇지 않은가 하면, 그렇게 친할 요인이 없는 사이가 되레 피붙이처럼 잘 지내는 경우가 많으니 말이다. 나랑 의사와의 관계는 후자인 셈이다. 나의 경우, 누군가와 가까워지는데 있어서 가장 중요한 요인은 상대에 대한 신뢰감이다. 상대가 나를 인정해주고 격 없이 대하고 있다는 확신이 들면, 나는 그가 누구든 마음의 빗장을 활짝 열어젖힌다. 그리곤 흐르는 세월을 공유하면서 영혼을 교감하고 가슴을 나눈다. 나에게서 그녀는 단순한 의사와 환자의 관계를 떠나, 서로의 존재를 인정하고 영혼을 소통하는 벗이었던 게다.

우리네 인생 시나리오는 만남과 이별의 연속으로 짜여 있다. 문제는 그게 자의적일 때도 있지만, 수동적인 경우가 더 많다. 본인의 의지에 따르는 경우엔 그래도 선택의 여지가 있으나, 자신의 뜻과는 별개로 이미 예정된 것이라면 하릴없이 당하는 수밖에 없다. 정작 인생에서 주축이 될 중요한 만남들이 다 그렇다. 이를테면, 세상에 태어나 자신의 그늘이 될 부모를 만나는 것, 학교에서 인생을 지도해줄 은사나 직장에서 상사上司를 만나는 것 역시 자신의 뜻이 아니다. 애석하게도 세상에서 본인이 선택할 수 있는 건, 고작 마음에 드는 친구나 지인을 고르는 정도다.

어디 그뿐이랴. 자신의 생生에 있어 이별은 더더욱 예고 없이 당하는 경우가 많다. 가슴을 철렁하게 하는 처절한 이별들이 제 의지와는 상관없이 어느 날 사고처럼 일어난다. 혈연으로 맺어진 부모나 자식과의 이별이 그렇고, 세상 모두와의 인연을 끊고 떠나는 자신의 죽음조차 어느 날 벼락처럼 당할 수밖에 없는 존재가 바로 인간인 게다.

나는 겉으론 활달하고 외향적인 성격이다. 하지만 성격검사를 해보면 내성적이고 감성적인 면이 더 많다. 그러니 사회생활을 하면서 새로운 직장 동료나 상사를 만나는 것도 내겐 항상 스트레스였다. 학교에 재직 시엔 학년이 바뀔 때마다 바짝 긴장을 해야 했다. 신학기에 새로이 맡아서 지도해야 할 학생들, 교무실에서 맡게 될 새 부서, 인사이동으로 전근해 오는 신임교사들과 학교 관리자들, 이 모두가 나에겐 다시 적응해야 하는 과제이고 화두였다. 세월 속에 이들과 부대끼며 스스로 익숙하고 편해지기까지, 매일 매일이 나에겐 끊임없이 뛰어넘어야 하는 허들(hurdle)이고 도전이었으니 말이다.

하지만 나 역시 만남보다 더 힘든 건 이별이다. 선천적으로 마음이 여린 DNA에다 한번 연緣을 맺은 사람에겐 너무 쉽게 정을 주고 모든 걸 쏟아 붓는 성격 때문이다. 심지어는 자주 가던 단골가게나 미용실이 없어져도 한동안 마음이 허전하다. 해마다 겪는 일이면서 학년말 종업식 날에 학생들 앞에서 눈물을 보이는 건 항상 내 쪽이다. 하물며 갑자기 이승을 떠나는 부모나 친지, 지인들의 영결식장에서 영영 작별인사를 하는 건 그 자체가 내겐 견디기 힘든 고문이다.

허둥지둥 세상 파고를 타며 만남과 이별에 웃고 울다 보니, 어느덧 한 세월이 훌쩍 지나버렸다. 이제 칠순을 바라보는 인생 해거름이다. 산전山戰, 수전水戰, 공중전空中戰을 다 겪었으니, 이쯤 되면 웬만한 일엔 눈 하나 깜빡하지 않고 초연히 넘길 수 있는 내공을 가져야 한다. 머지않아 나 스스로 이 세상과 영원히 작별할 시간이 올 터, 그 때를 대비해서 지금부터 초연히 이별하는 연습을 해야 하는 게다.

언니의 삭발

머리카락이 우수수 낙엽처럼 떨어진다. 머리를 숙이고 앉아있는 여인은 마치 세상을 떠나 경건하게 산사山寺로 출가出家 준비를 하는 것도 같고, 이제 곧 사형장으로 끌려가는 죄인 같기도 하다. 자신의 의지로 머리를 깎는 것이 아니라 어쩔 수 없는 선택이니 말이다. 나는 차마 이 광경을 볼 수가 없어 애써 눈을 돌린다.

언니가 유방암 판정을 받은 건 추석 사흘 전, 지금부터 한 달 반쯤 전이다. 형부가 담도암으로 투병을 하다가 가신 지 한 달도 안 되어서다. 가슴에 멍울이 큰 게 잡히고 아프다고 해서 유방암 전문병원으로 모시고 가서 검사를 했다. 이미 몇 달 전부터 전신마사지를 받을 때 유두에서 피가 나왔다고 한다. 한두 살 먹은 애도 아니고 정말 기가 찼다. 환자를 진료하던 의사의 첫 말이 '왜 이리 늦게 왔느냐?'였다. 엑스레이와 초음파사진 결과 이상조짐이 보여 조직검사까지 했다. 검사결과가 나와야 정확히 알겠지만, 담당의 소견으론 암세포덩이가 5센티가 넘고 이미 임파선으로 전이가 된 것 같다고 말했다.

형부가 담도암 진단을 받은 게 작년 11월이다. 자신의 몸에 암세포가 자라는 것도 모르고 오로지 남편 간병에만 몰두하다가 이제 본인이 암에 걸린 것이다. 부부금술이 좋으면 같이 죽는다던데, 언니를 무척이나 아끼던 형부가 행여 언니를 데리고 가는 게 아닐까 하는 생각이 들자 덜컥 겁이 났다. 추석연휴는 왜 그렇게 길게 느껴지던지, 명절이 아니라 집안엔 벌써 초상집 분위기가 감돌았다. 혹시 수술도 못하는 지경은 아니겠지 하는 방정스런 마음이 들어 자꾸 울음이 북받쳐 올라왔다.

아버지가 일찍부터 병석에 눕고 어머니가 5형제를 키운 탓에 우리는 늘 가난했다. 먹을 것, 입을 것이 귀한 시절에 철저히 내 걸 챙기던 영악한 둘째딸인 나에 반해 장녀인 언니는 달랐다. 어머니가 장사를 나가고 집을 비우면 언니가 엄마 역할을 대신했다. 천성이 어리숙하고 착해 항상 동생들을 먼저 챙겼고, 가정형편을 생각해 스스로 진학도 포기하고 집안살림을 도맡아 했다. 시집을 가서도 친정집 대소사는 형부와 언니가 앞장섰다. 언니는 항상 우리 형제의 구심점 역할을 톡톡히 했다. 그런데 IMF위기로 언니가 하던 연수원사업이 부도가 난 후, 몇 년간을 전쟁 같은 삶을 살았다. 이제 겨우 자리를 잡아가고 있어, 언젠간 형제들이 함께 크루즈여행을 떠나는 걸 언니 버킷리스트에 올리고 있었던 것이다.

한 사람의 일생이 이렇게 허무하게 끝내는 건 아닌 것 같다. 본인의 뜻과는 상관없이 흙수저로 태어난 죄로, 어릴 적부터 그렇게 생고생을 하고 남들처럼 제대로 한번 살아보지도 못한 채 이대로 죽는다면 언니 일생이 너무 억울하지 않은가 말이다. 저절로 기도가 흘러나왔다. 나는 나름 해보고 싶은 거 다 해보고 살았으니, 언니 대신 차라리 나를 데려가 달라고.

벌써 언니가 시한부 선고라도 받은 듯, 우리는 피 마르는 날들을 보냈다. 드디어 조직검사 결과를 보는 날, 진료실 앞에서 차례를 기다리는 언니 눈에서 눈물이 흘러내렸다. 동생들 앞에 언제나 씩씩하고 매사를 긍정적으로 생각하는 언니가 그런 모습을 보인 건 처음이었다. 저승사자의 목소리처럼 언니 이름이 불리고, 우리는 떨면서 담당의 앞에 섰다. 그런데 이게 웬일인가! 조직검사 결과는 유방암 1기란다. 암세포가 다른 조직으로 전이도 안 되었고, 그렇게 크게 보였던 암세포덩이는 대부분이 상피내암세포였단다. 순간, 죽었던 언니가 부활한 것 같아 우리는 모두 소리를 내어 울었다.

하느님이 인간을 창조하고 암이란 복병을 함께 만들어 이 세상에 보낸 건 어떤 깊은 의도가 있는 게 아닐까? 죽음의 문턱까지 한번 갔다 옴으로써, 생生의 밑바닥을 한번 경험함으로써, 사랑하는 이들과 함께 건강하게 살아가는 자체가 얼마나 큰 행복인가를 깨닫게 하려는 것이지 싶다. 아울러, 바쁘다는 핑계로 자신만 챙기며 살아가는 형제나 가족들이 이런 시련을 통해 피의 소중함을 깊이 깨닫고 더 진하게 사랑하도록 하기 위함인지도 모를 일이다.

항암치료를 받는다고 다 머리카락이 빠지는 건 아니다. 여성호르

몬 에스트로겐과 관련이 있는 자궁암, 난소암, 유방암 등은 머리카락이 빠진다. 입원한 암환자들이 제일 두려워하는 건 '14일의 약속'이라고 한다. 1차 항암치료를 받은 날로부터 14일째엔 어김없이 머리카락이 빠진다는 것이다. 하지만 언니는 암도 초기인데다 항암치료약도 다른 사람보단 독하지 않아서 어쩜 머리카락이 빠지지 않을 거란 생각을 내심 가지고 있었단다. 결과가 나오기 전까지는 항상 희망을 가지는 것 역시, 인생을 긍정적으로 살아온 언니의 모습이다. 그런데 여기엔 예외가 없나보다. 오늘 아침에 언니가 목 메인 목소리로 전화가 왔다. 세수를 하고 머리를 만지는데 손에 머리카락이 줄줄 붙어서 나오더란다.

가발점에 온 사람들의 모습은 다양하다. 짐짓 멋을 부려보고 싶어 온 사람들이 있는가 하면, 언니처럼 머리카락이 빠져 어쩔 수 없이 온 사람들도 있다. 여자에게서 풍성하고 윤기 있는 머리카락은 그 자체가 여성의 심벌이고 아름다움의 표상이다. 그러니 머리카락이 마치 자신의 프라이드 등급이나 되듯, 한 올 한 올을 소중히 관리하고 손질한다. 틈만 나면 머리카락을 지지고 볶고 힘을 넣는 까닭도 머리카락이 곧 자신의 자존감이기 때문이다.

바리캉을 든 미용사는 담담하다. 인형머리를 만지는 듯, 아무런 생각도 감정도 없는 듯하다. 손 가는 대로 술술 머리카락을 밀어대는 모습이 애견 샵에서 반려견 털을 깎는 미용사의 모습이다. 모든 걸 체념한 듯, 고개를 떨구고 눈을 감고 있는 언니 모습을 나는 차마 볼 수가 없다. 차라리 내가 저 배역을 대신할 수 있다면 얼마나 좋을까?

안보는 척 그 모습을 훔쳐보는데 억장이 무너진다. 굽이굽이 한 생을 선하고 성실하게 살아온 한 여인의 생生의 선물이 '탁발스님'이라니, 이건 너무 잔인하지 않은가 말이다.

바리깡은 불도저처럼 연약한 여인의 뒤통수 위를 헤집고 돌아다닌다. 그럴 때마다 흙무더기처럼 머리카락이 한 움큼씩 뚝뚝 떨어진다. 신경이 연결되었는지 언니 머리카락을 자르는데 내가 아프다. 문득 영화 「삼손과 데릴라」에서 삼손의 머리카락을 자르는 장면이 떠오른다. 하지만 나는 믿는다. 삼손처럼 떨어지는 머리카락으로 기氣가 빠지는 게 아니라, 언니의 힘든 한 생生의 우환과 질병, 세상의 근심걱정이 이제 가차없이 떨어지고 있는 것이라고. 언니는 지금 삭발을 통해 몸도 마음도 깨끗하게 리뉴얼되어 새로 태어나고 있다고.

미용사가 민둥산처럼 삭발한 머리 위에 미리 골라둔 가발을 씌운다. 아름답다. 가짜인지 진짜인지 구별이 안 된다. 어차피 우리네 인생은 모든 게 포장이고 가짜이니, 이 순간 그리 서러워할 일은 아니지 싶다. 머지않아 새순처럼 소록소록 다시 돋아날 머리카락과 함께 언니의 남은 삶엔 영육靈肉이 더욱 건강하고 튼실해지길 기도드린다.

자식 해바라기

오늘도 어머니랑 말씨름을 했다. 어머니의 정신이 온전치 못한 걸 뻔히 알면서도 무의식 속에 각인된 당신의 지나친 모성애에 그만 화가 난 것이다. 어쩜 어머니께 짜증을 낸 게 아니라, 본능적으로 자식 해바라기를 하며 희생과 극기로 살아가는 어머니 세대에 대해 울화가 치민 것인지도 모를 일이다.

어머니가 이상행동을 보이기 시작한 건 작년부터다. 예전보단 부쩍 기억력이 없고 같은 이야기를 자꾸 되풀이하곤 해서 걱정을 했는데, 한번은 혼자 성당에 갔다 오시다가 집을 잃어버리고 말았다. 어머니를 병원에 모시고 가서 각종 검사를 한 결과, 치매초기란 판정을 받았다. 그렇게 지혜롭고 영특하던 분이 치매라니, 도저히 믿을 수가 없었다. 특이한 것은 다른 인지능력이나 사고력은 모두 정상인데, 유독 최근에 일어난 일을 기억하지 못하는 것이다. 설상가상으로 지난

주엔 화장실에 가다가 쓰러지셔서 입원을 했다. MRI 촬영 결과, 뇌경색 초기인데다가 심장에 부정맥까지 있단다. 한 번씩 어지럽단 소릴 하셔도 가벼운 현기증으로만 생각해버렸던 게 오산이었다. 자식들이 다섯이나 되면서 그 동안 우리가 무얼 했나 싶어 모두들 가슴을 쓸어내렸다.

어머니의 자식사랑은 유별나다. 아버지가 일찍 병석에 누우시는 바람에 어머니가 가장으로 우리 5남매를 키우셨기 때문이다. 그 중에도 외아들인 남동생에 대한 해바라기는 가히 기네스북 수준이다. 딸들이 간식이나 먹을 걸 갖다드리면, 항상 동생과 같이 먹는다고 아껴두신다. 식당에 가서 밥을 시켜도, 언제나 당신 밥을 동생에게 덜어서 옮기고서야 식사를 하신다. 삼계탕도 절반을, 당신이 좋아하는 냉면도 반으로 갈라서 동생 그릇에 옮기신다. 그럴 때면 나는 곧잘 짜증을 낸다. 어머니는 아직 소화기도 좋아 삼계탕 한 그릇은 거뜬히 드실 수 있다. 딸이 어머니를 생각하는 마음에 기껏 시간을 내어 외식을 시켜드리는데, 어머니는 습관처럼 아들만 챙기시니 순간 질투가 나는 게다.

그저께 일이다. 주말이라 마산에 있는 막내 여동생이 와서 어머니 병실에서 이틀간 간병을 했다. 항상 논리적으로 따지고 곧잘 핀잔을 주는 나와는 달리, 여동생은 애교도 많고 어머니 비위를 잘 맞춘다. 동생이 어머니 밥상 시중을 들다가 수저를 떨어뜨려 씻으러 갔다 온 사이 밥상에 있던 가자미 생선이 사라졌단다. 어머니는 벌써 다 먹었다고 천연덕스레 대답하셨지만, 결국 어머니가 숨겨둔 생선 반 토막을 찾아냈다. 아들 주려고 숨기신 것이다.

오늘도 마찬가지다. 어머니 드리려고 고기가 듬뿍 든 일본식 화덮밥 도시락을 주문해서 병원엘 갔다. 문병 온 언니랑 조카들이 빙 둘러앉아 도시락을 먹는데, 어머니는 또 당신 도시락의 양이 많으니 덜어서 남동생이 오면 주겠다고 하셨다. 동생 먹을 건 따로 있다고 아무리 말씀을 드려도 막무가내였다. 그런 모습에 나는 또 화가 치밀어 어머니께 바락 화를 내고 말았다.

별거 아닌 걸로 내가 왜 그렇게 민감하게 구는지 나 스스로도 이해가 안 된다. 어쩜 어머니의 지금 모습이 미래의 내 모습 같아 더 화가 난 게 아닐까 하는 생각이 든다. 일생동안 그렇게 자식 뒷바라지를 했으면 되었지, 정신이 희미하면서도 회갑이 넘은 아들을 챙기는 억척스런 모성애가 얼마나 황당하고 억울한가 말이다.

시대는 많이 바뀌었다. 모든 업무가 디지털화되어 속도를 중시하며, 모든 게 개인중심으로 흘러가는 세상이다. 인간과 인간의 고리 역시 그 옛날 대가족사회처럼 끈끈하지도 않으며, 단출한 핵가족으로 변해가고 있다. 그러니 요즘 시대엔 부모가 자식에게 효孝를 강요해서도 안 되거니와, 반면에 부모라고 자식에 대해 무조건적인 희생을 하는 건 우둔한 짓이다. 하물며 자신이 먹고 싶은 걸 참고 아들에게 줘야 직성이 풀리는 모성애는 박물관에나 보관해야 하는 쾌쾌 묵은 덕德이다. 덕이라기 보단 일종의 자가당착이고 아집이다. 자신이 그렇게 애지중지해서 기른 아들은 과연 그런 부모의 마음을 알기나 할까 말이다. 지금 회갑이 넘은 남동생 역시 어머니의 그 지극한 해바라기 사랑을 전부는 모르는 것 같다. 어쩜 어릴 적부터 받아온 극진한 모성애에 타성이 붙어, 이제 그게 당연한 것으로 여겨지는지도 모를 일이다.

참사랑은 서로가 눈높이를 맞추어 마주 보면서, 가슴으로 서로 정을 나누어야 한다. 양쪽이 다 행복하기 위해선, 사랑의 질량이 평형으로 되어야 하는 게다. 한쪽이 일방적으로 해바라기를 하며 오매불망 좋아하면, 그건 불행이다. 짝사랑은 언제나 가슴앓이를 동반하기 때문이다. 하지만 이러한 사랑의 법칙이 당최 통하지 않는 게 있으니, 그게 바로 자식에 대한 어머니의 조건 없는 사랑이다.

모성애母性愛는 한 여인이 태아를 잉태하는 순간부터 본능적으로 싹튼다. 아직 자신의 분신을 본 적이 없어도, 자신의 몸속에 생명이 움트는 순간부터 모성애는 소록소록 피어오른다. 어쩜 여자는 태어날 때부터 모성애를 작동시키는 스위치나 사랑의 불쏘시개를 몸속에 지니고 있는지도 모를 일이다. 자신의 분신을 지키기 위해, 무조건적이고 무모하리만큼 헌신적인 사랑의 불을 타오르게 할 발화장치 같은 것을 말이다. 숙명적인 이 본능으로 인해 세상의 모든 어머니는 자식을 위해서 기꺼이 자신을 희생양으로 바친다. 자식의 행복을 위해서라면 자신의 목숨마저도 아까워하지 않는 게 어머니란 존재인 게다. 그러니 일찍 남편을 여의고, 아들을 남편처럼 친구처럼 의지하며 살아온 어머니로선 그 사랑이 유별날 수밖에 없으리라.

제정신이 아니면서도 오로지 아들을 해바라기하고 계시는 어머니가 한편으론 측은하다. 과일을 드려도, 빵을 드려도, 조금 있다가 동생이 오면 같이 먹자고 하신다. 힘들게 원두커피를 갈아서 내려 드리면, 동생도 이 커피를 좋아한단 말이 자동응답기처럼 새어나온다. 아마도 지금 당신에게서 아들은 하느님과 같은 존재이지 싶다. 그러니 사랑과 자비를 베푸는 쪽은 이제 어머니가 아니라 아들이고, 아들의 행동 여하에 따라 어머니의 행복이 좌우된다. 여기까지 생각이 미치자 알 수 없는 질투심이 또 곰실거리고 올라온다. 딸들이 죽어라 어머니 뒷시중을 들어도, 항상 어머니는 아들만 찾으니 말이다. 아들! 아들! 아들! 그 놈의 아들타령 이제는 지겹다.

부글거리는 가슴을 진정시키고자 어머니 침대 밑 소파에 누워 눈을 감는다. 잠시 잠이 들었는가 싶었는데 무언가 느낌이 이상해서 눈을 뜬다. 언제 침대에서 내려왔는지 어머니가 내 얼굴 위에서 달덩이처럼 웃고 계신다. 눈에서 사랑의 꿀이 뚝뚝 떨어진다.

"자랑스러운 박사 딸, 고맙대이. 니 땜에 어미가 평생 어깨에 힘주고 살았는기라."

나는 또 어머니께 반전의 KO패를 당하고 만다.

형부와 춘란

베란다 난실에 귀하디귀한 춘란이 꽃을 피웠다. 춘란의 왕으로 부르는 '중투'다. 초록색에 진하게 노란 줄이 들어간 이파리도 눈부신데, 그 속에서 우아하고 당당하게 세 개의 꽃대를 피워 올리고 있는 모습에 숨이 멎는다. 조물주가 아니고서야 어떻게 이렇듯 아름다운 작품을 창조할 수가 있으랴. 어디 그뿐이랴. 그 옆에선 보란 듯이 황화, 홍화가 다투어 꽃망울을 터뜨리고 있다. 그런데 이토록 아름다운 꽃을 피운 주인은 서른 번의 방사선치료를 마친 후, 탈진한 벌레처럼 거실 소파에 웅크리고 누워있다.

형부가 담도암 3기 판정을 받은 건 넉 달 전이다. 형부는 평소 여유롭게 화초를 기르고 산이나 들로 난을 캐러 다니는 생활을 해서 매우 건강한 체질이셨다. 요즘은 암이 독감처럼 흔해 성인남자 절반이 암을 경험한다고 한다. 하지만 막상 암에 걸린 당사자의 입장에선 하늘로부터 날벼락을 맞은 느낌이고, 갑자기 세상 밖으로 내동댕이쳐진 느낌일 테다. 그 중 예후가 안 좋은 게 담도암이다. 수술 시 췌장과 십이지장을 모두 제거해야 한다는 말을 먼저 들었다. 생물학을 전공한 나로선 가슴이 철렁했다. 우리 인체에서 중요 호르몬을 분비하는 내분비기관이자 각종 소화효소를 분비하는 소화기관이 췌장이고, 소화된 양분을 흡수하는 장소가 바로 십이지장이다. 그러니 이들 두 기관을 모두 제거한다는 것은 바로 정상인의 삶을 포기하라는 선고이다. 다행히 수술 결과, 생각보다는 상태가 좋아 췌장과 십이지장 일부를 남겨두었다고 했다. 무사히 수술을 마치고 병실에 돌아와 누워있는 형부 모습을 뵈니, 돌아가신 아버지가 부활한 듯 기쁘고 눈물겨웠다. 아버지가 일찍 돌아가신 후, 나에게서 형부는 아버지 같은 존재였던 것이다.

그런데 그가 정신을 추스르고 제일 먼저 챙긴 건 가족도 아니고, 바로 집에 있는 난蘭이었다. 형부 댁에는 2000분盆 정도의 난이 있다. 이미 30여 년 이상 난과 함께 살아온 그에게서 난은 이제 취미로 기르는 화초가 아니라 자신의 생을 건 업業이자, 삶의 의미였던 게다. 어쩜 난은 별로 내세울 것 없는 자신의 삶에서 그나마 자존감을 높여주는 보물이며, 지루한 인생의 박하사탕이었는지도 모를 일이다.

좋아하는 연인은 서로 닮는다고 했던가. 형부는 난을 많이 닮았다. 사치를 싫어하며 검소하고 소탈하게 살아가는 인생관과 극한 환경에도 꿋꿋하고 강인한 생활력이 바로 그것이다. 살을 에는 혹독한 추위도 아랑곳하지 않고, 꽁꽁 언 땅속에서 오기와 끈기로 잔뿌리를 내리며 한 뼘씩 제 영역을 넓혀가는 잡초 같은 기질! 그게 바로 그가 만만찮은 세상을 살아온 방식이었다.

형부가 주로 재배한 것은 한국 춘란이다. 보통의 춘란은 초록색 잎에 초록색 꽃이 핀다. 그런데 난의 유전자나 염색체에 이상이 생기면 잎이나 꽃의 모양과 색깔에 돌연변이(mutation)가 일어난다. 사람이나 동물의 경우 돌연변이는 거의가 신체적 기형이나 치명적인 질병을 유발한다. 아이러니하게도 식물의 경우는 이 돌연변이가 희귀종으로 귀한 대접을 받는다. 엽록소를 형성하는 유전자에 이상을 일으켜 잎의 가장자리에 노란 테두리를 두르고 있는 게 바로 중투다. 춘란의 '왕중왕'인 셈이다. 노란 테두리가 얼마나 진하게 들어있는가, 뿌리와 본체가 얼마나 튼실한가, 몇 촉이 달려있는가, 금상첨화로 여기에 어떤 색과 모양의 꽃이 달리는가에 따라 춘란의 가격과 품격이 달라진다. 이번에 형부 난실에 핀 중투는 내가 봐도 최상급이다. 초록색에 노란 줄이 진하고 굵게 들어간 '중압중투'다. 형부가 건강했으면 난전시회에 출품해서 당연히 금상을 받았을 거라며, 언니는 못내 아쉬워한다.

언니와 형부가 운명적으로 만난 건, 아버지 회사가 부도난 후 우리가 국유지 산동네에 살 때였다. 하지만 둘 사이가 동네에 소문이 나자 어머니는 극구 둘을 떼어놓으려고 하셨다. 우리 집이나 형부 댁이나 양쪽 다 내세울 것 없는 가계家系였지만, 우리보다 나은 집안에 딸을 출가시키고 싶은 게 부모 마음이었던 게다. 하지만 자식 이기는 부모가 없다고, 우여곡절 끝에 결국 둘은 결혼을 했다.

형부는 동네에서 양복점을 하고 있었는데 사람이 성실하고 솜씨가 좋아 점점 단골이 늘었다. 그러다가 나중엔 시내 한가운데서 유명양복점으로 당당히 자리를 잡았고, 그 덕에 우리 집은 덩달아 형편이 좋아졌다. 그때 그의 삶은 춘란의 중투 급은 아니어도, 중급의 황화黃花나 홍화紅花 정도는 되는 수준이었다.

형부의 일생을 파노라마로 돌려볼 때, 삶의 레벨을 한층 업그레이드 시킨 것은 바로 난을 접하고 나서였다. 80년대에 맞춤양복이 점점 사양길로 치닫던 차, 언니가 손을 댄 연수원사업이 호황기를 맞이했다. 집안경제가 안정이 되어갈 즈음, 그가 우연히 취미로 접한 게 난이었다. 그때만 해도 난초는 경제적으로나 시간적으로 여유가 있는 사람들의 독점물이었다. 그는 대학교수나 기업가들과 어깨를 나란히 하고 난 전시회나 화원에 모여 난을 감상하며 구입하고, 전국 산을 돌며 희귀 난을 채집하러 다녔다. 그는 눈썰미가 좋은데다 좋은 난을 많이 소장하고 있는 걸로 소문이 났다. 그러니 귀한 난을 보며 재배법을 배우려고 그의 주변엔 항상 난 애호가들이 모였다. 그는 부산에서 열리는 난전시회에선 매년 큰 상을 휩쓸었고, 결국 난 전시회의 심사위원장까지 자리매김을 했다. 아마도 그 시절 그의 삶이 바로 춘란의 중투 급이었지 싶다.

형부가 이토록 난에 집착을 하고 거기서 삶의 희열을 느낀 이유를 나는 알 것 같다. 그 역시 나처럼 흙수저를 가지고 태어난 미미한 가문이었으니, 난이란 매체를 통해 한스러운 자신의 가문과 구겨진 자존감을 업 시키고 싶었던 게 아닐까? 가난하게 태어난 죄로 땅바닥에 납작 엎드려 이리저리 세상에 치이면서 살아야 했던 지난한 세월, 제대로 배우지 못해 항상 주눅들고 위축되었었던 한스런 삶, 그 모두를 귀하고 고상한 난으로 대치하여 세상에 보란 듯이 공중 부양하고 싶었는지도 모를 일이다.

따스한 봄 햇살이 난실에 그득하다. 형부가 손수 물과 거름을 주고, 노심초사하며 기르신 난들이다. 주인의 사랑과 에너지를 듬뿍 받아 피운 꽃들은 천진스레 방실거린다. 난실은 점점 봄의 향연으로 달아오른다. 춥고 목마른 시절 잘 이겨냈다며, 목구멍까지 차오른 '생명의 칸타타'를 토해낸다. 주인이 이 세상 마지막 혼을 불어넣어 피운 중투 꽃이 봄 햇살에 눈이 부신다. 부디 형부가 이 난초들의 기氣를 듬뿍 받아 빨리 완쾌되시길 바라는 마음이다.

카레를 끓이며

어머니께 드리려고 카레라이스를 만든다. 그윽한 카레향이 집안에 가득하다. 음식도 상황에 따라 느낌이 다른지, 같은 카레인데 인도여행 시 나를 힘들게 하던 그 냄새와는 다르다. 카레의 향기 속에 잊고 있던 추억의 자락들이 곰실거리며 피어오른다.

올케가 서울에서 사업을 하는 바람에 친정어머니는 부산에서 남동생과 함께 살고 계신다. 어머니는 혈압도 높은데다 5년 전에 치매초기 판정을 받으셨다. 구순 노인이 아직은 거동도 잘하지만 조금 전에 한 일을 기억을 못하니 자꾸 실수를 하신다. 내가 공들여 정리를 해놓은 옷장서랍을 다시 엉망으로 만들기도 하고, 빵이나 간식거리를 어디에 꽁꽁 숨겨버리곤 기억을 못하시니 한참 후 침대 밑이나 창고방에서 썩어서 나오기가 일쑤다. 여형제들이 넷이나 되지만 동생 둘은 멀리 살고 있고, 언니는 작년에 유방암 수술을 해서 아직도 면역

치료 중이다 보니, 어머니를 챙기는 건 오로지 남동생과 내 몫이다.

어제 오후다. 어머니 점심을 챙겨드리고 설거지를 하고 있는데, 갑자기 어머니가 나를 부르더니 다짜고짜 카레가 먹고 싶다고 하셨다. TV에 카레라이스를 먹는 장면이 나오고 있었던 게다. 남동생이 좋아하는 카레를 최근 들어 한 번도 못 해줘서 당신 마음이 짠하다고도 덧붙이셨다. 그 소릴 듣자 어머니의 지병인 '아들 해바라기'에 나는 또 화가 치밀었다. 이제 정신이 혼몽해서 자신도 못 챙기면서 육순이 넘은 아들 걱정을 하고 계시니 말이다. 그래도 겉으론 화를 낼 수가 없어 다음에 꼭 카레라이스를 해드리겠다고 약속을 했다.

어머니와 나는 전형적인 시골토박이로 서양음식을 싫어한다. 한 달간 외국여행을 하면서도 그 흔한 햄이나 소시지를 한 조각도 먹지 않는다. 그런데 이따금씩 카레 생각이 날 때가 있다. 음식의 맛은 기본적인 미각에다 맛있게 먹었던 기억이 가미되면 그 맛이 더 깊어진다. 어릴 때 먹던 음식을 성인이 되어서도 자꾸 찾게 되는 것도 이런 까닭이다. 우리 가족들이 카레를 좋아하게 된 데도 촉촉한 사연이 있다.

우리 고향은 지리산 산골이었는데 부모님들이 자녀들 교육을 생각해서 언니가 초등학교에 들어갈 무렵에 부산으로 이사를 왔다. 하지만 내가 초등학교에 다닐 때 아버지가 실직하고 중풍으로 자리에 누우시는 바람에 집안이 순식간에 무너졌다. 요즘은 고혈압의 경우 그리 큰 병이 아니다. 하지만 당시엔 고혈압으로 쓰러져 중풍이 오면 그걸로 인생은 끝장이었다. 어머니가 가장이 되어 갖은 일을 하며 5

남매를 거두었지만, 우리는 항상 배가 고팠고 가난에 쪼들렸다. 그러다가 내가 대학교에 들어간 후 고등학생들을 대상으로 집단과외 알바를 하면서 집안형편이 풀리기 시작했다. 내가 처음으로 카레라이스를 먹어본 것도 그때였다.

친구들을 따라 대학교 구내식당에서 처음 먹어본 카레는 신기한 외국문물을 접한 양 경이로웠다. 뼛속까지 촌뜨기인 내 입맛엔 그리 맞지 않았지만, 강렬한 카레향이 무척 신선하고 이국적이었다. 그러기를 반복하면서 언젠가부터 카레라이스가 음식이라기 보단 또 다른 의미로 자리를 잡았던 것 같다. 아마도 이 음식 하나가 지긋지긋한 가난과 촌년의 때를 벗고 나도 도시 친구들과 어울리면서 신문화를 접하고 살고 있다는 내 나름의 어떤 표징이었던 게다. 카레라이스를 앞에 두고 매콤하고 톡 쏘는 카레 향을 맡는 순간, 암울하고 주눅들어 살던 시절을 잘 넘기고 어엿한 대학생이 되어 있는 나 자신을 확인하고, 스스로 파이팅 주문을 했으니 말이다.

과외가 없는 주말이면 내가 직접 식구들을 위해 카레를 끓였다. 카레라이스는 요리과정이 간단해 요리엔 잼뱅인 나도 그리 어렵지 않았다. 돼지고기와 각종 야채를 식용유로 볶아서 물을 자작하게 부어 끓인 후, 카레가루만 뿌리면 요리가 완성된다. 내가 특히 잘하는 건 해산물 카레다. 고기와 함께 조개나 새우 등을 듬뿍 넣어 한 냄비를 끓여놓으면, 동생들은 접시에 머리를 박고 두 그릇씩을 비웠다. 고작 카레 하나를 먹으며 마치 큰 회식이라도 하는 듯 즐거워하는 새끼들을 보며 어머니는 더없이 행복해 하셨다. 하긴 보리밥과 된장국도 제대로 못 먹여 늘 가슴 아프던 자식들이 그렇게 진기한 음식을 배불리 먹고 있으니, 당신은 보기만 해도 배가 부르셨지 싶다. 그러니 카레라이스가 우리가족에겐 보릿고개와 가난을 떨치고 세상으로 당당하게 비상飛上한 상징적 만찬이었던 셈이다.

카레(curry)는 인도요리의 기본양념으로 커큐민, 강황, 후추, 생강, 겨자, 마늘 등 20여 가지 재료로 만든 복합향신료다. 강황에 들어있는 커큐민을 비롯한 여러 성분들은 항암 및 항산화작용이 탁월해서 카레의 원산지인 인도사람들은 성인병환자가 드물다고 한다. 조리법이 간단한데다 카레의 효능이 알려지면서 이제 카레는 명실 공히 글로벌 음식으로 자리를 잡았고, 가격이 저렴해 누구나 즐길 수 있는 서민음식이 되었다.

인도에 가면 흔히 이른 아침부터 거리 곳곳에서 커다란 드럼통에 카레를 끓이고 있는 광경을 볼 수 있다. 노숙자들과 걸인들에게 무상배급을 하기 위해서다. 땀을 흘리며 카레를 끓이는 사람, 그 앞에서 줄을 서서 기다리다가 걸쭉한 수프를 한 그릇씩 얻어 마시며 얘기를 나누는 사람들 사이엔 카레 향처럼 훈훈한 정이 흐르고 있었다. 어쩜 그들에게서도 카레는 단순한 음식을 넘어 사랑을 주고받는 거룩한 전례典禮의 표징이 아닐까싶다.

인도에선 모든 음식에 카레가루를 넣는다. 야채요리엔 향이 가벼운 카레를, 느끼한 육류요리엔 향이 진한 카레를 넣는다. 인도 여행 시 제일 힘들었던 건 카레 냄새였다. 호텔 레스토랑엔 수십 가지 요리가 있었는데, 모든 요리에 카레가루가 들어가니 내 입엔 모두가 한

가지 맛이었다. 인도사람들은 어릴 적부터 카레를 먹고 자라며 카레를 자신들을 지켜주는 신으로 섬긴다고 한다. 그러다 보니 인도에선 사람은 물론 건물의 벽, 심지어 가축들까지 모두 카레냄새가 난다. 덕분에 나는 여행을 하는 내내 밤낮으로 카레멀미를 해야 했다.

인도 여행 후 한동안 카레를 멀리했지만, 아직도 한 번씩 카레 생각이 나는 이유는 카레에 대한 애틋한 기억 때문이다. 식구들이랑 오순도순 카레라이스를 먹으며 행복했던 순간, 친구들과 함께 교정을 누비며 카레를 먹던 싱그러운 대학시절, 그 모두가 이제 그리운 추억 속의 앨범이다. 이제 기억조차 희미해진 어머니가 유독 카레에 대한 애착을 가지시는 것 역시, 음식이 아니라 새끼들과 오순도순 카레라이스를 먹던 그 시절이 애틋하게 그리운 것이리라.

집안이 온통 카레 향으로 노랗게 물들어간다. 순간, 가슴에서 무언가 울컥 올라온다. 세월이 흘러도 변함없는 이 향기처럼, 영원히 변하지 않는 그 무엇이 눈물겹게 그리운 밤이다.

모녀인연

60여 년 동안 껌 딱지처럼 붙어살던 구순 친정 노모가 서울로 이사를 가신다. 친구들은 다들 나더러 어머니가 이사를 가서 앞으론 편하겠다고 한다. 하지만 나는 지금 멍멍하기만 하다. 혹부리가 떨어져나갈 자리에 벌써부터 진물이 줄줄 흐른다.

올케가 5년 전에 서울로 가서 사업을 벌이는 바람에 남동생 부부는 갑자기 이산가족이 되었다. 우리 5남매 중 세 딸들이 다 부산에 있으니 노모는 물론 남동생도 고향 같은 여길 떠나기가 싫었던 게다. 하지만 코로나사태로 경기가 안 좋아져 이참에 남동생이 서울로 가서 올케가 하는 일을 돕기로 한 모양이다.

우리 형제들 1남 4녀 중 나보다 다섯 살 아래인 남동생은 나랑 코드가 잘 맞다. 감수성이 예민해서 음악이나 예술을 좋아하는 것은 물론, 현실감이 없고 낙천적인 것도 꼭 닮았다. 남동생이 진즉에 아내를 따라 곧장 서울로 가지 않은 것도 실은 나랑 헤어지는 게 더 싫었던 게다. 하긴 내가 대학시절부터 알바를 해서 동생들 공부를 시키고 가정경제를 꾸려나갔으니, 어머니나 동생들에게선 내가 보호자였던 셈이다. 그러니 동생은 결혼을 하고나서도 무슨 일이든 나랑 의논을 했고, 나 역시 그게 당연한 것처럼 여겨졌다.

아버지가 일찍 고혈압으로 쓰러져 몸져누우시는 바람에 어머니가 가장家長이 되어 5남매를 키우느라 고생을 많이 하셨다. 내가 인생을 조금씩 알아가면서 한참 회의를 갖던 사춘기 때도 어머니는 돈 버느라 늘 집을 비우셨다. 자존심이 강한 어머니는 아무도 당신을 몰라보는 외진 산골이나 섬으로 장사를 하러 다니셨다고 한다. 갓 서른 줄의 젊은 아낙네가 혼자 낯선 곳에 가서 물건을 팔고, 그날그날 끼니와 잠자리를 구걸하며 목숨 줄을 연명했을 걸 생각하면 새삼 목이 멘다. 자식들을 잘 먹이고 끝까지 공부를 시키겠다는 서슬 퍼런 염원과 꿈이 없이는 불가능한 일이다. 어릴 적부터 무적함대 같은 어머니 모습을 보고 자랐기에 나 역시 그런 억척스런 기질을 키울 수 있었던 게 아닐까 싶다.

한 사람의 일생을 돌아보면 보호자가 수시로 바뀐다. 누구든지 어린아이 시절에는 부모가 보호자가 된다. 하지만 성장함에 따라 조직과 사회에 몸을 담고 살아가면서 기대고 살아가는 보호자는 수시로 바뀐다. 내가 한창 공부를 할 즈음엔 일찍 결혼한 언니가 어머니 역할을 해주었다. 고등학교, 대학교 입학·졸업 사진엔 항상 언니와 형부가 붙박이 병풍처럼 등장한다. 그러다가 대학을 들어가고 나선 내가 어머니 대신 가장이 되었다. 대학생이 학원처럼 그룹과외를 만들어 운영하는 게 때로는 힘이 들고 버겁기도 했지만, 나는 한 번도 내 처지를 비관하고 원망한 적이 없었던 것 같다. 가난한 집에서 반듯한 대학생으로 성장하기까지 내가 받은 게 너무 많고, 어머니가 당신 목숨까지 내걸고 나를 지키고 키워준 그 사랑을 알기 때문이다.

세월 이기는 장사 없다고 했던가. 그렇게도 당당하고 현명하던 어머니에게 5년 전부터 치매증세가 나타났다. 처음엔 증후가 심하지 않았다. 지난 일은 기억을 하는데 최근에 일어난 일을 조금 기억을 못하시는 정도였다. 하지만 시간이 지남에 따라 증세가 심각해져 차려둔 식사도 혼자선 드시질 못했다. 동생은 매일 출근을 해야 하는 터라 주변에선 다들 요양병원에 모시라고 권했다. 하지만 효성이 지극한 동생이 극구 반대를 했고, 우리 형제들도 같은 마음이었다. 틈나는 대로 언니와 여동생이 와서 돕고, 제일 가까운 곳에 사는 내가 틈틈이 수발을 들었다. 그러면서 보낸 세월이 어언 5년이다.

그저께는 단오절이자 어머니 생신이었다. 형제들이 모여 밖에서 식사를 하고나서 함께 동생 집으로 가서 이삿짐을 챙겼다. 영문을 모르는 어머니는 너무 행복해하셨다. 그러다가 어머니 옷가지를 정리해서 포장을 하자 눈치 빠른 어머니가 자꾸 물으셨다. 하는 수 없이 서울로 이사를 가게 되었다고 말씀드렸다. 그때부터 어머니는 너희들을 안보고 어찌 살겠느냐면서 통곡을 하시는 것이었다. 올케가 새 집에 어머니 방을 예쁘게 꾸며놓았다고 하니 체면상 잠시 올라가 계시면 내가 다시 모시러 간다고 달래었다. 그랬더니 환하게 웃으며 울음을 뚝 그치셨다. 망각이란 때론 좋은 것 같다. 어머니가 정신이 맑다면, 일생 함께 붙어있던 딸과 헤어지는 걸 그렇게 쉽게 수긍하진 않을 테니 말이다.

모레 이사를 가는 날이라 오늘은 어머니를 우리 집으로 모시고 왔다. 헤어지기 전에 하룻밤이라도 같이 보내고 싶어서다. 함께 맛있는 밥을 지어 먹고, 어머니가 좋아하시는 TV연속극을 보곤 욕실에 들어갔다. 어머니 몸에 비누칠을 하는데 납작한 엉덩이와 앙상한 다리에 눈이 멎는다. 한쪽으로 계속 누워서인지 왼쪽 엉덩이엔 까만 피멍까지 맺혀있다. 간병하는 딸이 이런 것도 모르고 있었다니 갑자기 가슴이 쓰리고 아려온다. 이런 내 마음을 아는지 모르는지 어머니는 아기처럼 재잘거리며 마냥 좋아하신다. 어릴 적에 외할머니가 당신 목욕을 시켜주던 생각이 나신다고 하는 걸 보면, 지금 어머니는 아기로 돌아가 있는 게다.

어머니랑 한 침대에 누워 잠을 자는 게 참으로 오랜만이다. 내 손을 만지작거리며 엄마 품에 안긴 아기처럼 행복해하시는 어머니를 보며, 그 동안 사는 걸 핑계로 왜 좀 더 함께하지 못했을까 하는 자책감이 울컥하고 밀려온다. 양부모님을 모두 떠나보낸 남편이 나더러 '돌아가시고 후회하지 말고 살아계실 때 잘하라.'고 당부하던 말이 떠오른다.

매사에 긍정적이고 세상파고를 거침없이 돌진하던 무적함대! 그런 전함이 이제 엔진도 녹슬고 나침반도 고장 난 채 무인도에 닻을 내려 녹슬어가고 있다. 그렇게 싱그럽고 곱던 얼굴엔 세월이 할퀴고

간 상흔이 어지럽다. 피부는 마른 버섯처럼 푸석거리고, 푹 패인 주름 골짜기엔 지난한 삶의 역사가 빼곡하게 박혀있다. 전쟁 같이 한 차례 장사를 하곤 승전勝戰한 장수처럼 의기양양하게 집으로 들어오시던 모습, 내가 일류 중학교에 입학하던 날에 눈물을 흘리시며 사진을 찍던 모습, 손녀를 등에 업고 정류장에서 퇴근하는 나를 기다리시던 모습도 주름 곳곳에 앨범으로 남아있다.

토닥토닥 어머니 등을 두드려드렸더니 어느새 잠이 드셨다. 그 옛날 철통방어로 나를 지켜주던 울타리, 바위처럼 든든한 버팀목이던 어머니! 그런 내 보호자가 이제 어린 아기가 되어 내 품안에서 새근새근 잠들어 있다.

폰에서 모 가수의 「인연」이란 노래가 나직하게 흐른다.

> 약속해요, 이 순간이 다 지나고 다시 보게 되는 그날 / 모든 걸 버리고 그대 곁에 서서 남은 길을 가리란 걸 / 인연이라고 하죠, 거부할 수가 없죠 / 내 생에 이처럼 아름다운 날, 또 다시 올 수 있을까요 / 고달픈 삶의 길에 당신은 선물인 걸 / 이 사랑이 녹슬지 않도록 늘 닦아 비출게요.

새삼 어머니랑 맺어진 모녀 인연에 감사할 따름이다. 새로 태어난다고 해도, 나는 가족의 연緣으로 다시 어머니를 뵙고 싶다. 그 땐 내가 당신의 어머니로 태어나 이승에서 당신께 받은 은혜 다 갚아드리리다.

할머니는 지구파괴자

추석연휴를 맞이해서 아들네랑 필리핀 세부에 여행을 왔다. 여행 이틀째, 나는 선생님과 수학여행 온 초등학생처럼 계속 긴장을 하고 있다. 철저하게 환경보호가인 아들과 그 아들 밑에서 교육을 받은 손녀에게 계속 지적을 받기 때문이다. 아무런 생각 없이 살아온 생활습관이 굳은살처럼 되어 하루아침에 고쳐지지가 않는다.

호텔의 모닝뷔페가 오늘도 풍성하다. 무엇보다 채식주의자인 아들이 먹을 야채가 많아서 내심 안심이 된다. 건너편에 앉아서 제 엄마가 가져다 준 빵이랑 샐러드, 옥수수, 치즈를 야무지게 먹고 있는 손녀가 대견스럽다. 하지만 나는 평소에 아침식사를 하지 않는 터라 식사 자체가 거북스럽다. 접시에 조금 담아온 빵이랑 야채를 절반도 안 먹고 앉아있자, 손녀가 대뜸 날 보고 말한다.

"할머니, 음식 남기면 안돼요. 할머닌 지구파괴자!"

순간, 하도 기특한 생각이 들어 그런 말을 어디서 들었느냐고 물었더니 아빠한테 배웠단다. 음식을 남기면 우리가 살고 있는 지구가 뜨거워져 나중엔 물바다가 된다고 덧붙인다. 고작 네 살배기 아이의 입에서 나온 말이라니 놀라울 따름이다. 손녀의 말에 나는 아무 말도 못하고 억지로 접시를 비운다. 그제야 손녀가 환하게 웃으며 "할머니 참 잘했어요!"라고 칭찬을 한다.

그뿐만이 아니다. 손녀를 따라다니다 보니 걸핏하면 가방에서 물휴지나 종이 냅킨을 꺼낸다. 그럴 때마다 아들은 나더러 일회용품을 너무 남발한다고 지적을 한다. 물이나 음료수를 마시려고 종이컵을 꺼내면, 아들은 얼른 호텔에 비치되어 있는 유리컵을 들고 온다. 이쯤 되니 나보다도 옆에서 보는 며느리가 더 무안해한다. 생물학 전공에다 30여 년간 학생들을 가르쳐 온 교육자로서 어미의 체면이 말이 아니다.

전직 교육자가, 그것도 한 때 생태학 전공을 한 할미가 손녀 앞에서 환경보호 훈계를 듣다니 부끄러운 일이 아닐 수 없다. 생태학 수업시간에 생활쓰레기가 분해되는데 소요되는 시간을 배우면서 일회용품을 줄여야 된다고 누누이 가르쳤다. 일회용품은 분해가 잘 안 되는 소재가 많은데다, 한번 사용하고 버리다보니 쓰레기더미가 많아진다. 쓰레기를 묻으면 이게 썩으면서 발생하는 가스로 인해 토양과 물 및 대기를 오염시킨다. 게다가 쓰레기가 많아지면 처리 비용도 증가하고, 처리과정에서 에너지를 사용하게 되므로 또 다른 낭비와 환경오염으로 이어진다.

아들은 어릴 적부터 생각하고 행동하는 게 보통 아이들과는 달랐다. 고집이 세고, 자신이 옳다고 생각하는 건 끝까지 지키는 성격이었다. 도덕심이 강해 조금이라도 남에게 피해를 주는 행동을 싫어했다. 그야말로 법이 없어도 살아가는 착한 시민의 모델이다. 그러니 누군가 공중도덕을 어기는 걸 보면 그냥 넘기지를 못한다. 조금은 고지식하고 답답하리만치 정해진 룰(rule) 안에서 사는 아들의 인생관은 자식을 훈육하는 데도 나타났다. 어릴 적부터 물건을 아끼고 낭비하지 않는 습관을 길들이고, 눈앞의 이득과 편리함이 아니라 더불어 살아가기 위해 만든 사회적 규율을 철저히 지키도록 가르치고 있으니 말이다. 그런 아들이 이젠 지구 지킴이가 되어 어린 자식에게까지 철저히 환경교육을 시키고 있는 게다.

지구가 뜨거워진다는 것은 지구온난화현상으로, 그 원인은 온실가스 때문이다. 온실가스란 지구를 둘러싸고 있는 기체로, 지표면에서 우주로 발산하는 적외선 복사열을 흡수 또는 반사함으로써 지구의 온도를 일정하게 유지시켜주는 역할을 한다. 문제는 이 온실가스가 과다할 경우 지구온도를 너무 올려 그 결과 심각한 생태계 변화를 초래한다. 기온의 상승은 직접적으로는 생물의 생존을 위협하며, 극지역의 대륙 빙하를 녹임으로써 해수면을 상승시킨다. 그 결과 섬이나 얕은 육지가 물에 잠기게 되는 것이다.

온실가스로는 수증기와 함께 이산화탄소(CO_2), 메탄(CH_4), 아산화질소(N_2O) 등이 있는데, 이 중 최근 들어 주목을 받고 있는 게 메탄이다. 메탄은 같은 양의 이산화탄소보다 온실효과에 미치는 영향이

20배나 큰데다가 각종 산업화과정에서도 다량으로 발생하기 때문이다. 메탄은 산불이나 화석연료를 태우는 과정에서도 나오고, 배설물이나 음식물 쓰레기 등의 유기물질이 분해될 때도 생긴다. 또한, 초식동물이 풀을 소화시킬 때도 메탄이 발생해 트림이나 방귀를 통해 밖으로 배출된다. 소 한 마리가 방귀나 트림으로 내뿜는 일산화탄소와 메탄가스 등의 온실가스 양이 승용차 한 대가 내뿜는 양의 1.5배에 달하는 수치라고 하니 기가 찬다. 게다가 엄청난 사료를 생산하기 위해 또 다시 메탄과 이산화탄소가 발생하니 전 세계 축산에서 배출되는 온실가스의 양이 전체 온실가스의 18퍼센트를 차지한다. 실제 유럽의 일부 낙농국가에선 소를 키우는 사람들에게 '방귀세'를 받고 있다니 웃지 못할 현실이다. 알고 보니, 아들이 최근에 그렇게 좋아하던 고기를 끊고 비건(vegan)이 된 것도 이런 연유라고 한다.

지구온난화현상으로 이미 지구 곳곳에서 기상이변이 속출하고 있다. 중동과 유럽에선 50도의 살인적 폭염으로 사람과 동물들이 쓰러져 가는데, 북미에선 끝없는 산불재난이 이어지고 있다. 최근 들어 때 아닌 겨울에 북미대륙을 강타하고 있는 초강력 토네이도 역시 지구온난화현상과 무관하지 않다. 미국 기후변화연구단체의 보고에 의하면, 지금 상태로 갈 때 2060년경엔 지구 기온이 3도 상승하여 상하이, 시드니, 런던, 아바나 등 해상도시가 모두 물에 잠긴다고 한다.

얼마 전에 TV 여행프로에서 캐나다 서부의 콜롬비아 빙원이 나왔다. 30여 년 전 딸내미랑 함께 갔던 곳이라 그 때의 아름다운 설경을 상상하며 보다가 깜짝 놀랐다. 굽이굽이 하얀 능선으로 이어지던 장엄한 산맥의 모습은 간 곳이 없고, 눈이 녹아 검은 흙이 희끗희끗 드러난 빙원은 바로 죽어가며 신음하는 지구 모습이었던 것이다.

조물주가 인간을 창조해 지구로 내려 보낼 때는, 필시 당신 보시기에 좋은 모습으로 지구를 지키며 잘 살아가길 기원했으리라. 하지만 이기적인 인간의 욕심은 성서의 바벨탑보다 더 높이 하늘에 도전장을 띄워 올렸다. '개발'이란 미명으로 산과 하천을 마구 파헤치며, '공업'이란 이름으로 유독가스를 남발하는 공장을 짓고, 땅과 재물을 뺏느라 인간들끼리 서로 전쟁을 하고, 하늘을 향해 빌딩을 쌓아올리기에 여념이 없었다. 눈앞의 이익에 급급해서 지구의 미래와 후손들의 앞날을 생각조차 하지 않았던 것이다. 조금만 신경을 쓰면 지구상의 다른 생명체와 더불어 잘 사는 세상을 만들 수 있는데도, 최종소비자로서의 막강한 힘을 휘두르며 생태계를 파괴하고 동식물들을 떼죽음으로 몰아넣었다. 그런데 이를 어쩌랴! 이제 그 대가로 지구가 인간에게 복수전을 펼치고 있으니 말이다.

산에 나무를 마구 베어내더니, 조금만 비가 와도 산사태가 난다. 산과 바다가 농약과 쓰레기로 오염이 되어 마음 놓고 마실 물이 없다. 수확에만 눈이 어두워 야채와 과일에다 농약을 마구 살포하니 우리 손녀에게 먹일 과일이 없다. 지구 곳곳에서 시도 때도 없이 지진과 해일이 들이닥쳐 언제 우리 둥지를 통째로 집어삼킬지 불안하기 그지없다. 오늘 살아도 내일을 기약할 수 없는 파리 목숨 같은 인간! 이 모두가 순간의 이익과 편리함만을 추구하며 달려온 이기적인 인간의 업보이니 그 누굴 탓하리. 새삼 손녀 앞에서 우둔한 할미가 부끄러워지는 날이다.

애어른

일곱 살배기 손녀 시아가 핸드폰으로 문자메시지를 보내왔다. 유성 펜으로 그림을 그려 만든 베 가방 사진을 첨부해서 자랑하는 게다. 가방도 멋지거니와 어린 것이 디지털 세상에 적응해가는 게 신통하다. 모전여전母傳女傳이라고, 하는 행동 모두가 애어른 같다.

이제 마흔을 갓 넘긴 딸에겐 여덟 살배기 손주와 일곱 살 된 손녀가 있다. 육아에 어미 도움을 받으려고 우리 집 근처로 이사를 왔지만, 나 역시 직장생활 하느라 친정 도움으로 애들을 키워 육아엔 잼병이다. 그런데도 부모는 존재 자체로서 자식들이 힘들 때 기대고 쉴 수 있는 버팀목이고 그늘인 게다.

딸이 사업을 하다 보니 출장을 가거나 행사가 있는 날엔 곧잘 아이들을 나에게 맡긴다. 첫째인 장남 균하는 별나기로 유명하다. 잠시도 가만히 있질 못하고 설치다 보니 재를 저지르기 일쑤다. 게다가 성격이 덤벙거려 제 소지품이나 학교 준비물조차도 일일이 챙겨주지 않으면 안 된다. 반면에 동생 시아는 차분하고 딱 부러지는 성격이다. 겉으론 활달하지만, 내심 꼼꼼하고 제 일을 알아서 척척 한다. 심지어 제 오빠의 수업준비물이나 과제물 등도 대신 챙겨준다. 그러니 동생이 누나 같고, 오빠는 해가 바뀌어도 여전히 천방지축이다.

피는 못 속인다고, 시아는 어릴 적의 제 어미를 꼭 닮았다. 성격이 밝은 것도 닮았지만, 어른스러워 주변 사람들을 챙기는 것도 그대로다. 애어른으로 치면, 시아는 제 어미보다 한수 더 위다. 시아는 모든 걸 제 손으로 해야 직성이 풀린다. 우리 집에 와서도 아침에 깨워만 주면 나머진 알아서 척척 한다. 혼자 세수를 하고 옷을 코디해서 입고 물통과 수저, 학교준비물까지 빠짐없이 챙겨 가방에 넣는다. 등교할 때 어정어정 늑장을 부리는 제 오빠를 재촉해서 챙기기까지 한다. 그러니 내가 너무 수월하다. 유치원에 가서도 선생님들 칭찬이 자자하다고 한다. 제 일은 물론, 주변의 친구들까지 챙겨줘서 선생님들 도우미 역할을 톡톡히 한단다.

그뿐이 아니다. 시아는 예민하게 어른들 감정을 다 읽어 위로를 하거나 중재 역할을 톡톡히 한다. 어쩌다 아빠와 엄마가 부부싸움을 하면 분위기를 띄우려고 온갖 애교를 다 부리고, 아빠한테 가서 엄마한테 사과하라고 조언도 한다. 제 오빠가 부모에게 야단을 맞을 땐 오빠 편에 서서 대신 변명을 해주기도 하고, 오빠에게 벌을 면할 방법을 슬쩍 알려주기도 한다. 조그만 머릿속에 어떻게 그 많은 생각과 지혜가 들어있을까, 생각할수록 신기하기만 하다.

얼마 전에 딸이 코로나에 확진되는 바람에 애들을 모두 우리 집에 데리고 왔다. 시아는 제 어미를 너무 좋아해 잠시도 떨어지길 싫어한다. 그런데도 겉으론 투정도 않고 우리 집에 와서 의젓하고 침착하게 행동을 했다. 문제는 밤이었다. 시아를 다독거려 재우고 나왔다가 들어갔더니 아이가 이불을 덮어쓰고 훌쩍거리고 있는 게 아닌가. 깜짝 놀라서 시아에게 왜 그러냐고 물었더니, 목이 멘 소리로 엄마가 보고 싶다고 했다. 순간 가슴이 찡했다. 군대훈련소도 아니고, 어린 것이 벌써부터 세상 눈치를 살피느라 할미에게조차 감정표현을 못하다니 말이다.

어느새 훌쩍 애어른이 되어 있는 시아를 보고 있으면 대견스러우면서도 팔자를 대물림하는 게 아닌가 하는 자책감이 든다. 나 역시 직장생활을 하느라 바깥을 돌다 보니, 여느 엄마처럼 알뜰히 아이들을 챙겨주질 못했다. 그러니 딸내미가 지금의 시아처럼 일찍부터 애어른이 되어갔다. 학교 과제와 준비물은 물론, 간식과 먹거리까지도 동생 것까지 하나하나 챙겼다. 오죽하면 딸의 애칭이 우리 집의 '작은 마나님'이었던 것이다. 언제까지나 어미가 보호자가 될 수는 없는 노릇, 부부가 힘들고 바쁘게 살아가는 핵가족시대에 아이들도 빨리 적응하고 홀로서기를 하는 건 바람직한 일이다. 하지만 내 딸의 딸까지도 너무 빨리 애어른이 되어버린 게 모두 내 탓인 듯싶어 못내 가슴이 짠하다.

제 오빠가 수학과 과학을 좋아하는 것과는 달리, 시아는 음악과 미술 등의 예술 감각이 남다르다. 한번 접한 노래나 춤을 거의 그대로 흉내를 낸다. TV 예능프로에서 초등학생들이 트롯을 부르며 춤추는 걸 보고 제 나름으로 해석, 편집해서 금세 따라하는 걸 보면 참으로 신통하다. 그림솜씨도 월등하다. 단순히 모양과 색을 보고 그리는 차원이 아니다. 그릴 대상을 입체적으로 분석, 숨어있는 질감과 결까지 찾아내어 표현한다. 이를 테면, 아이스크림을 그릴 때, 아이스크림이 녹아내리는 순간 장면과 과자 컵의 무늬까지도 섬세하게 그려야 직성이 풀린다.

시아에게 가장 특출한 건 언어영역이다. 틈틈이 할미에게 보내는 편지를 보면, 기승전결이 딱 들어맞는 수필이다. 글씨도 반듯하거니와 용어 자체가 아이들이 쓰는 말이 아니다. 자칭 '김시아 작가'란다. 흥미로운 건, 시아는 폰에 사람들 연락처를 저장할 때 그 사람의 특징을 한마디로 나타내는 수식어를 꼭 붙인다. 잔소리꾼 아빠, 짜증났다가 착한 엄마, 수다 떨기 좋은 친구엄마, 사랑하는 내 오빠, 게임 잘하는 주하 등이다. 고맙게도 이 할미는 '자신감 넘치는 외할머니'로 저장했단다. 그 이유를 물었더니, '할머니는 항상 씩씩하고, 무엇이든 척척 잘 하잖아요.'라고 한다. 일선에서 물러난 후론 하릴없이 세상 눈치를 보며 살아가고 있는 마당에, 손녀에게라도 씩씩한 할미로 인정을 받으니 참으로 다행스런 일이다.

시대는 급변하여 집안 살림은 아내가, 가정경제는 남편이 떠맡던 시대는 지났다. 누구든 결혼을 하면, 부부가 각자의 재능과 역량을 최대로 발휘하여 수입을 극대화하는 방향으로 가정경제를 꾸려가야 한다. 최근 우리나라는 조기교육 붐으로 인해 아이들 교육비 부담이

과중되다 보니 워킹 맘이 점점 늘어나고 있고, 남자들이 직장에서 육아휴가를 신청하는 경우도 많다고 한다. 그러니 아이들 역시 가족의 일원으로서 이런 변화에 적응해가야 한다. 어릴 적부터 자기 일은 스스로 하며, 부모나 형제의 도움 없이 홀로서기를 할 수 있는 능력을 갖추도록 키워야 한다. 그런 면에서 볼 때 우리 시아는 참으로 진취적이고 바람직한 아이로 잘 자라고 있는 거라고 자위自慰를 해본다.

내일은 딸이 출장이라 아이들이 우리 집에 오는 날, 벌써부터 마음이 설렌다. 남편도 아침부터 집안 구석구석 대청소를 하더니, 시아가 좋아하는 빵과 아이스크림을 잔뜩 사들고 왔다. 코로나사태로 세상이 어수선하고 암울하다. 하지만 손녀 시아를 보면 행복하다. 보기만 해도 웃음이 새어나오고, 아직은 세상에서 내가 필요한 존재라는 걸 항상 일깨워주는 나의 엔도르핀이다. 의젓하게 애어른이 되어가는 시아가 밝고 건강하게 이 세상을 헤쳐 나가길 응원하고 기도한다.

고향의 느티나무, 현봉玄峰선생님

– 고故 이병수李炳壽 선생님 추모글 –

협천陜川 이씨李氏 가문의 큰 교목喬木이 한 그루 쓰러졌다. 현봉玄峰 선생님은 내가 지치고 힘들 때 언제든 달려가 기대어 쉬고, 기氣와 에너지를 충전 받던 고향의 느티나무다. 나뿐 아니라 세상 모두를 넉넉하게 품고 다독이며, 교육자로서 수필가로서 사회에 지대한 공로를 하며 한 생生을 뜨겁고 성실하게 살다 가신 분이다.

현봉선생님은 나와는 가까운 친척이자, 오늘날 내가 있기까지 나를 이끌어준 멘토이자 사부師父이셨다. 나는 어릴 적에 현봉선생님을 뵙기 전부터 부모님으로부터 그분의 이야기를 많이 들었다. 아버지께서는 늘 현봉선생님이 우리 집안에서 제일 인품이 높고 훌륭한 분이라고 말씀하셨다. 어릴 적에도 집안 행사 시에 자주 선생님을 뵈었다고 하는데, 내가 확실히 선생님을 기억하는 것은 중학교에 입학한 후 고향에 내려갔을 때다.

집안잔치에서 처음 뵌 선생님의 모습은 바로 군계일학群鷄一鶴이었다. 시골티가 줄줄 흐르는 사람들 속에서 까만 양복을 입고 늠름하게서 계시는 선생님은 어린 눈에도 너무 멋지고 품격이 있어 보였다. 나는 부산의 K여중에 다니고 있었는데, 부산에서 교편을 잡고 계시던 현봉선생님께서는 그 학교가 수재들이 가는 명문학교라며 친척들 앞에서 치켜세우며 나를 칭찬해주셨다. 그리곤 내게 장차 무엇을 하고 싶은지 물으셨는데, 나는 얼떨결에 학교선생님이 되고 싶다고 말했다. 아무 생각 없이 내뱉은 이 말이 교육자로서의 내 운명을 결정하고 만 것이었다.

한 세월이 훌쩍 흘러 나는 내가 말한 대로 생물과목을 가르치는 교사가 되었다. 내가 애송이 교사일 때 현봉선생님은 이미 학교관리직으로 계셨고, 나중엔 교육청 연구관으로 가셨다. 선생님은 성품도 좋은데다 업무나 행정에 아주 밝아 교육계에서 일찍부터 인정을 받는 분이셨다. 그리고 마음이 어질어 어딜 가나 음지에서 허드렛일을 하는 사람들을 잘 챙기시기로 유명했다. 학교에 재직 시에도 손수 일용직 용원들을 챙기고, 명절이나 연말엔 케이크나 오리털 외투 등을 하나씩 선물해주곤 하셨다. 생각해 보면, 내가 교직에 있으면서 자연스레 일용직 사람들을 챙기게 된 것도 다 현봉선생님의 영향이었지 싶다.

선생님은 40여 년 교직에 계시는 동안, 학생들이나 교사들에게 항상 사랑과 존경을 받으셨다. 교수방법도 탁월하고, 수업연구를 철저히 하시는 분으로 정평이 나 있었다. 선생님에게서 제일 중요한 건

틀에 박힌 제도나 묵은 관습이 아닌, 바로 살아있는 '인간'이었다. 언젠가 선생님께 말썽쟁이 아이들 때문에 교직에 회의를 느낀다고 투정을 한 적이 있다. 선생님은 호되게 날 꾸짖으며, 국가의 미래를 짊어질 학생을 가르치는 교직이야말로 하늘이 내린 천직天職임을 명심하라고 하셨다. 그리고 학생들을 가르치는 교사는 시대에 뒤떨어지지 않게 항상 새 시대의 새 것을 받아들일 준비를 해야 한다며, 당신도 늘 책과 컴퓨터를 가까이 하셨다. 그러니 아날로그 사고에 묶여 변화를 싫어하고 편한 것만 고집하는 안일한 교사들을 항상 부끄럽게 만드는 분이셨다.

선생님은 퇴직 즈음에 늦깎이로 수필에 입문하셨다. 하지만 수필을 당신 인생의 이모작에 비유하면서 애착을 가지셨다. 생각해 보면, 선생님은 좋은 수필을 쓰는 작가의 자질과 조건을 다 갖추신 분이었다. 원래 필력도 좋은 데다 국어과 선생님을 오래 하셨다. 그리고 일제시대와 육이오전쟁 등의 격변하는 시대를 몸소 경험한 산증인이고, 지리산골짜기에서 태어나 성장하고 나중에 도시로 생활터전을 옮기셨으니 살아오신 환경 역시 다양하다. 거기다가 화려한 금수저 출신이 아니라, 독력으로 자신의 길을 개척하며 세상과 맞서 꿋꿋하게 살아온 분이다. 그러기에 선생님의 글을 읽으면 우리 모두의 이야기처럼 공감이 가고, 가슴이 따뜻해진다. 바로 힐링 수필이다. 그리고 아직 수필장르가 문학계에서 제자리를 잡지 못하고 있을 당시, 선생님은 여러 수필문학회의 리더로서 봉사를 하며 우리나라 수필의 기둥을 반듯하게 세우고 디딤돌을 다진 공로자 중의 한 분이다.

나 역시 여고시절부터 작가가 되는 꿈이 있었다. 하지만 어쩌다 생물을 전공해 항상 글쓰기에 대한 미련을 가지고 있었다. 간간이 접한 현봉선생님의 수필을 읽으며 글을 쓰고 싶은 생각이 다시 일기 시작했다. 내가 현봉선생님을 우연히 다시 뵌 건, 일선에서 물러나 작가활동을 하던 중이었다. 내가 가입한 '수필부산문학회'가 바로 현봉선생님이 초석을 다진 단체였던 것이다. 선생님은 날 반기시며 여태 함께 살아온 가족처럼 격 없이 나를 대해주셨고, 나 역시 그렇게 느껴졌다. 기나긴 세월의 틈도 한 순간 매우고, 마냥 끈끈하고 살갑게 느껴지는 게 바로 핏줄의 힘인 게다. 선생님이 기초를 다지고 이끌어온 수필문학회에 내가 우연히 들어가서 선생님과 함께 글 기둥까지 잡았다는 사실도 선생님과 나는 예사 인연이 아닌 게다. 그랬다. 돌아보니 피붙이로서, 교직자로서, 작가로서, 현봉선생님은 언제나 내 앞에서 진한 발자국을 남기며 걸어가셨다. 하얀 눈 위에 남긴 발자국처럼…….

선생님은 유독 고향의 타작마당에 서 있는 아름드리 느티나무를 사랑하셨다. 느티나무는 무게가 있고, 스스로를 다스릴 줄 알며, 인고의 미덕을 갖춘 의젓한 선비 같아서 좋다고 하셨다. 그런데 수년 전에 그 타작마당에 면민들이 세운 현봉선생님의 문학비까지 서 있으니, 선생님의 느티나무 사랑은 더 깊어지셨다. 그런데 나에게선 선생님이 바로 고향의 느티나무였다. 세상에서 한바탕 전쟁을 치르고 나면, 언제든 찾아 하소연도 하고 그 그늘 아래서 포근히 쉴 수 있는 엄마 품 같은 존재! 이제 그 버팀목과 안식처가 사라졌다고 생각하니 정든 둥지에서 야생들판으로 내쳐진 느낌이다.

현봉선생님의 삶은 그 자체가 내가 본받고 싶은 교과서였다. 어려운 환경에서도 굴하지 않고 세상을 헤쳐 나가는 억척스러움, 안정된 교직생활에도 항상 배우고 내일을 준비하는 교육자의 자세, 나이가 들어도 노인티를 내지 않고 젊은이들과 어울려 살려고 하는 삶의 열정, 그 모두가 내가 따르고 싶은 삶의 지표였다. 그리고 작가로서도 현봉선생님은 나의 사표師表였고, 선생님의 글은 내 수필의 마중물이 되었다. 선생님은 누군가에게 보이려고 글을 쓰는 게 아니라, 글을 통해 자신과 대화를 하며 스스로를 힐링하고 세상으로 나아간다고 말씀하셨다. 수필이 단순히 울체된 감정을 터뜨리는 수단이 아니라, 글을 통해 세상과 소통하고 화해하는 방법을 배운다고 하셨다. 그런 의미에서 선생님은 수필을 통해 이미 해탈의 경지에 도달한 분인 게다. 육순이 넘어 등단을 하시고도 13권이나 되는 수필집을 발간하셨으며, 마치 당신의 죽음을 미리 내다보신 듯, 마지막 수필집을 『아름다운 마무리』라고 이름 지으신 것 역시 우연이 아니지 싶다.

그렇게 정정하시던 분이 갑자기 이승을 떠나시다니, 너무 당황스럽고 가슴이 쓰리다. 그러나 한편으로 생각해 보니, 선생님이 참으로 복이 많으신 분이란 생각이 든다. 선생님은 이 세상을 성실하고 성공적으로 살아내며, 천수를 다하신 분이니 말이다. 당신이 원하던 바, 교육자로서 제자들로부터 존경을 받으셨고, 당신이 인생의 이모작으로 애착을 느끼던 수필계에서도 공중 부양하여 후배들의 사표가 되셨으며, 고향 문인들을 위해 당신 이름으로 '현봉문학상'까지 제정해서 세상에 남기고 가셨으니, 아마 선생님께서도 여한이 없지 싶다.

나의 피붙이, 현봉선생님이 떠나신 자리가 너무 허전하다. 하지만 이제껏 내 삶의 멘토였고, 언제든 기대고 어리광을 부리며 쉬던 나의 느티나무는 영원히 내 가슴 속에 남아있을 것이다. 부디 선생님께서 천상에서 평화로운 안식을 누리시길 바라는 마음이다.

방관자

인생은 허락되지
리턴이 않는 외길이다.
지금 걷는 길은
두 번 다시 올 수 없는
길이기에,
베풀 수 있는 친절이 있다면
지금 아낌없이
베풀어야 한다.
나이 들었다는 이유로,
노쇠하다는 핑계로,
팔짱만 끼고
방관할 게 아니라
매순간 눈을 크게 뜨고
내 손길이 필요한
동료가 있는지를
두루 살피며
걸어가야 한다.

방관자

누워서도 잠이 오지 않는다. 아무런 잘못도 없이, 단지 힘없는 노인이라는 이유로 새파란 아이에게 모멸을 당하시던 할아버지 얼굴이 자꾸 떠오른다. 시비의 결과는 어떻게 되었을까? 전직 교육자란 사람이, 나약한 여자란 걸로 나를 타당화하며 눈을 돌려버린 나 자신이 도저히 용서가 안 된다.

오늘도 여느 때처럼 지하철을 타고 오페라를 보기 위해 음악카페로 가는 중이었다. 늘 자동차로 움직이다가 한 번씩 대중교통을 이용하면 마음의 여유가 생겨 즐겁다. 자리에 앉아 눈을 감은 채 이어폰으로 클래식음악을 듣고 있는데 갑자기 소란해서 눈을 떴다. 고등학생쯤으로 보이는 남자아이가 핸드폰으로 통화를 하느라 큰소리로 떠들고 있었다. 소리가 어찌나 쩌렁쩌렁한지 비스듬히 건너편에 앉아 있는데도 내 귀가 아플 지경이었다. 전직 교육자의 본능이 꿈틀거려

한마디 할까 하다가 도로 눈을 감았다. 이 나이에 괜한 시비에 휘말리고 싶지가 않아서였다.

한참 눈을 감고 있는데 하도 시끄러워 다시 눈을 떠보니 이번엔 그 학생이 눈을 부라리며 곁의 할아버지에게 욕을 하고 있는 것이었다. “노인이면 다가? 안 그래도 열나 죽겠는데 왜 시비고?” 라고 대들자, 할아버지는 주눅이 들어 “아니, 난 전화소리가 하도 시끄러버서 쪼매이 작게 하라는 거지.”라고 하며 고개를 돌렸다. 하지만 학생은 끈질기게 할아버지를 몰아세우며 당신이 잘못했으니 빨리 자기한테 사과하라고 고함을 질러댔다.

오후 시간이라 지하철은 한적하고 조용했다. 학생 바로 곁에 건장한 사내들과 아주머니들이 앉아있고, 맞은편엔 대학생으로 보이는 청년도 있었다. 하지만 그 누구도 이를 말리는 사람이 없었다. 순간, 울컥하고 무엇인가 올라와 나도 몰래 한마디 하려고 벌떡 일어섰다. 하지만 그 학생 얼굴을 보니 덜컥 겁이 났다. 어찌나 부리부리하게 생겼는지 그 눈을 마주 볼 용기조차 나지 않았다. 나는 차마 그 자리에 있을 수도, 그 광경을 끝까지 볼 수도 없어 출입구 쪽으로 돌아섰다. 내릴 역까지 서 있는 동안 뒤통수가 화끈거렸다. 비겁하게도 마땅히 해야 할 일을 내팽개치고 도망치는 꼴이었으니 말이다.

문득 부산국제영화제에서 본 「버스44」라는 단편영화가 생각난다. 어떤 여성 운전기사가 버스를 몰며 산길을 넘어가고 있었는데, 양아치 두 명이 타더니 승객들의 금품을 다 빼앗고, 앞으로 와선 여자 기사한테 달려들어 성희롱을 한다. 급기야 녀석들은 버스를 세우고 기사를 끌어내린다. 승객들은 모두 모른척하고 있는데, 어떤 중년 남자가 따라내려 그들을 말리다가 죽도록 얻어터진다. 양아치들은 기사를 숲으로 끌고 들어가서 성폭행을 한다. 얼마 후 만신창이 되어 버스로 돌아온 기사는 좀 전에 자기를 도와줬던 중년남자가 버스를 타려고 하자 못 타게 한다. 남자가 황당해 하면서 "아까 난 당신을 구해주려고 하지 않았느냐"고 말하지만 그녀는 대꾸도 않고 남자 짐을 창밖으로 던져준다. 그리고 출발한 버스는 꼬불꼬불 산길을 미친 듯이 달리더니 그대로 낭떠러지로 추락한다. 지나가던 차를 얻어 타고 가던 중년남자가 사고현장을 목격한다. 교통을 통제하던 경찰관이 말하길, 버스가 낭떠러지에 떨어져 승객 모두가 사망했다고 말한다. 저 멀리 낭떠러지 아래 자신이 타고 왔던 44번 버스가 보인다. 여성기사는 오직 살만한 가치가 있는, 유일하게 양아치들의 악행을 제지했던 그 남자만 살리고, 그 광경을 모른 척 외면했던 승객들을 모두 지옥으로 데리고 간 것이다. 중국에서 일어났던 실화를 바탕으로 제작된 영화다.

우리네 일생을 들여다보면, 인간사 모두가 사람과 사람 간의 관계關係에서 비롯된다. 살아가면서 맞닥뜨리는 일이 일순 자기에게 이로울 때도 있고, 때로는 불리할 때도 있다. 그리고 자신이 전혀 관여하지 않아도 되는 일도 많다. 하지만 자기에게 도움이 될 때만 몸을 움직이고, 자신과 상관이 없는 일이나 귀찮은 일엔 고개를 돌린다면 이 세상은 어떻게 될까? 아마도 벌건 대낮에 악이 판을 치는, '버스44' 같은 무법천지가 되고 말 것이다. 오늘 지하철 사건 역시 '버스44'사건과 꼭 같은 상황인 게다.

만물의 영장이라고 자부하는 인간이 다른 동물과 다른 게 있다면, 냉철한 이성과 자제력을 소유하고 있다는 점이다. 따라서 인간은 순간적인 감정과 본능보단 사리를 판단해서 진중하게 생각하고 행동하며, 자신만을 위한 좁은 시각이 아니라 이타심利他心을 가지고 이웃과 더불어 살아가는 세상을 만들기 위해 부단히 노력한다. 인간 스스로가 만든 윤리와 도덕이란 규범도 다 그런 목적에서다. 그런데도 사회는 갈수록 메말라간다. 철저한 자기중심적 사고와 극도의 개인주의는 오늘 지하철 광경처럼, 자신에게 도움이 안 되는 상황에선 모두가 냉정하게 고개를 돌리는 방관자가 되어버리니 말이다.

세월이 흐르면 무릇 생명제는 나이에 맞게 묵식한 나이테를 가진다. 그런데 요즘 들어 나는 되레 더 왜소해지는 것 같다. 가난한 집에서 태어나 고생을 많이 하고 자란 터라 두루두루 주변을 챙기고 베푸는 게 나의 유일한 미덕이었다. 특히 사회의 음지에서 힘들게 살아가는 사람을 보면 그냥 지나치질 못하는 따뜻한 성정性情을 지니고 있었다. 그런데 나이가 들면서 몸도 마음도 점점 무디어져 가는 것 같다. 생각도 점점 근시안이 되어 작은 일에 집착하고 큰 걸 보지 못하니 주변에 챙겨야 할 사람들이나 해야 할 일들을 자꾸 놓친다. 기실은 놓치는 게 아니라 귀찮아서 피하는 게다. 나이를 핑계로, 귀찮고 성가신 것엔 대충 눈감고 넘어가려는, 그야말로 '세상의 방관자'가 되어가고 있다.

생각해보면, 벌거벗은 몸으로 태어나 지금 내가 걸치고 소유하고 있는 건 모두가 세상에서 공짜로 얻은 것들이다. 따라서 현재 내가 누리고 있는 것에 대해 세상 모두에게 감사해야 한다. 그리고 연약하고 불완전한 존재로 자신의 뜻과는 상관없이 맨몸으로 이 험한 세상에 던져진 존재라는 이유만으로도 우리는 동료이고, 같은 여정을 걸어가는 길동무다.

인생은 리턴(return)이 허락되지 않는 외길이다. 지금 걷는 길은 두 번 다시 올 수 없는 길이기에, 베풀 수 있는 친절이 있다면 지금 아낌없이 베풀어야 한다. 나이 들었다는 이유로, 노쇠하다는 핑계로, 팔짱만 끼고 방관할 게 아니라 눈을 크게 뜨고 매순간 내 손길이 필요한 동료가 있는지를 두루 살피며 걸어가야 하는 이유다.

이 세상을 떠나기 전까지는 적어도 비겁한 '버스44 승객'이 되진 말아야 한다.

소소한 일상이 그립다

일요일인데도 공원 안은 한적하다 못해 을씨년스럽다. 종종 마스크를 낀 사람들이 묵묵히 땅만 보고 지나간다. 어느 영화에서 본 유령도시 같다. 3월이 지났으니 분명 계절은 봄인데, 깡 마른가지에선 새잎이 나올 것 같지가 않다. 코로나바이러스로 세상이 공포에 떨고 있으니, 봄도 기가 죽어 기지개를 못 펴는 게다.

2019년 12월, 중국 우한 시에서 최초로 코로나바이러스 환자가 발병한 지 어언 석 달, 지금 전 세계가 코로나 열병을 앓고 있다. 최초의 발병지인 중국 확진자 수가 8만 명을 넘고 사망자가 3000명에 이른다. 중국과 가까운 탓에 우리나라 확진자 수도 4000명이 넘어 나라가 온통 비상사태다. 바이러스 공포증으로 인해 모든 사회활동과 경제활동에 경고등이 켜졌으니 말이다. 폐렴바이러스는 더운 날씨에선 생존할 수 없다는 인간이 만든 의학적 상식을 비웃기라도 하듯, 이제 코로나바이러스는 열대지방인 동남아와 남미까지 침투해 활개를 치고 있다.

코로나바이러스(Coronavirus)는 코로나바이러스 과(Family Coronaviridae)에 속하는 바이러스들을 지칭하며, 일반적으로 조류뿐만 아니라 사람을 포함한 다양한 포유류에서도 발견된다. 이 바이러스는 그 종이 다양하고 주로 호흡기와 소화기계 질병을 유발하는데, 최근에 전 세계적를 공포에 떨게 했던 사스(SARS)와 메르스(MERS) 등 중증 호흡기증상을 유발하는 원인체로 주목받고 있다.

생각보다 문제는 심각하다. 인간이 제 아무리 똑똑하게 약을 개발하고 치료법을 연구해도 세균이나 바이러스 역시 그 약에 견디기 위해 진화한다는 사실이다. 그러니 의학이 그렇게 발전해도 아직 바이러스를 완전히 정복하지 못했다. 바이러스는 순간순간 핵산(DNA, RNA)에 돌연변이가 일어나 그 성질이 끊임없이 변하기 때문이다. 따라서 중국에서 맨 처음 발병한 환자에서 발견된 바이러스와 지금 8만 명이 넘는 환자의 몸을 통과한 바이러스는 그 성질에 엄청난 차이가 있다. 게다가 지금 이탈리아, 스페인 등 유럽을 휘젓고 있는 코로나바이러스는 기존의 종보다 훨씬 진화한 것으로 전파속도와 치사율이 무시무시하다. 그러니 바이러스는 그 자체가 약이 없는 셈이다. 예측하건대, 미래의 인간역사는 인간과 바이러스와의 전쟁역사가 될지도 모를 일이다. 적자생존適者生存의 엄격한 법칙 아래 바이러스에 강한 자만이 지구에 생존하고, 나머지는 모두 사라지게 되는 인간들! 지금 코로나바이러스는 하늘을 향해 치솟던 인간의 욕망과 오만을 비웃으며 전 세계를 활개치고 있는 게 아닐까 싶다.

내 생에 이런 재난은 처음이다. 시도 때도 없이 지진이나 쓰나미가 덮치는 일본이나 동남아 국가들을 보면서 그런 재앙은 남의 일인 줄만 알았다. 매스컴을 통해 재해로 고통 받는 이재민들을 보며 안쓰러움과 함께 한국에 태어난 걸 항상 감사하는 마음이었다. 생각해 보면, 나는 어릴 적에 가난으로 고생은 했지만 전쟁 한번 겪지 않고 평화로운 울타리에 살았다. 세상살이가 조금 핍박해도, 가족이 있고 친구와 이웃이 있어 서로 위로하고 의지할 수 있었기에 마음은 언제나 훈훈하고 행복했다. 그래서 지금이 더 힘든지도 모른다. 어제 내가 살던 세상이 아니다. 자고나서 눈을 떠보니, 평화로운 낙원에서 쫓겨나 살벌한 전쟁터로 떨어진 느낌! TV에선 연일 코로나바이러스가 저승사자처럼 지구를 휩쓸고 있는 악몽의 뉴스가 뜬다. 그러니 외출도 겁이 나고, 집에 있어도 창살 없는 감옥인 듯 답답하고 불안하다.

이제 살만큼 산 나이에 죽는 게 겁나서가 아니다. 내가 두려운 건, 이 병에 감염되어 확진자로 판정되고 나서의 상황이다. 나와 연결된 모든 사람들이 힘들어지니 말이다. 내 동선을 공개하고, 나와 접촉했던 사람들을 역으로 추적해서 격리조치를 시키는 상황을 생각만 해도 겁이 난다. 인간이 인간에게 공포의 대상이 될 수 있다니, 이건 재앙이다. 곧잘 열이 나고 만성근육통이 있는 나로선, 하루에도 몇 번씩 행여나 하는 생각에 체온을 재어본다. 만약 내가 갑자기 병원에 격리된다면 어떻게 될까? 식구라곤 단 둘뿐인 남편도 걸리고, 아직도 내가 먹거리를 해다 드려야 하는 구순 노모, 항암치료 때문에 틈틈이 병원엘 모시고 가야 하는 언니, 게다가 당뇨병으로 아침저녁 인슐린 주사를 놓아야 살 수 있는 반려견 춘삼이도 걱정이다.

인간의 행복은 모름지기 관계關係 속에서 싹튼다. 가족끼리는 살을 맞대고 부대끼며 미운 정 고운 정을 키워가고, 사회에선 인간그물 속에서 희망찬 내일을 준비하며 자긍심과 자존감을 키워 나간다. 인간이 서로 인격을 존중하고 인정받으며 살맛나는 세상을 만드는 것 역시 사회활동을 통해서다. 그런데 언제부턴가 사람이 사람을 불신하고 두려워하고 있다. 인간들은 스스로를 지키기 위해 '사회적 거리두기'란 이상한 이름의 운동을 벌이고 있으니, 이 얼마나 기가 차고 서글픈 일인가 말이다. 까뮈의 소설 『페스트』에서처럼 인간이 서로를 무시무시한 바이러스덩이로 보는 공포의 세상이 현실이 된 게다.

3월엔 내 생일인데도 서울 아들네는 물론, 바로 밑에 사는 딸내미 식구들도 오지 말라고 했다. 그저께는 외손녀 생일인데도 갈 수가 없었다. 바깥출입이 잦은 우리 부부가 행여 피붙이늘에게 바이러스 감염원이 될까 걱정이 되어서다. 때문에 몇 달째 손자 손녀도 못보고 있다. 전시戰時도 아닌데 피붙이들 얼굴도 못보고 살다니 이런 비극이 또 있으랴.

필시 조물주는 인간을 사랑해서 창조했을 터, 그런데 왜 인간세상에 이런 코로나재앙을 내렸을까? 과학과 기술의 발전에만 눈이 어두워 제가 살고 있는 지구생태계를 마구 파괴하고, 신과 대항하기 위해 무작정 하늘을 향해 바벨탑을 쌓아올리는 인간의 욕심과 오만함을 깨우치기 위해서일까? 아니면, 시한부 생명의 환자들처럼 죽음과 삶의 경계를 한 번씩 체험함으로써 소소한 행복이 무엇인지를 깨닫게 하려는 것일까? 어쩜, 우리 모두가 아담의 한 핏줄인 걸 망각한 채, 눈앞의 이익을 위해 가차 없이 서로 총칼을 들이대는 잔인한 이기심에 경적을 울리려는 것인지도 모를 일이다.

세계 뉴스에선 연일 저명인사들이 코로나확진자로 판정받고 사망했음을 보도한다. 유명한 정치가나 재벌, 헐리웃 배우와 가수, 인기 있는 스포츠맨들도 코로나 앞에선 예외가 없다. 새삼 인간의 목숨이 파리 목숨이란 걸 깨닫는다. 오늘 숨 쉬고 있어도 내일을 기약할 수 없는 시한부 생명! 우리가 일생을 걸고 쟁취하려던 꿈과 목표, 돈과 명예, 그 모든 것이 바이러스 앞에서 일순 거품이 될 수 있으니 인생이란 게 얼마나 허무한가 말이다.

소소한 일상이 그립다. 일상의 행복이 뭔지 모른 채, 그냥 그렇게 살아온 날들이 후회스러울 따름이다. 하릴없이 지하상가를 돌아다니던 일도, 허물없는 친구와 커피 한잔 나누던 일상도, 땀내 나고 숨 막히는 지하철을 타던 일조차도 지금은 모두 아쉽고 그리운 추억이다. 보고픈 이들과 점심 한 그릇 함께하며 수다를 떨고 웃을 수 있다는 게 얼마나 큰 축복이고 은총인 걸 모르고 살았다. 그 작은 일상이 날마다 기적이었음을 말이다.

코로나 레드(Corona Red)

별것 아닌 걸로 또 남편과 실랑이를 벌였다. 남편이 청소를 해놓았는데, 내가 반려견들에게 배춧잎을 줘서 거실이 어질러졌다는 이유에서다. 내 입장에선 고작 배추조각 몇 개가 떨어졌거늘, 그게 무슨 큰일이나 난 듯 노발대발하는 남편의 행동에 화가 치밀었던 게다. 곰곰 생각해 보니, 요즘 우리 부부는 둘 다 신경이 너무 예민한 것 같다. 아무 것도 아닌 걸로 화를 내고, 예전 같으면 웃으며 잘 넘어가던 일도 자꾸 태클을 걸어댄다. 이 모두가 코로나바이러스 때문이다.

2019년 12월 중국에서 코로나19 확진자가 발생한 지 1년이 지났다. 코로나바이러스의 확산은 우리나라뿐 아니라 전 세계의 사회, 정치, 경제, 문화 전반에 걸쳐 많은 변화를 초래했다. 작은 미생물 하나가 인간이 만든 기존의 시스템을 뿌리째 흔들어버린 것이다. 특히 중국과 거리가 가까운 우리나라는 바로 직격탄을 맞았다. 그 결과, 이미 몇 차례의 대유행과 사회적 거리두기의 격상으로 인해 회사와 관공서는 물론, 사적인 만남과 모임까지 철저히 통제를 받고 있다. 사무실과 학교도 문을 닫고 재택근무와 온라인 수업으로 대치하고 있는 실정이다.

요즘들어 정상적인 일상생활이 제약을 받고 모든 인간관계가 단절됨에 따라 새로운 정신적 질환, 이른바 '코로나 블루(Corona Blue)' 신드롬이 돌고 있다. 일체의 외부활동을 자제하고 실내에 머무르면서 생기는 답답함에다, 어쩜 자신도 코로나에 감염될 수 있다는 불안감과 두려움이 겹쳐져 우울해지는 증세라고 한다. 인간의 행복은 사람과 사람의 만남과 관계關係에서 싹이 튼다. 그런데 창살 없는 감옥 같은 '사회적 거리두기' 정책에다, 스스로도 주변 사람들이 행여 바이러스 원原이 아닐까 하는 생각에 자꾸 모임이나 만남을 피하다보니 외로움과 스트레스가 더 가중되는 게다. 의학적 통계에 따르면, 코로나가 유행한 1년 사이 우울증이나 신경성 소화기장애로 병원을 찾는 환자가 급증하고 있다고 한다.

최근에는 이 단계를 넘어 우울이나 불안 등의 감정이 분노의 양상으로 폭발하는 이른바 '코로나 레드(Corona Red)'란 증세까지 나오게 되었다. 코로나사태가 장기화되면서 스트레스가 지속적으로 쌓이고 경제적 위기에까지 이르게 되자, 이 모든 원인과 책임을 외부 탓으로 돌려 원망하고 격분하는 감정이 커지게 된 게다. 실제로 미국과 영국 등에서는 코로나 이혼을 뜻하는 '코비디보스(Covidivorce)'라는 신조어까지 등장했다고 한다. 코로나 인해 재택근무를 하거나 부부가 함께 생활하는 시간이 길어지다 보니 사소한 일로 감정이 충돌하는 일들이 늘어나기 때문이다. 혹시 우리 부부도 그런 초기 단계가 아닌가 싶어 정신이 버쩍 든다.

날마다 보고 듣는 국내외 뉴스는 암울하기만 하다. 코로나에 걸려도 치료를 못하고 죽어가는 후진국의 환자들, 공장이나 회사가 문을 닫아 길바닥으로 밀려난 실업자들과 격리조치에 맞서 국가에 시위를 하는 대모군단들, 모두가 안쓰럽고 애가 탄다. 갑자기 빚더미에 올라앉고 가족들의 생계가 암담하다 보니 상상을 초월하는 범죄도 난무한다. 경찰공무원이란 사람이 사채 빚을 갚으려고 밤에 레커차를 몰고 와 보석상점을 부수다가 잡혀 온다. 피붙이들끼리 말다툼을 하다가 흉기를 휘둘러 가족이 죽는가 하면, 부모가 죄 없는 아동을 학대하고 숫제 빈집에 어린아이를 버리고 이사를 가는 엄마도 있으니, 이쯤 되면 세상은 거의 말세다.

어쩌다가 인산이 이노록 잔인하게 되었을까? 하느님이 인간을 창조할 때, 당신 모습을 본 따서 육신을 만든 후 당신의 거룩한 숨을 불어넣어 영혼을 갖게 되었다고 한다. 그렇다면 필시 인간의 본성은 선할 것이다. 어쩜 오늘의 코로나재앙은 하늘의 뜻인지도 모를 일이다. 성서에 나오는 '노아의 홍수' 이야기처럼, 타락한 인간들을 지옥의 문턱까지 끌고 가 스스로를 돌아보게 하려는 어떤 계시啓示일지도…….

인류역사는 질병의 역사다. 질병은 수백만 년 전에 인류가 출현하기 전부터 이미 생태계에 존재하였기 때문이다. 느닷없이 폭군처럼 출현한 천연두, 페스트, 홍역과 장티푸스 등은 국가와 사회의 존망存

는뿐 아니라 인류역사의 방향을 바꾸곤 했다. 하지만 만물의 영장 인간은 이들을 지배하기 위해 끊임없이 백신과 치료약을 연구하고 개발해왔다. 그 덕에 웬만한 질병은 이제 거의 퇴치하게 되어 인간수명 100세를 내다보고 있다. 하지만 이번 경우는 다르다. 그 끝이 보이지 않는다. 인간이 머리를 짜서 극복할 수 있는 그런 상황이 아니니 말이다. 코로나백신이 나온다는 말에 희망을 가졌다. 한치 앞도 보이지 않던 어둠의 터널에서 한 가닥의 빛이 보이는 듯해서다. 하지만 백신이 나와 열심히 접종을 하고 있는데 코로나바이러스는 이미 또 다른 변이를 일으켜 세력을 키워가고 있다. 그러니 코로나 바이러스를 깡그리 없애려고 싸울 게 아니라 이에 어떻게 잘 대처하며 살아갈까를 궁리해야 하는 게 아닐까싶다.

『페스트』에서 소설가 까뮤는 마치 오늘의 세상을 예언이라도 한 듯 스토리를 전개한다. 시간이 가도 페스트의 기세가 꺾이지 않자 격리생활을 하던 사람들은 점점 더 깊은 체념상태에 빠져 방황하기 시작한다. 불안에 떨며 교회로 달려가고, 페스트를 태워 죽이겠다며 자신의 집에 불을 지르기도 하고, 힘없는 시민들을 약탈하는 무장 테러들도 생겨난다. 지금의 우리 상황과 꼭 같다. 다행히도 소설에선 결과가 해피엔딩이다. 주인공 의사와 그를 돕는 자들이 인류애적 사랑으로 목숨을 걸고 페스트와 싸운 덕분이다. 그 결과 폐허가 된 도시는 다시 평화를 되찾는다.

그러고 보니 우리 세상도 그렇게 우울한 것만은 아니다. 외부환란이 닥치면 집안이 결속된다고, 이런 극한 상황에서 이제야 인간의 선한 본성이 발휘되고 있다. 자신과 가족만을 챙기던 인간들이 이기심을 버리고, 이웃과 사회에 관심을 가지기 시작한 것이다. 교대할 사람이 없어 24시간 목숨 걸고 뛰는 의료진들, 이들을 돕기 위해 지역과 국경을 초월하여 가진 걸 공수하고 각자 가진 재능을 기부하는 모습은 가히 천상의 모습이다. 제 나라만 챙기던 선진국들도 드디어 코로나와 기아로 쓰러져가는 빈민국 이재민들에게 시선을 돌려 발 벗고 나서고 있다. 세계 도시 곳곳에 노숙자들을 위해 비를 피해 잠을 잘 수 있는 시설과 무상으로 먹거리를 제공하는 마켓도 생겼다. 지구 모퉁이에서 들려오는 훈훈한 덕담은 세상이 아직은 살만하다는 걸 말해준다. 마스크와 먹을 게 없어 쓰러져가는 사람들이 더 이상 남이 아닌, 내 이웃이고 피붙이로 느껴지기 시작한 게다. 코로나란 재앙의 선물로, 머지않아 이 지구에도 하느님 보시기에 좋은 세상이 도래하지 싶다.

한 발짝만 물러서 생각해 보면, 느닷없이 코로나재앙에 갇혀버린 우리 모두가 가여운 존재다. 그러니 자꾸 짜증을 내고 애먼 사람에게 시비를 걸게 아니라, 우울하고 불안해하는 서로를 포근히 안고 어깨를 다독여줘야 할 때다.

오늘 저녁은 남편이 좋아하는 대구탕을 끓여야겠다.

플렉스(flex)

코로나사태기 장기화되면서 세상이 일순 정지된 것 같다. 오랜 동안 사회적 모임이 제한되고 차단되다 보니 '코로나 블루(Corana blue)'란 신종용어가 나올 정도로 모두가 우울해한다. 국가경제는 바닥을 쳐서 공장과 가게가 문을 닫으니 실업자가 속출한다. 그러니 서민들 삶이 말이 아니다. 이 와중에도 젊은이들 사이엔 고가의 자동차나 명품을 구입, 플렉스를 하는 게 유행하고 있다. 울체된 마음을 소비로 푸는 일종의 '보복소비'인 게다.

플렉스(flex)의 사전적 의미는 '구부리다', '몸을 풀다'라는 뜻으로, 몸이 좋은 사람들이 등을 구부리며 근육을 자랑한다는 의미로도 사용되었다. 하지만 이 용어가 1990년대 미국의 힙합문화의 래퍼들에 의해 '부富나 귀중품을 과시하다'란 의미의 가사로 변질되어 사용되다가 우리나라에 건너왔다. 플렉스가 인기를 끌면서 실제로 1020세대들까지 아르바이트나 용돈을 모아 명품을 구입한 뒤, 자신의 SNS에 플렉스 인증을 올리고 있다. 어른들의 눈으로 볼 땐 참으로 철딱서니 없는 일이지만, 이 또한 시대의 트렌드로서 젊은이들이 스트레스를 푸는 방법일 테니 무조건 반대를 할 수도 없는 노릇이다.

돌이켜보면, 나 역시 알바를 하며 학교를 다니던 고교시절에 명품 가방이나 비싼 코트를 입고 다니는 아이들이 엄청 부러웠다. 특히 도시락도 겨우 싸가는 나와는 달리, 점심 때 김이 모락모락 나는 보온도시락을 먹는 아이들은 나와는 신분이 다른 것 같았다. 내 눈엔 보온도시락 하나가 부잣집 딸들의 표징처럼 느껴졌다. 그래서 몇 달간 용돈을 모으고 모아 꿈에도 그리던 보온도시락을 샀다. 학교에서 처음으로 보온도시락을 펼쳐 따뜻한 밥을 먹는데 갑자기 내가 귀족신분으로 상승한 듯 한 묘한 성취감이 들었다. 더 기가 찬 건, 고작 보온도시락 하나로 내 자존감이 많이 회복되었다. 나도 이제 친구들과 어깨를 나란히 하는 존재란 생각에 더 이상 주눅이 들지 않았으니 말이다. 요즘 젊은이들이 플렉스 하는 심정이 바로 이런 게 아닐까싶다.

우리 딸도 예외가 아니었다. 딸아이는 중학교 다닐 때부터 멋을 알아 신발이나 외출복을 살 때 꼭 명품을 고집했다. 교육자 어미가 동조할 일이 아닌 걸 뻔히 알면서도 나는 딸아이가 원하는 대로 다 해주었다. 소풍날이나 운동회 날엔 더 신경을 써서 멋진 옷을 사 입혀 보냈다. 솔직히 말해, 딸아이가 원해서 한 일이라고 말하지만 내심 내가 못 해본 걸 딸을 통해서 이루고 싶은 일종의 보상심리가 깔려있었던 것 같다.

세월이 훌쩍 흘러 그 딸이 시집을 가서 이제 아이 둘을 거느린 엄마가 되었다. 하지만 딸은 이제 더 이상 플렉스를 하지 않는다. 모든 걸 실용적으로 생각하고 멋도 스스로 창조를 한다. 아이들 옷과 장난감도 온라인 쇼핑몰을 뒤져서 견고하고 실용적인 걸로 고른다. 다행히 미적 감각이 뛰어나 값싼 옷도 코디를 잘해 입히니 모두가 명품처럼 보인다. 젊어서 철없이 플렉스를 해 본 경험이 있었기에 더 알뜰주부가 된 것이다. 그러니 젊은이들이 플렉스 하는 걸 너무 비관적으로 생각할 필요가 없는 게다.

인생을 살아가면서 무엇으로든 자신을 세상에 드러내고 싶은 건 인간의 기본적인 욕구가 아닐까싶다. 머리가 특출해 공부를 썩 잘하든지, 탈랜트들처럼 외모가 출중하든지, 아니면 음악이나 운동 등에 탁월한 재주가 있는 경우, 이 모든 달란트가 자신을 띄울 수 있게 하늘이 내린 선물이다. 물질만능시대에 다행히 금수저를 물고 태어나면 이건 천복天福이다. 그런 애들은 애써 자기 어필을 하지 않아도 된다. 누가 봐도 발끝에서 머리끝까지 귀티가 자르르 흐르니 말이다. 그러니 이도 저도 내세울 게 없는 힘없는 애들이 하는 행동이 바로 플렉스다. 먹을 것 참아가며 용돈을 모으고, 뼈 빠지게 아르바이트를 뛰어 몇 달 만에 품에 안은 가방 하나! 그게 그들에겐 주눅든 자존심의 회복이고, 세상을 살아가는 이유인 걸 어쩌랴.

기왕이면 남들보다 그럴 듯하고 멋지게 보이고 싶은 건 부정할 수 없는 인간의 본능이다. 여자들이 의상이나 액세서리와 치장에 신경을 쓰는데 반해, 남자들은 자동차나 골프채와 운동기구 등에 집착하는 경향이 있다. 사업하는 남자들은 그 업계에서 자기가 잘 나가고 있다는 걸 과시하기 위해 무리를 해서라도 고급차를 구입한다고 한다.

나이가 들면서 자랑하는 대상 또한 달라진다. 1020세대는 고작 명품으로 자신을 업 시키려 하지만, 결혼을 하고 가정을 꾸린 후엔 그 대상이 시시각각으로 변한다. 남편이 잘 나가면 그걸 은연중에 자랑하며 살고, 자식들이 성장하면 그땐 아이들에게 자신의 자존감을 통째로 건다. 다행히 아이가 어느 분야에 특출한 재능이 있으면 그걸 자랑하느라 정신이 없고, 행여 자식이 일류대학교에라도 들어가면 자랑거리로는 최고다. 사회활동을 접은 노년기가 되어도 플렉스거리는 많다. 얼굴 주름을 펴서 젊게 보이려고 애쓰는가 하면, 웅장한 저택이나 별장을 구입해서 자신을 업 시키려 한다. 그도 저도 아니면, 잘 나가는 자식들 덕에 편하게 호강하고 있다고 자랑하고 싶어 하니, 아마도 눈을 감기 전까지 인간의 이 허세는 끝이 나지 않을 성싶다.

큰 의미로 보면, 플렉스는 일종의 자기포장이고 거품이다. 어자피 우리네 인생이 한편의 연극일진대, 기왕이면 자존심을 지키고 남보다 돋보이고 싶은 마음에 모두가 끊임없이 자신을 포장하는 연기를 하며 살아간다. 싫어도 좋은 척, 자신의 능력에 부치는 것도 별것 아니라는 듯 위장을 한다. 없어도 있는 척하며, 배가 고파도 배부른 척 세상을 속인다. 그러니 젊은이들이 잠시 명품으로 자신을 플렉스 하는 것 역시, 전쟁터 같은 세상에서 나름 적응해가는 그들의 생존방식의 하나인 셈이다. 플렉스를 통해 자신이 세상에 낙후되지 않고 잘 살아가고 있다는 걸 스스로 확인하는 작업이고, 구겨진 자존감을 펴는 일이기 때문이다.

씨름판 같은 세상에서 지지 않으려고 엎치락뒤치락 한 생生을 살고 나니 몸과 마음이 녹다운이다. 이제 모든 게 허탈하다. 그게 무엇이라고, 대충 넘기며 하루하루 행복도토리를 주우며 살면 되는 걸 왜 그렇게 악을 쓰며 살았는지 우습기도 하다. 세상에 잘 보이려고 나 아닌 나로 포장하고 치장하는 일 또한 얼마나 피로한 일인가 말이다.

인간이 참으로 아름답게 빛나는 건 스스로가 발광체發光體로서 빛을 발할 때다. 세상을 대하는 그 사람의 됨됨이 즉, 생각과 행동이 모인 우아한 인격에서 나오는 빛이다. 화려한 장식품이나 인위적인 조명 탓에 자신이 일순 돋보이고 빛나더라도, 그 존재는 피발광체被發光體일 뿐이다.

언택트(untact)시대

아침에 카카오톡으로 우편물 배달 메시지가 떴다. 온라인에서 주문한 물품인데 택배장소를 묻기에 '문 앞'을 선택했다. 오후가 되어 딩동 소리가 나서 현관문을 열었더니, 물건만 두고 택배원은 바람처럼 사라지고 없다. 코로나사태로 인해 택배문화에도 변화가 일어나 이렇게 비대면 전달이 보편화된 게다.

과학기술의 발달과 함께 유통시장 역시 눈부시게 진화하고 발달해 왔다. 농지나 공장에서 생산자가 재배하고 만든 농산물과 제품이 도매, 소매를 거쳐 재래시장에서 거래되던 시대를 지나, 어느 날 여러 가지 물건을 한곳에 진열하고 파는 슈퍼마켓이 나타났다. 그러더니 대규모의 상품을 한자리에서 구입할 수 있는 대형마트와 백화점이 등장하고, 어느새 홈쇼핑과 온라인 쇼핑몰이 생겨 집에 앉아서 물건을 살 수 있는 시대가 되었다. 손가락으로 클릭만 하면 주문한 물건이 집에까지 배달되는 시대가 온 것이다.

정보통신혁명으로 바야흐로 디지털시대, AI시대가 도래하자 인간이 하던 많은 일을 기계나 로버트가 대신하게 되었다. 그러니 사람들이 얼굴을 마주보며 하던 상거래의 많은 부분이 비대면 거래로 전환되었다. 은행에도 직원이 감소하고, 자동인출기기가 고객을 맞이한다. 마트나 백화점 안에도 무인매장과 무인카페가 점차 늘어나고 있다. 어디 그뿐이랴. 이제는 관공소나 회사에서도 로버트가 직원처럼 고객 안내와 간단한 업무를 수행하고, 직원들 회의를 숫제 컴퓨터나 폰을 통해 화상으로 진행하는 회사가 늘어나고 있다.

'언택트(untact)'란 말은 접촉을 뜻하는 '콘택트(contact)'에 부정을 뜻하는 '언(un)'을 붙인 한국식 신조어다. 곧 '비대면非對面'이란 한자 용어를 쉽게 풀이하기 위해 고안해낸 마케팅 용어로서, 얼굴을 마주 보지 않고 무인기술 또는 인공지능 등의 최첨단기술과 기기의 도움으로 서비스나 상품을 제공하는 신新 마케팅이다.

언택트 소비는 유통의 최종단계다. 중간의 유통단계를 줄이고 생산자와 소비자를 바로 연결하는 이른바 프로슈머(prosumer)*의 등장은 빠른 정보력, 전달력, 결속력, 이동력의 강점強點으로 빛의 속도로 정보를 공유하고 유통을 지배하는 구조를 만들어버렸다. 이 마케팅이 성공을 거둔 결정적 원인은 직원과 마주치지 않고 스스로 구매를 원하는 2030세대의 성향과 유통사의 인건비 절감 요구가 맞아떨어졌기 때문이지 싶다. 특히 유동고객이 많은 백화점과 쇼핑몰, 패스트푸드업계에선 안내 단말기를 설치해서 소비자가 직접 주문하고 결제

하도록 하고 있다. 이러한 비대면의 유통변화가 최근에 코로나사태로 인해 더욱 활성화되어 가고 있는 게다.

몇 년 전, 백화점에서 처음으로 무인매장을 접했을 때 너무 생경스러웠다. 갖가지 생필품과 스포츠웨어가 잔뜩 진열되어 있는 매장에 지키는 사람이 아무도 없었기 때문이다. 늙은이 특유의 생각으로, 이렇게 상품을 방치해두다가 도난을 당하면 어쩌나 하는 걱정부터 들었다. 호기심이 나서 구경을 하다 보니 마음이 끌리는 물건이 있었다. 하지만 막상 구매하려니 주춤해졌다. 그 제품의 성능이 어떠한지, 가격은 적당한지 물어볼 데가 없으니 말이다. 물건은 점원이 훈훈하게 권하는 맛에 구입하고, 비록 거짓말이라도 그 제품이 좋다고 말해주면 안심이 된다. 모든 게 언택트로 돌아가는 시대가 되면 필시 나 같은 늙은이는 낯선 행성으로 유배당한 느낌이 들지 싶다.

나이 탓도 있지만, 체질자체가 아날로그인 나는 고속으로 치닫는 디지털 세상에 현기증이 난다. 인류의 역사는 인간과 인간이 만나 서로 얼굴을 보고 함께 활동하는 과정 속에서 이루어진다. 그 속에 희비극이 있고, 행복도 싹튼다. 인류의 조상인 아담과 하와 역시 에덴동산에서 맨몸으로 살을 부대끼며 서로 얼굴을 보며 평화롭게 살지 않았던가. 모든 게 기계나 비대면으로 돌아가니 세상이 팍팍하고 건조하다. 세상 살아가는 맛이 없다. 밤을 지새우며 연인에게 애틋한 마음을 한자씩 적어서 전하던 손 편지는 사라지고, 가슴 벅찬 환호와 눈물어린 애도를 표해야 하는 경조사조차도 서너 줄의 문자메시지로 대신해버리는 이 시대에 나는 당최 적응이 안 된다.

나는 체질적으로 머리보단 가슴이 먼저 반응을 하는 것 같다. 무엇이든 골치 아프게 생각하는 것보다는 오감으로 느끼는 걸 좋아한다. 물건은 만져보고, 옷은 입어보고, 과일은 향내를 맡아보고 구입한다. 재래시장 길거리에 앉아서 채소를 파는 할머니랑 이런저런 잡담을 나누는 걸 좋아한다. 부모를 생각한다고 이따금씩 아들이 화상전화를 걸어 손녀 얼굴을 보여준다. 그럴 때면 나는 가슴이 더 횅해진다. 기계 속의 영상이 아니라 실제로 손녀를 보고 싶고, 풋풋한 살내음도 맡고 싶다.

코로나 집단감염이 증가함에 따라 지난 추석에 이어 이번 설날도 언택트 명절이다. 5인 이상 가족모임을 금지하다 보니, IT기술 덕으로 희안한 앱도 등장했다. 가상공간에서 가족들이 모여 대화를 하고 차례를 지내는 앱이다. 스마트 폰으로 자신의 사진을 찍어 본인의 아바타를 만든 후, 각 얼굴의 캐릭터 가족들이 가상공간에 모여 차례를 지내는 것이다. 제사를 지내는 실제 장면이 TV에 나오는데 어쩐지 가슴 한 편이 쓰리다.

도대체 인간의 맹랑한 두뇌는 어디까지 갈 것인가? 상상을 초월하는 첨단 앱에 감탄을 하며 박수를 보내기보단 씁쓰레한 미소가 인다. 과학기술의 진보와는 역행으로 점점 사라져가는 인격의 존엄성과 싸늘하게 식어가는 인간의 가슴! 인간은 서서히 감정과 영혼이 없는 로버트가 되어 가고 있다. 하지만 이 모두가 더 편하고 더 많은 걸 갖기 위해 앞만 보고 치닫던 인간의 욕심이 빚어낸 결과이니 누구를 원망하랴.

코로나사태로 손주 얼굴 본 지 몇 달이 지났다. 손주의 깔깔거리는 웃음소리가 이명처럼 들린다. 바닷가에서 갈매기에게 먹이를 주며 천방지축 뛰놀다가, 내 품에 와락 달려와선 재롱을 부리던 그 모습이 눈에 선하다. 그리운 사람을 언제든 만나고, 마음껏 컨택(contact)하던 그 시절이 눈물겹게 그립다.

* 프로슈머(prosumer) : '생산자'를 뜻하는 'producer'와 '소비자'를 뜻하는 'consumer'의 합성어로, 미래학자 앨빈 토플러의 저서 『제3의 물결』에서 처음으로 언급함

딩크(Dink)족

TV로 저녁 뉴스를 보다가 깜짝 놀랐다. 2020년 기준으로 우리나라 출산율이 0.84라고 한다. 이는 OECD 평균 출산율 1.63의 절반에 해당된다. 저출산의 주요인으로선 날로 악화되는 경제적 상황에다 치솟는 육아 및 교육비 부담을 들고 있다. 기자가 한 젊은 부부에게 아이를 낳지 않는 이유를 묻자, '내 아이가 다른 애들과 비교되는 삶을 살게 하고 싶은 않으니까요.'라고 당당하게 말한다.

정상적인 부부생활을 영위하면서도 의도적으로 자녀를 두지 않는 맞벌이 부부를 '딩크(Dink)족'이라고 하는데, 영어 'double income, no kids'의 약자다. 딩크족은 부부가 맞벌이를 하여 수입은 두 배로 늘이면서 아이를 낳지 않는, 미국 베이비붐 세대의 생활양식과 가치관을 대변하는 용어다. 이들의 가장 큰 가치관은 배우자가 서로간의 자유를 존중하며, 각자가 자신의 일로부터 삶의 보람을 찾는 데 있다.

하지만 이러한 딩크족 확산은 2000년대에 들어서면서 저출산低出産이라는 심각한 사회문제를 유발하고 있다.

우리나라도 IMF위기 이후 현실적으로 딩크족을 강요하는 경제상황과 맞물리다 보니, 미혼 남녀의 약 70퍼센트가 딩크족이 되기를 원한다는 보고도 있다. 특히 우리나라의 경우 교육체계가 어릴 적부터 지나친 경쟁으로 돌아가다 보니, 부모가 되면 자녀양육비 외에 엄청난 사교육비가 경제적 부담으로 다가오는 게 어쩔 수 없는 현실이다.

인구는 그 나라의 국력을 대변한다. 그런데 지금과 같은 출산율을 유지할 경우, 2040년에 우리나라 인구는 3000만 명으로 줄어들고 인구의 절반 이상이 60대 이상 고령층이 된다고 하니 기가 찰 노릇이다. 일할 수 있는 청년인구가 줄어들고 대신에 노인이 많아진다고 하는 것은 곧, 국가의 국방력 및 생산 활동지수가 낮아진다는 말과도 통하니 말이다.

자본주의의 가장 큰 비극은 모든 게 물질만능주의로 변해가는 데 있다. 인간의 행복기준을 자산에 비례해서 생각하게 되고, 행복개념 역시 상대적인 걸로 변해버렸다. 살아가는데 아무런 불편 없이 의식주를 해결하고 있어도, 남들과 비교를 하는 순간 행복지수가 떨어져 버리니 그게 문제다. 충분히 재산을 축적한 부자도 자신을 더 큰 재벌과 비교를 하면서 스스로 위축되고 자존감을 잃어버리니 그게 비극인 게다.

슬프게도 자본주의사회에선 모든 사회구조와 체계가 물질과 자산을 많이 가진 자에게 유리하게 돌아간다는 것을 인정하지 않을 수 없다. 자산 소유에 따라 현대판 카스트제도가 생긴 것이다. 부자가 되는 길은 부모로부터 재산을 물려받거나 아님 자수성가해야 한다. 하지만 호롱불 아래서 열심히 글을 읽은 선비가 장원급제를 하던 시절은 지났다. '개천에 용이 난다'는 말은 이미 옛말이다. 부유한 집에 태어나 영양가 있는 음식을 먹고 건강하게 자라, 좋은 교육환경에서 조기교육과 특별교육을 받는 아이들을 어찌 흙수저 출신 아이들이 따라갈 수 있겠는가 말이다.

나 역시 가난한 집에서 태어났다. 중학교 때부터 학생과외 알바를 하며 힘들게 공부하던 학창시절, 무능한 아버지를 원망한 적이 많다. 무엇보다 아무런 죄도 없이 주변에서 은근히 차별대우를 받고 친구들에게 주눅느는 나를 인정할 수가 없었다. 그때 나도 생각했다. 부모가 자식을 낳아 책임도 못 질 바엔 결혼을 하지 말든지, 설령 결혼을 하더라도 아이를 낳으면 안 된다고.

하지만 한 세월 지나고 보니, 가난하던 어린 시절이 마냥 그립다. 5남매가 북적이는 단칸방에서도 우린 참으로 행복했다. 형제끼리 부대끼며 선의의 경쟁을 배우고, 서로 사랑하고 양보하는 미덕도 배웠다. 가난하지만 가진 것에 늘 감사하고, 행복도토리 줍는 법도 몸으로 익혔다. 결혼할 때도 부모가 혼수준비를 전혀 해주지 않았다. 덕분에 단칸방에서 시작해서 자그마한 내 집을 마련하기 위해 알뜰히 저축을 했고, 살림도구를 하나씩 마련해가며 '채워가는 행복'을 느낄 수 있었다. 그런데 그 행복의 중심엔 항상 아이들이 있었다. 아이들은 그 자체가 행복바이러스이고, 힘든 시간에 부부 사이를 화목하게 해주는 윤활제였던 것이다.

하느님이 인간을 창조해서 지상으로 내려 보낼 때 내린 가장 큰 축복은 바로 자식을 낳아 하늘의 별처럼 후손을 번성하라는 것이었다. 그런데 결혼한 부부가 이 축복을 마다하고 아이를 가지지 않는다는 건 하늘의 뜻을 어기는 일이며, 스스로 행복의 씨앗을 포기하는 것이다. 인생의 해거름에 선 지금, 내 인생에서 가장 잘한 게 무엇이며 무엇이 가장 보람 있는 일이었느냐고 묻는다면, 나는 서슴지 않고 대답하리라. 첫째도 둘째도 답은 하나다. 우리 아이들을 낳고 잘 키운 일이라고.

인생의 참 행복은 부富도 명예도 아니다. 물질만능시대에 우리가 그렇게 목숨 걸며 갈취하려는 자산資産도 그 자체가 행복일 순 없다. 내일을 알 수 없는 험난한 인생여정에서, 아무리 가진 게 많고 겉이 화려해보여도 그 행복은 일순 물안개처럼 사라져 버릴 수 있기 때문이다. 그러기에 추수철의 알곡처럼 튼실한 행복을 거두기 위해선 무언가가 필요하다. 세상 풍파가 아무리 거세게 몰아쳐도, 오늘도 포기하지 않고 노를 저어 앞으로 나아가게 해주는 어떤 이정표요, 두 눈 부릅뜨고 열심히 살아야만 하는 절실한 이유! 그게 바로 자식인 게다.

먼 바다를 떠나는 외항 선박은 항해를 시작하기 전에 배의 밑바닥에 물을 가득 채운다고 한다. 배의 전복을 막기 위해 채우는 '바닥짐(ballast water)'이다. 하중을 높여 무게중심을 깊이 둠으로써 아무리 세찬 돌풍이나 파고에도 선체가 흔들리지 않고 뱃길을 순항하기 위해서다. 우리 인생도 마찬가지다. 예기치 않은 폭풍우나 풍랑을 만나

삶이 흔들릴 때 그 축을 잡아주는 게 바로 아이들이 아닐까싶다. 자신을 힘들게 하고 때로는 걸림돌이 되기도 하는 그 애물단지들이, 정작 인생이 송두리째 흔들리는 경우엔 삶의 항해를 지켜주는 든든한 버팀목이 되니 말이다.

조물주의 피조물인 인간의 행복척도는 저마다에게 부여된 인생여정을 누가 더 풍요롭게 즐기며 달리는가에 달려있다. 그러자면, 탄탄한 고속도로만 고집할 게 아니라 덜컹거리는 비포장도로로도 과감히 달려보고, 구불구불 길이 없는 듯 이어지는 막다른 오솔길도 걸어가봐야 한다. 햇살이 쨍한 평화로운 바다뿐 아니라 폭풍우가 몰아치는 캄캄한 밤바다, 빙하가 떠다니는 북극바다도 스릴 있게 물길을 헤쳐가야 제 맛이나. 하물며 이 세상에서 자신의 분신인 피붙이를 낳아 양육하는 게 힘든 일이라고 지레 포기를 한다면, 두고두고 후회를 하게 될지도 모를 일이다. 잘 닦인 고속도로만 달리다가 홀연히 막을 내릴 그 인생길은 너무나 허망할 테니 말이다.

오늘은 손주랑 손녀가 집에 오는 날, 코로나사태로 한동안 못 보던 녀석들이라 벌써부터 가슴이 설레발을 친다. 손주가 좋아하는 떡볶이를 만들고, 손녀가 좋아하는 잡채도 만든다. 남편도 신이 나서 대청소를 하더니, 냉동실에 갖가지 얼음과자랑 아이스크림을 가득 채운다.

손주와 손녀의 재롱으로 집안에 행복바이러스를 가득 채워야겠다.

우테크

나른한 봄날 오후, 전철은 통째로 졸고 있다. 오늘은 여고친구들과 함께 음악카페에서 오페라를 즐기는 날, 이 시간은 그 누구도 방해하지 못하는 나의 힐링시간이다. 걸치레나 화장을 안 해도 편하게 만나는 친구들, 그냥 얼굴 보는 걸로 행복해지는 만남이다. 이어폰으로 클래식 수업시간에 배운 비제의 오페라 「카르멘」의 아리아가 나른하게 흐른다.

내가 나가는 단체모임은 꽤 많다. 여고동기들, 대학동기들, 같이 근무했던 퇴직교사들, 거기다가 현재 작가로서 활동하고 있는 여러 문인단체들의 모임 등이다. 하지만 모임의 성격상 그 친밀도가 다르다. 대학에서 만난 친구들이나 직장에서 만난 친구들은 아무래도 취직이나 승진에 서로 경쟁이 되기도 하거니와, 이미 성인이 되어 만난 터라 친밀도에 한계가 있다. 내 경우엔 사적인 이해관계나 조건을 떠나 편하게 만나는 친구들은 역시 여고시절을 같이 보낸 친구들이다.

여고동기들은 한 달에 두 번씩 모임을 가진다. 한번은 만나서 가벼운 산행을 하고, 다른 날은 문화행사로서 좋은 영화나 음악을 감상한다. 수년째 대학교 평생교육원에서 클래식 음악수업을 받고 있다는 명목으로 문화행사는 내가 떠맡게 되었다. 매달 정해진 요일에 음악카페에서 프로그램을 돌리는데, 이번 학기는 클래식 수업시간에 배운 아리아가 들어있는 오페라작품을 통으로 보고 있다. 내가 이 모임에 특히 애착을 가지는 이유는 더 있다. 나의 여고 절친切親이 클래식 수업과 함께 이 음악카페에 항상 동행하기 때문이다.

유유상종類類相從이라고, 여고시절부터 붙어 다니던 이 친구와 나는 서로 닮은 게 많다. 가난한 집안 탓에 일찍부터 가장 역을 하며 동생들을 보살피고 홀로서기를 한 것이며, 교직에 몸을 담았다가 퇴직한 것도 공통점이다. 게다가 같은 가톨릭 신앙인으로서, 세상이 아무리 힘들어도 늘 감사하는 마음으로 살아가려고 노력하는 인생관도 닮았다. 둘은 늦은 밤에도 카카오 톡으로 힘들었던 일상을 공유하고 서로 위로하며, 내일을 위해 파이팅의 기도를 해주는 영혼의 반려자이기도 하다.

한 사람의 인생드라마를 펼쳐보면, 모두가 인간관계에 의한 사건의 연속이다. 인간은 태어나서 처음으로 가족과 혈연관계를 맺고, 성장하면서 크고 작은 사회 조직이나 단체에서 학연, 지연 등의 인연을 맺으며 살아간다. 그러는 중에 자신과 가장 코드가 맞는 사람을 친구로 정해 사귀게 된다. 인디언 말로 친구는 '내 슬픔을 등에 지고 가는

자'라고 한다. 나의 경우에도 내가 외롭거나 힘들 때 가족보다 먼저 얘기를 터놓을 수 있는 사람이 바로 이 친구다.

나이가 들수록 친구가 필요한 것 같다. 헤밍웨이 탄생 120주년을 지나면서 그의 자살원인이 무엇인지 재조명되고 있는데, 가장 큰 요인이 우울증이라고 말하는 학자들이 많다. 그는 말년에 가장 친한 친구인 윌리엄 예이츠, 스콧 피츠제럴드, 제임스 조이스를 차례로 잃은 데다 특히 자기 저서의 편집자로 항상 낚시와 사냥을 함께하던 맥스 퍼킨스를 잃은 슬픔이 너무 커서 우울증에서 벗어나지 못했다고 한다. '인생 말년에 행복해지기를 원하는가? 그렇다면 재테크보다 우테크를 잘하라!'고 한 괴테의 말에 공감이 간다.

많은 사람들이 노인기의 행복요인으로 돈과 건강을 들지만, 친구 또한 그에 못지않은 행복조건이다. 친구는 배우자와는 또 다른 인생 반려자이기 때문이다. 살벌한 세상을 살아가며 남편과 피붙이에게도 차마 할 수 없는 얘기와, 가슴 속에 시커멓게 쌓인 울제와 앙금을 같이 풀어줄 수 있는 존재가 바로 친구다. 실제로 장수한 사람은 단명한 사람에 비해 '친구의 수'가 많았다는 연구보고도 있다. 이는 곧 인생의 희로애락을 함께 나누는 친구들이 많을수록, 그 친구들과 보내는 시간이 많을수록, 스트레스가 줄며 건강한 삶을 유지할 수 있다는 걸 말해준다.

나는 정이 많으면서도 외향적 성격이 강해 누구와도 잘 어울린다. 친구뿐 아니라 나랑 잠시 연을 맺은 사람들에게도 애착이 강하다. 그러니 한번 단골이 된 가게나 미용실, 옷집 등과도 끝까지 의리를 지킨다. 그런데도 이런 나에게 인간관계로서의 큰 결점이 있다. 누가 틀린 말을 하면 그걸 참지 못하는 직설적 성격이다. 상대가 남편이든, 형제이든, 심지어 친구들에게도 틀린 건 그냥 넘어가질 못하고 바로 잡아야 직성이 풀린다. 나름 변명이 있다. 이걸 그대로 지나치면 다음에 또 틀릴 것이니, 이참에 바로 잡아주는 게 상대를 위해서도 사회를 위해서도 좋은 것이라는 논리의 교육자 근성의 오지랖이다.

인간이면 실수도 할 수 있고, 몰라서 실언을 할 수도 있다. 한 번씩은 일부러 엉뚱한 행동을 하고 싶을 때도 있다. 그런데 사사건건 그걸 바로 잡아야 직성이 풀리는 사람이 곁에 있다면 참으로 피로할 테다. 옳고 그름보다 중요한 것은 사람이다. 설령 논쟁으로 자기가 옳다는 세 밝혀신들, 인간관계를 망쳐버리면 그게 무슨 의미가 있겠는가? 전투를 이기려 하다가 전쟁에서 패하는 꼴이다. 생각해 보면, 나의 직언으로 나와 거리가 멀어진 친구나 지인이 어디 한두 명이겠는가 말이다. 나는 기억조차 못하는데 나를 피해 영영 내 곁을 떠난 사람도 있을 것이라 생각하니 기가 찬다.

한 세월 지나고 보니 어렴풋이 보인다. 직선보단 곡선이 아름답고, 냉철한 이성보단 따뜻한 가슴이 세상을 훈훈하게 한다는 것을. 누군가를 진정 사랑하는 건 머리가 아니라 가슴으로, 그가 가진 결점까지 포용하고 감싸 안아주는 것이란 걸 이제야 깨닫는다.

한 인간의 아름다움과 기쁨을 사랑하는 것은 누구나 할 수 있는 일이지만, 그 사람의 결점과 슬픔까지 사랑하는 것은 아무나 할 수 있는 일이 아니다. 온 세상이 나를 등지고 떠날 때, 나의 상처까지도 감싸며 내 곁을 지켜줄 수 있는 사람! 기쁨은 두 배로 하고, 슬픔은 반으로 줄여주는 넉넉한 가슴을 가진 사람! 그게 바로 친구인 게다. 인생 해거름에 선 지금, 내가 어떠한 상황에 처하든 마지막까지 나를 믿고 함께할 수 있는 한 사람의 친구가 있다는 건 행복한 일이다. 나 역시 그에게 그런 진정한 벗이 될 수 있다면 그보다 더한 은총이 있으랴 싶다.

이어폰에선 「카르멘」의 아리아 '집시의 노래'가 경쾌하게 흐른다. 카리스마 넘치는 카르멘이 선술집에서 집시여인들과 함께 색시하게 춤을 추며 부르는 노래다. 절로 어깨가 들썩인다. 내 슬픔을 함께 등에 지고 가는 친구와 오페라를 즐길 생각에 벌써부터 가슴이 설렌다.

윤리방정식

아침에 친구한테서 카카오 톡 메시지가 날아왔다.

> 어느 날 멀리 떨어져 살던 아들을 보기 위해 어머니가 상경했는데, 오랜만에 만난 모자는 밤새 정다운 대화를 나누었다. 그런데 서로가 바쁜 삶을 사는 터라 이튿날 헤어져야 했기에, 아들은 힘들게 사는 어머니를 생각해서 월세를 내려고 찾아둔 20만원을 어머니 지갑에 몰래 넣어드렸다.
>
> 어머니를 배웅하고 돌아와 그는 지갑에서 뜻하지 않은 돈을 발견하고 놀라는 어머니의 모습을 떠올리며 흐뭇해했다. 그런데 뜻밖에도 책상에 펴놓았던 책갈피에서 돈 20만원과 어머니의 편지를 발견했다. "요즘 힘들지? 방값 내는 데라도 보태 거라."

독일 작가 에리히 케스트너(Erich Kastner)의 소설에 나오는 이야

기다. 경제학적으로 보자면, 아들과 어머니 둘 다 이득도 손해도 없는 교환을 한 셈이다. 그러나 케스트너는 이런 상황을 경제방정식과 다른 '윤리방정식'이란 이름으로 풀어낸다. 즉, 아들은 어머니를 위해 20만원을 썼고, 어머니가 준 20만원이 생겼으니 40만원의 이득이 있었다. 어머니 역시 아들을 위해 20만원을 썼고, 아들이 준 20만원이 생겼으니 40만원의 이득이 생겼다. 그러니 합계 80만원의 순 이득이 발생했다는 이론이다.

대가 없이 베푸는 것을 경제방정식으로는 설명할 수 없다. 윤리방정식은 인간이 만든 방정식이 아니라 세상을 만든 조물주의 계산법이고 공식이기 때문이다. 여기선 '베풀다'는 의미보단 '나누다'는 말이 더 적합하다. 왜냐하면 베푸는 행위는 가진 자가 가지지 못한 자에게 은혜를 베푼다는 상하上下의 관계지만, 나누는 것은 서로가 평등한 관계에서 상대방의 인격을 '존중'한다는 의미가 들어있다. 결국 존중하는 마음으로 타인에게 나누는 기쁨은 솜사탕처럼 부풀어 세상을 훈훈하게 하고, 그게 다시 자신에게 돌아오는 것이다.

하느님이 인간을 만들 때 당신의 모상模像으로 육신을 만든 후에, 당신 숨결을 불어넣어 영혼을 가지게 했다고 한다. 그러니 인간은 모두 선한 존재다. 인간이 험난한 세상에서 자신을 지키려고 일순 악을 저지르지만, 하느님의 본성이 항상 그를 조준하여 다시 바른 길로 인도하니 말이다. 그런 의미에서 윤리방정식은 인간 본연의 선한 양심의 법이다. 곧, 조물주가 세상을 창조했을 때의 원래 모습, 그분이 보시기에 좋은 천상의 세계로 돌아가고 싶은 인간 내면의 바람이고 규

율인 셈이다.

윤리방정식은 인간사 모든 걸 뒤에서 조종한다. 좋은 일뿐 아니라 나쁜 일에도 이 방정식이 적용되기 때문이다. 선한 일을 한 사람은 이미 이 세상에서 천국의 삶을 만끽한다. 그 행위의 결과로 인해 기쁨과 자기충족감으로 마음이 평화롭고 행복하니 말이다. 반면에 죄를 지은 사람은 이미 이승에서 벌을 받는다. 직접적으로는 사회적 지탄과 인간이 만든 법적 처벌이다, 설령 운이 좋아 사회적 벌을 면하더라도, 가슴 속의 양심의 소리는 항상 그를 따라다니며 괴롭힌다. 돌덩이 같은 자책감은 참으로 행복해야 할 순간에도 진정으로 그 기쁨을 만끽할 수가 없다. 그러니 천국과 지옥은 저승의 세계가 아니라 이미 이승에서 진행 중인 게다.

나눔의 기쁨은 주고받는 사람만 느끼는 것이 아니다. 지하철에서 노인에게 선뜻 자리를 양보하는 사람을 보면 보는 이의 마음도 흐뭇해지는 것처럼, 선한 일을 하는 사람을 보면 덩달아 기쁨과 행복을 느낀다. 바로 '마더 테레사 효과'다. 테레사 수녀가 힘든 이들과 함께하는 모습을 보여주면, 그걸 보는 사람도 몸과 마음에 기쁨의 변화가 온다는 것이다. 그런 의미에서 윤리방정식은 참으로 아름다운 계산법이다.

어쩜 윤리방정식은 세상에 때 묻지 않은 어린아이의 산수算數이고, 그런 아이를 키우는 어머니의 셈이다. 복잡하게 계산하고 머리를 굴릴 줄도 모르는, 그냥 본능대로 좋아하고, 상대의 존재 자체로 행복해하는 무조건적인 사랑! 그 사랑으로 대가 없이 남을 위해 무언가를 할 때 덤으로 생기는 선물들! 아마도 케스트너는 이 때 얻는 '행복감'과 '기쁨'이라는 막대한 '이득'을 윤리방정식으로 풀어 숫자로 환산했지 싶다.

세상의 상과 벌은 덧셈과 뺄셈으로 돌아간다. 하지만 천상의 상복償福은 모두가 곱셈으로 돌아간다. '되로 주고 말로 돌려받는다.'는 성서 말씀처럼, 한 사람의 작은 선행은 기쁨바이러스가 되어 방방곡곡으로 퍼져나간다. 그 결과 자신은 물론, 이웃과 세상을 변화시킨다. 한 사람의 작은 손길이 누군가의 목숨을 구하고 행복을 줄 수도 있으며, 나아가 사회를 훈훈하게 만들고 전 인류를 구할 사랑의 묘약이 될 수도 있다. 이게 바로 선한 영향력의 윤리방정식이다.

요즘 코로나사태로 세상이 온통 전쟁이다. 상상소설에서나 볼 수 있던 게 현실이 되어버렸다. 후진국의 길거리엔 코로나와 기아로 죽어가는 시체들이 즐비하고, 어제까지 즐기던 소소한 일상이 오늘은 모두가 기적이 되어버렸다. 하물며 아무런 제약 없이 친구랑 길거리를 싸다니고 식사를 하던 일들이 이젠 모두 앨범 속의 아련한 추억이다. 다행히도 이런 내우외환內憂外患의 극한 상황에 인간은 어김없이 하느님의 선한 특성을 발휘하고 있다. 자신과 가족의 안위만을 챙기던 이기적인 인간들이 이제 이웃과 사회, 나아가 지구의 한 언저리에서 굶주림과 질병에 시달리는 이들에게 시선을 돌리고 그 고통을 공유하고 있으니 말이다.

지역과 국경을 초월하여 가진 걸 나누고, 자신의 재능을 기부하며 봉사와 위로공연을 하는 모습은 그 자체가 천상의 모습이다. 마스크와 의료장비가 부족해 쓰러져가는 지구촌 사람들이 더 이상 남이 아닌 내 이웃이고 피붙이로 느껴지기 시작한 게다. 어쩜 느닷없이 인류에게 이런 재앙을 내린 하늘의 뜻이 바로 이런 게 아닐까 싶다. 벌거벗고도 평화롭고 의좋게 살던 에덴동산에서처럼 서로 의지하고 사랑하며 살아가라는…….

본인의 의지와는 상관없이 살벌한 이 세상에 맨몸으로 내동댕이쳐진 인간! 그런 의미에서 인간은 모두가 같은 운명의 한 가족이고 형제다. 물질만능주의로 점점 인간성이 메말라가는 이 시대에, 설상가상으로 코로나재앙까지 겹친 이 시국에, 불쌍한 형제들끼리 싸우지 말고 훈훈한 가슴으로 가진 걸 함께 나누며 천상세계를 만들어가야 한다. 이즈음 윤리방정식이 더욱 절실한 이유다.

오물을 토하다

변기가 끝없이 오물을 토한다. 수리공이 특수 압축기를 넣어 누르자 그저께 버린 오이피클과 양파, 기억조차도 안 나는 우거지와 생선뼈까지 두둥실 떠오른다. 구역질나는 쓰레기들이 내 창자 속에서 올라온 듯, 얼굴이 화끈거린다.

변기가 막힌 건 그저께 저녁이다. 항암치료 중인 언니에게 주려고 만든 오이피클 통을 열었는데 얼마 먹지도 않았는데 통째로 맛이 변했다. 너무 아까웠다. 언니가 좋아해서 제철도 아닌 비싼 피클용 오이를 구해서 고추와 마늘, 양파를 넣어 정성스레 만든 거다. 환자에게 줄 거라 소금을 적게 넣은 게 결정적인 실수였지 싶다. 순간, 눈앞에서 빨리 없애버려야겠다는 생각에 얼른 화장실에 들고 가서 변기에 그대로 쏟아버렸다. 물을 내렸더니 시원하게 내려갔다. 완전범죄였다. 내 실수도 덮고, 보기 싫은 것을 눈앞에서 제거하고 나니 마음까지 후련해지는 것이었다.

여기까지 했으면 되었을 걸, 문제는 그 다음이었다. 냄비에 먹다 남은 김치찌개가 조금 남아 있기에 그것도 얼른 변기에다 쏟아 넣었다. 그런데 이게 웬일인가! 이번엔 내려가지 않고 변기 위로 물이 차올라왔다. 응급 결에 기다란 철사를 넣어 변기구멍을 마구 쑤셨다. 하지만 소용이 없었다. 마치 내가 한 짓거리를 세상에 폭로라도 하듯, 아까 넣었던 오이와 양파조각까지도 도로 나와 두둥실 떠다니는 것이었다.

남편이 귀가할 시간이 다 되어가자 덜컥 겁이 났다. 성질 급한 남편이 길길이 뛸 건 불 보듯 뻔하기 때문이다. 마음에 중무장을 한 후 일회용 장갑을 끼고 변기 위에 떠오르는 찌꺼기를 하나씩 주워서 비닐봉투에 담았다. 난생 처음 하는 일이라 구토가 나려했다. 일단 변기 안은 깨끗해졌다. 다행이 변기에 있던 물도 시간이 지나자 조금씩 내려가 겉으론 정상처럼 보였다.

드디어 남편이 왔다. 짐짓 대수롭지 않은 척, 강아지 배변판을 닦은 휴지를 넣었는데 변기가 안내려가니 펌핑을 좀 해달라고 공손히 부탁을 했다. 집에 반려견 두 녀석이 있어 오물을 닦은 휴지로 변기가 막히는 경우가 종종 있었던 게다. 남편은 얼른 옷을 갈아입더니 펌핑기구를 변기에 넣어 작업을 시작했다. 나는 짐짓 부엌에 들어가 식탁을 차리는 척하면서도 더듬이를 화장실 쪽으로 바짝 세웠다. 아니나 다를까, 남편이 고래고래 고함을 질렀다.

이럴 수가! 아까 내가 버린 오이와 양파들이 다 올라와 변기 안을 가득 채우고 있었다. "이런 걸 쑤셔 넣고 휴지만 넣었다고?", "하긴 당신이 집안일 잘하는 게 뭐 있나?"라고 쏘아대더니, "전직교육자란 사람이 어찌 이럴 수가 있나?"로까지 비난의 강도가 거세졌다. 내가 제일 듣기 싫어하는 말이다. 하지만 어쩌랴. 이 순간은 내가 죄인이니 참을 수밖에. 다시 부엌으로 들어가 피신해 있는데 남편이 헐떡거리며 압착기랑 씨름하는 소리가 들렸다. 씩씩씩! 차라리 나를 한 대 때리지, 그 소리가 나에겐 더 힘든 고문이었다. 다행히도 변기는 뚫렸다.

그런데 재앙은 그게 끝이 아니었다. 어젯밤에 집에 들어갔더니 반려견 녀석들이 영역 표시를 하느라 거실바닥 여기저기에 오줌으로 마킹을 해놓았다. 여느 때처럼 휴지로 닦아 변기에 넣고 물을 내리는데 또 변기에 물이 내려가지 않는 것이었다. 휴지가 조금 많긴 했지만 평소 같으면 그리 문제될 게 없는 정도였다. 갑자기 억울하단 생각이 들었다. 어제의 악몽이 아직도 생생한데, 또 남편에게 그 수모를 당해야 한단 말인가. 혼자 변기구멍을 철사로 쑤시고 온갖 수를 다 써 봐도 소용이 없었다. 다행이 물이 졸졸 내려가 외관상으로 변기는 깨끗해졌다. 남편이 오자, 변기물이 시원하게 안 내려가는데 혹시 어제 변기를 덜 뚫은 건 아니냐고 내가 먼저 선수를 쳤다. 그는 또 화장실에 들어가 변기랑 씨름을 시작했다. 하지만 한참 후 땀을 흘리고 나오더니, 고개를 절레절레 흔들며 이번엔 수리공을 불러야겠다고 말하는 것이었다.

자리에 누워서도 잠이 오지 않았다. 성격이 곧아서 학교에 다닐 때도 교칙이나 법규를 철저히 준수하던 내가 아니던가. 그런데 언제부턴가 내가 당당하게 변기에 음식물 찌꺼기를 넣기 시작했다. 어느 날 친정집에 갔더니, 남동생이 냉장고 청소를 하면서 음식물 찌꺼기를 가위로 잘라 변기에 넣고 있었다. 부드러운 김치나 반찬뿐 아니라 생선뼈와 갈비탕 뼈까지 잘게 잘라 변기에 그대로 투척했다. 나는 마치 신기한 요술인 듯 넋을 잃고 구경을 했다. 동생은 자기가 무슨 대단한 일을 발견한 것처럼 으스대면서, 그게 냄새도 안 나고 간단히 음식물찌꺼기를 제거하는 기찬 노하우라며 나보고도 한번 해보라고 권했던 게다.

인간의 습성이라는 게 편하고 쉬운 길엔 금세 적응한다. 쉬운 걸 두고 굳이 성가시고 어려운 방법을 택하지 않는 까닭이다. 그 뒤부터 나는 동생의 충식한 제자가 되어 거의 모든 음식물찌꺼기를 변기에서 해결했다. 우리 집에선 음식물 찌꺼기뿐 아니라 모든 분리수거를 남편이 도맡아한다. 음식찌끼를 통에 담아만 두면 남편이 알아서 처리한다. 그런데 지저분한 음식을 순간적으로 홀라당 삼켜 깨끗이 처리해 주는 이 마술은 은근히 중독이 있다. 남편보다 훨씬 세련되고 깔끔하게 처리하는 걸 보고 있으면, 알 수 없는 희열까지 느낀다. 특히 라면국물이나 기름진 음식물 찌꺼기의 경우, 싱크대를 더럽히지 않고 버릴 수 있어 기분까지 업 된다. 이젠 내 실력도 일취월장日就月將하여, 변기바닥에 음식물 자국을 남기지 않고 깨끗하게 물을 내리는 시간차 공격의 경지까지 이르렀다.

생각해 보면, 세상을 살아가면서 한 순간의 편리함과 이익을 위해 이런 얄팍하고 비양심적인 짓을 얼마나 저지르고 살았을까 싶다. 그래서 법이 있고, 공중도덕이 있다. 우리가 살고 있는 지구생태계를 지키며 깨끗한 세상을 함께 만들어 가자는 약속이자, 공익을 위해서 만든 사회생활 지침서인 게다. 그런데 한때는 교육자라는 자가, 그것도 하느님 보시기에 좋은 세상을 만들기 위해 양심에 따라 살아야 한다고 교리를 가르치던 내가 이런 짓을 하다니, 실로 부끄러운 일이 아닐 수 없다. 새삼 변기가 아니라 내 속에 쌓인 오물이 올라와 세상에 까발려진 느낌이 든다.

세상엔 깨끗한 척 곧바른 길을 걸어가는 의인인 척하면서, 안으로 호박씨를 까며 제 이익만 추구하는 사람이 많다. 하지만 다행히도 정의와 진리는 항상 살아있다. 거짓이 진실을 덮을 수 없고, 어둠이 결코 빛을 이기지 못하는 까닭이다. 일순 세상이 모르고 지나는 듯해도, 언젠간 그 허물이 세상에 낱낱이 밝혀지고 그 대가를 지불하게 된다. 오늘 나처럼 말이다. 수리공의 말인즉, 그 동안 누적된 음식쓰레기로 배관 아래가 통째로 막혔단다. 눈앞의 달콤한 유혹을 못 이겨 서시른 작은 실수가 쌓이고 쌓여서 만든 인재人災인 게다.

거금 30만을 손에 쥐고 인부가 떠나간 화장실 바닥은 어지럽기 짝이 없다. 쓸어 담다가 두고 간 음식물찌꺼기를 맨손으로 하나씩 줍는다. 토할 것 같다. 세제로 변기와 화장실 바닥을 빡빡 씻어내고 물을 내린다. 변기 아래로 더러운 물이 콸콸 내려가더니 맑은 물이 가득 고인다. 할 수만 있다면 내 속도 끄집어내어 깨끗하게 씻어내고 싶다.

할매니얼 열풍

TV 드라마를 보는데 젊은 배우들이 입은 의상이 눈길을 끈다. 우리 시절에나 입던 펑퍼짐한 꽃무늬치마에 와이셔츠, 허리가 잘록한 촌스런 재킷이다. 그것도 작중 캐릭터가 재벌집안에 세련된 직장을 가진 주인공들이니 내 눈엔 무언가 매치가 안 된다. 그런데 자꾸 볼수록 묘한 매력이 느껴진다. 성격은 똑 부러지고 톡톡 튀는데, 의상이 주는 느긋함에서 어떤 여유로움과 또 다른 당당함이 느껴지니 말이다. 이게 바로 요즘 뜨고 있는 '할미 룩'인 게다.

요즘 핫하게 뜨고 있는 '할매니얼'은 2030세대가 할머니 패션, 할머니 입맛을 따르면서 생긴 말이다. '할머니'란 말과 '밀레니얼 세대(Millenneals)'를 붙인 '할매니얼' 열풍이 옷집은 물론 식당가나 카페에서도 인기를 끌고 있다고 한다. 밀레니엄세대는 1980~2000년 사이에 태어난 2030세대들로, 컴퓨터와 인터넷에 익숙하고 SNS로 인맥을 쌓아오면서 실용성을 추구하는 집단이다. 따라서 이들은 의식주는 물론, 오락과 통신, 가치관에서도 이전 세대와는 전혀 다르다. 소비보다는 경험을 통해 행복을 누리며, 소유보다는 공유를 통해 효율적으로 비용을 지출하는 참으로 영특한 세대다. 세상의 모든 구속에서 해방된 할머니세대가 가지는 따뜻함과 여유로움을 본받으면서도, 할머니들과는 달리 세상의 눈치를 보지 않고 당당하고 소신껏 자신을 위해 인생을 살아가는 젊은이들이니 말이다.

할매니얼의 첫 번째 대세는 '할매 룩(Granny look)'이다. 이것 역시 할머니를 뜻하는 그래니(granny)에 패션스타일을 의미하는 룩(look)을 붙인 신조어다. 이들에 의해 7080세대들이 입던 펑퍼짐한 롱스커트, 꽃무늬 주름치마, A라인 재킷 등이 다시 유행하고 있다. 패션은 기본적으로 신선함을 추구하는 게 기본일진대, 할매 룩은 이런 틀을 깨고 할머니세대의 멋을 되살려 새로운 멋을 창조한다는 의미에서 패션계의 문예부흥이라 할 수 있다.

할매니얼의 또 다른 바람은 '할매 입맛'이다. 요즘엔 젊은이들도 햄버거 대신에 쑥, 인절미, 흑임자 등 어르신들이 좋아할 법한 음식을 많이 찾는다고 한다. 할매 입맛에 빠진 이들 세대를 겨냥해서 프랜차이즈 카페에서도 이미 현미, 보리, 흑미, 검정콩이 들어간 음료를 메뉴로 출시하고, 편의점에도 두부케이크, 찰옥수수케이크 같은 간식거리가 인기를 끌고 있다고 한다. 중독성이 강한 인스턴트식품을 지양하고 한국 고유의 건강식품을 찾는 것이니 이 또한 참으로 바람직한 흐름인 게다.

더 흥미로운 것은, 이들이 노닥거리는 카페 역시 반들거리는 현대식 건물보단 복고풍 스타일을 선호한다는 점이다. 화려한 시내 한복판이 아니라 어둡고 낡은 골목, 거기다가 옛스런 나무기둥과 창호지문, 기와지붕 등 고전감성을 담은 카페가 인기를 끈다고 한다. 이런 곳을 찾는 고객의 연령층도 다양해 젊은이들과 어른들이 함께 앉아있는 모습을 흔히 볼 수가 있다. 어느 기자가 한 젊은이에게 이런 장소를 찾는 이유를 물었더니, 대답이 참으로 영특하다. 어른들과 조금 더 감성을 공감할 수 있어 좋고, 할머니 댁에 온 것처럼 마음이 편안하단다.

이런 '할미니얼' 신조어에 한 몫을 한 게 바로 배우 윤여정씨다. 한국 최초로 아카데미 여우조연상을 받은 그녀가 영화 『미나리』에서 연기한 할머니 역이 바로 그것이다. 어리숙하면서도 상큼한 언어로 거리낌 없이 손주들과 소통하는 할머니 역을 맡은 그녀는 이 영화가 나오기 전부터 여러 방송이나 SNS 매체를 통해 젊은이들의 인기를 한 몸에 받았다. 노인 특유의 권위적인 모습이 아니라 항상 훈훈한 할머니로서 그들을 대하며, 젊은이 못지않게 톡톡 튀는 재치와 위트가 쉽게 그들과 융화되었다는 평판이다.

2030세대에게 있어 할머니 스타일은 더 이상 오래되거나 촌스러운 게 아니라 '따뜻함과 여유'라는 매력으로 재해석되고 있다. 74살에 오스카상을 거머쥐고도 할리우드를 선망하진 않는다고 당당하고 솔직하게 말할 수 있는 배우 윤여정씨처럼, 할매 열풍은 이제 솔직담백함의 대명사가 되어가고 있다. 영국과 미국 등 세계적인 아카데미

시상식에서도 전혀 기죽지 않고 상큼한 위트와 직설화법으로 주절주절 쏟아내는 여유로움과 자유분방함! 같이 늙어가는 한국여자로서도 존경스럽고 뿌듯하기 그지없다.

2030세대들에게 할미니얼이 유행하는 이유를 전문가들은 여러 각도로 분석하고 있다. 코로나사태가 장기화되면서 지친 젊은이들이 옛 감성을 통해 마음의 위안을 얻으려고 한다는 시각도 있다. 베이비붐세대인 부모가 맞벌이를 하느라 할머니 슬하에서 자란 아이들이 바로 이 세대들이기 때문이다. 가정은 물론 사회가 제대로 발전하려면 신구新舊의 융합이 중요하다. 그런 의미에서 젊은이들이 옛 세대와 문화적으로 교감을 하는 건 참으로 바람직하고 고무적인 일이다. 노인을 무시하고 옛것은 무조건 낡은 것으로 치부하던 젊은 세대들이, 이제 전통과 옛것을 새로운 시각으로 보게 되었다는 자체가 새로운 역사의 시작이니 말이다. 핵가족화가 가속화되면서 모든 게 개인주의로 돌아가는 이 시대에, 신구세대를 가로막고 있던 삼성의 장벽이 조금씩 뚫리는 전조前兆가 아닐까싶다. 머지않아 TV에서 할머니와 아들, 손주가 오순도순 살아가는 그 옛날의『전원일기』같은 홈드라마를 다시 보게 될 날을 기대해 본다.

영화『미나리』를 보며 새삼 나를 돌아본다. 어눌한 듯하면서도 당차며, 깊고 넉넉한 품으로 손주들의 든든한 울타리가 되어주는 영화 속의 윤여정 할머니처럼, 나도 손주들에게 푸근하고 멋진 할미로 남고 싶다. 하지만 아직도 일등을 해야 직성이 풀리는 아집조차 버리지 못하고 있으니 한심할 따름이다. 새삼 그녀가 한 말이 죽비처럼 내 등을 때린다.

"난 드라마가 인생이라 생각하고 살았다. 인생에서 모두가 필요하듯이 주연, 조연, 단역 다 소중하고 필요하다. 배우로서의 삶은 때로는 주연이고 조연이고 단역일 때가 있는 것이다. 인생이란 긴 과정에서 순서처럼 오는 것 같다. 조금씩 한 계단 한 계단씩 오르다 보면 멋진 기회가 오게 된다. 주인공만 하겠다고 하는 건 바보다."

스케치

갑자기
벼락처럼
떨어지는
화두나 장애가 있어
인생길은
덜 지겨운지도
모를 일이다.
100세 인생길이
매일 밋밋하고
순조로운 고속도로라면
얼마나 지겹겠는가 말이다.
수수께끼처럼 툭툭이 떨어지는
화두와 걸림돌은
인생을
풍요롭게 한다.

연꽃에게서 배우다

큰마음을 먹고 시간을 내어 경주에 입성했다. 차창 문을 내리자, 오랜 역사 속에 눅눅히 발효된 서라벌 천년의 흙 내음이 물씬 들어온다. 지난한 세월을 은근과 끈기로 살아내며 문화의 꽃을 피워낸 우리 조상들의 향기다. 안압지를 지나자 둔덕 위의 부용화가 기염을 토하며 나를 맞이한다. 그 아래로 끝없이 펼쳐진 연 밭에 넋을 잃는다.

작열하는 태양 속에 드넓게 펼쳐진 연꽃들의 행렬에 숨이 턱턱 막힌다. 구름이 두둥실 떠가는 푸른 하늘 아래 숨죽이며 기도하는 구도승의 무리들! 지금 하늘과 땅엔 몽롱한 연향蓮香과 연꽃뿐이다. 연꽃은 불가佛家의 성화聖花일진대, 여기가 필시 극락인 게다.

20여 년간 매달 불국사 자락의 K호텔에서 사업상 행사를 한 까닭에 이젠 사계절의 경주 풍광은 내 고향처럼 익숙하다. 봄엔 꽃비처럼 흩날리는 벚꽃이, 7월엔 온갖 여름 꽃이 향연을 펼친다. 그 중에도 도심 곳곳에서 군락을 지어 의연하고 고고하게 꽃을 피우는 연꽃은 여기가 불교국의 도성이었음을 증언하는 군단들이다. 이 중에서 내가 가장 좋아하는 곳은 안압지의 연꽃단지다.

연꽃은 미나리아재비목 수련과의 다년생 수초로서 일명 '만다라화', '부용芙蓉'이라고도 불린다. 연꽃은 더러운 물속에서 자라나 깨끗한 꽃을 피운다고 하여 예로부터 많은 사랑을 받아왔는데, 특히 불교에선 속세에서도 더러움에 물들지 않고 깨끗한 꽃을 피워 올리는 청정함의 상징으로 극락세계를 '연방蓮房'이라고 하였다. 부처의 탄생을 알리기 위해 연꽃이 피었으며, 극락세계에선 모든 신자가 연꽃 위에 신으로 태어난다고 한다. 중국 불교에서는 극락세계를 신성한 연꽃이 자라는 연못이라고 생각하여 사찰 경내에 연꽃연못을 만들기 시작하였다고 한다. 연꽃은 뿌리를 내린 곳이 어디든, 맑은 물과 선한 지심地心을 빨아올려 푸른 잎과 줄기를 키워낸다. 그러니 이렇게 정결한 몸체에서 피워내는 꽃은 그 자체가 깨끗하고 아름다울 수밖에 없다.

할아버지 댁이 불가佛家인지라 나는 어릴 적부터 어른들을 따라 자주 산사山寺를 다녔다. 그러다보니 절마다 안방마님처럼 자리를 잡고 나를 반기던 연꽃을 좋아하게 되었다. 꽃이 하도 맑고 고와서 어린 마음에도 감히 범접할 수 없는 그 무엇이 있음을 느끼곤 했다. 어쩜 진흙탕 속에서도 꿋꿋하게 푸른 하늘을 향해 꿈을 키우고, 끝내 당당하게 찬란한 꽃을 피워내는 연꽃 모습이 은연중에 내 영혼의 멘토로 자리를 잡아버린 지도 모를 일이다.

연꽃은 진흙탕에 뿌리를 내리고 자라지만 결코 거기에 물들지 않는다. 몸은 비록 혼탁한 속세에 담그고 있지만, 결코 오염되지 않고 홀로 고귀하게 자신을 갈무리하는 성직자와 수도자의 모습이다. 눈이 시리게 우아하고 초연한 백연白蓮은 청렴결백한 한국의 선비를 생각나게 하고, 화려하고 저돌적인 붉은 빛의 홍연紅蓮은 네팔이나 인도의 구도승을 보는 듯하다. 청靑, 황黃, 적赤, 백白의 색이 다른 연꽃들이 같은 연못에서 이색적이면서도 평화롭고 조화롭게 피어있는 모습은, 도道를 구축하는 일이 지역이나 인종의 구별을 뛰어넘는 가치란 걸 말해주는 듯하다.

시커먼 진흙탕 속에서도 학처럼 순결하고 아름다운 꽃을 피워내는 모습은 훌륭한 예술가를 연상하게 한다. 역사상 세상을 움직인 예술가나 음악가들 역시 악조건에서 더 훌륭한 명작을 탄생시켰으니 말이다. 슈베르트의 가곡들이 한결같이 애잔하게 우리들 가슴을 적시는 건, 31살의 나이로 요절하기까지 가족도 집도 없이 외롭게 떠돌이 생활을 하며 작곡한 결실들이기 때문이다. 베토벤의 9번 교향곡이 그렇게 웅장하고 아름다운 것 역시, 귀가 완전히 멀고 목숨 줄이 다한 절박한 상황에서 이승의 마지막 혼을 불살아 만든 곡인 까닭이다.

연꽃의 잎 역시 여느 식물과는 다르다. 잎이 넓고 평평하지만, 욕심을 부려 더 많은 빗물을 받으려고 결코 잎을 오그리지 않는다. 게다가 유달리 반들거리는 잎은 어쩌다 묻은 세상의 오물을 잠시도 머무르지 않게 굴러서 떨어뜨린다. 연꽃의 외양이 항상 맑고 깨끗한 모습을 유지하는 비결이다. 세월이 할퀴고 간 상처도, 세상과 싸우다 생긴 진물과 흠집도 절대로 겉으로 남기지 않는다. 세상사 모든 건 자신의 탓으로 돌리고, 순간의 분심과 화를 DEL 키로 말끔히 지우며, 속으로 묵묵히 삭일뿐이다. 조그만 일에도 엄살을 부리며, 모든 걸 세상 탓으로 돌려 상처를 훈장인 양 포장하고 다니는 인간들과는 격이 다르다. 전쟁터 같은 세상에서 모든 이를 인정하고 아우르며, 잠시 유혹의 오물이 튕길지라도 그에 현혹되지 않고 가차 없이 물리쳐버리는 청렴결백한 구도자의 모습인 게다.

연꽃의 줄기 또한 예사롭지 않다. 덕지덕지 욕심을 부려 많은 꽃을 달기를 거부하고, 하늘이 명한 대로 한 줄기에 한 송이의 꽃만 성실하게 피워 올린다. 그러니 더 많은 햇살을 탐하느라 허리를 구부리지도 않고, 몸을 휘지도 않는다. 그냥 하늘이 주는 햇살과 물로 제 몸을 지탱할 뿐, 남은 건 미련 없이 비운다.

크고 묵직한 연잎들이 절서정연하게 자리를 잡고 의젓하게 앉아있는 모습이 어딘가 모르게 풍채가 있다. 바람이 불자 일제히 몸을 풀썩거리는 모습은 임금 앞에서 조정대신들이 머리를 조아리고 있는 광경이다. 바람이 아무리 세차게 불어도 끄떡없다. 꽃의 크기가 예사롭지 않은데도 바람에 결코 꽃대가 꺾이거나 부러지지 않는 이유가 바로 줄기의 유연성 때문이다. 겉으론 부드러우면서도 안으론 어떤 시련과 역경도 버티어낼 수 있는 내력을 가진, 외유내강外柔內剛의 자질을 갖춘 꽃 중의 꽃이다.

존재 자체가 만나는 이들을 정화시키고 힐링시키며 행운이 되는

식물! 진흙탕 속에서도 자기 갈무리를 철저히 하며, 비천한 환경에서 결국은 보란 듯이 세상을 향해 성숙한 꽃대를 피워내는 연蓮! 한세월을 훌쩍 보내고 인생 해거름을 걷고 있는 지금, 겉으론 강한 척 위선을 떨지만 기실은 조그만 자극에도 존재 자체가 휘청거리는 허실하기 짝이 없는 나를 새삼 돌아보게 한다.

연꽃에게서 세상사는 법을 배운 날이다.

화두, 한재 미나리

오늘도 딸내미가 난데없이 어려운 화두 하나를 던지고 갔다. 이번엔 청도산 한재 미나리다. 귀한 미나리라고 선물을 받았는데, 자기는 이걸로 무얼 할지도 모르고 부담스러우니 엄마가 알아서 처리하란다. 딸 눈엔 아직도 내가 무엇이든 척척 해결하는 슈퍼맘인 게다. 그래도 그렇지. 일생동안 공부와 교직에만 몰두했지 부엌일은 저나 나나 비슷한데, 걸핏하면 이런 과제물을 떠다 맡기니 기가 찰 노릇이다.

미나리를 가만히 쳐다보고 있으니 가슴이 답답하다. 내가 생각해도 한심하다. 명색이 주부가 귀한 미나리를 선물로 받아놓고 이렇게 고민하고 있으니 말이다. 게다가 미나리가 너무 많아 이걸 한꺼번에 담을 그릇도 없다. 어쩌랴. 양푼이 세 개를 꺼내 미나리를 조금씩 담아 물을 붓는다. 이젠 거머리를 어떻게 제거하지? 어디서 들은 말은 있어 미나리 밑에 스텐 숟가락과 밥그릇을 넣어본다. 거머리가 차가

운 걸 좋아해서 여기에 들어붙는다고 해서다. 기다리는 사이에 네이버 검색을 다시 해본다. 거머리를 죽이려면 식초를 넣어 10분간 담가두라고 되어 있다. 어느 게 맞을지 모르니 이번엔 식초를 두 스푼씩 물에 넣는다.

문득 20여 년 전의 흑백필름이 떠오른다. 김치를 대주던 시어머니가 돌아가시고 나서 처음으로 김장에 도전했을 때다. 배추 다섯 포기를 사다놓았는데, 그냥 눈앞이 캄캄했다. 시어머니가 하시는 걸 곁에서 거들긴 했지만, 정작 나는 배추를 절일 줄도, 양념을 만들 줄도 몰랐다. 대충 검색을 하고 기억을 더듬어 배추를 반으로 잘라서 물에 적신 후 배춧잎 사이사이에 소금을 뿌려 절였다. 양념은 또 어떻게 만들까 걱정을 하다가 잠을 자는데 꿈에도 배추가 나타났다. 고작 배추 다섯 포기의 김장이 20년 주부 경력에서 만난 가장 큰 난제難題의 화두였던 게다.

딸아이는 걸핏하면 나에게 이런 과제, 특히 내가 제일 힘들어하는 음식재료를 불쑥 불쑥 들고 온다. 언젠가는 모시조개를 한 박스 던져주더니, 작년엔 대게를 한 박스 던지고 갔다. 오랫동안 해산물이 넘치는 남미여행을 많이 한지라 나는 해산물을 싫어한다. 특히 페루 같은 고산지대를 돌며 억지로 먹었던 해산물 요리 기억이 아직도 머리에 남아있어, 해산물은 냄새만 맡아도 멀미가 난다. 그러니 그 많은 조개와 대게를 처리하느라 얼마나 힘이 들었는지 모른다. 마치 큰 사건을 해결하듯 난리를 피웠다. 형제들에겐 생것으로, 친구들이나 지인들에겐 삶거나 조리를 해서 갖다 나르느라 녹초가 되었다.

생각해 보면, 우리네 인생에서 굽이굽이 길고도 험난한 길을 걸어오면서 갑자기 나타난 장애물이나 화두는 얼마나 많았으랴. 다행히 오늘처럼 딸내미가 던져주는 화두는 가볍다. 잠시 몸이 힘들고 고단하겠지만 내손으로 해결할 수 있으니 말이다. 하지만 아무리 애를 써도 내 능력 밖의 일이 더 많았다. 아이들이 자라면서 다치거나 아플 때 혹은 대학시험을 치를 때도 그랬고, IMF 경제위기로 남편이 하던 사업이 바닥을 칠 때도 그랬다. 하지만 지나고 나서 보면, 고맙게도 하느님은 항상 내가 풀 수 있고 넘을 수 있는 화두나 장애물을 내렸던 것 같다.

하느님은 인간을 극진히 사랑해서 당신 모습을 본떠 인간을 만들었다고 한다. 그런데 인생여정에 왜 이런 과제물과 장애물을 끊임없이 내리는 것일까 하는 의문이 들 때가 있다. 그럴 때면, 어쩜 이것 역시 하느님의 인간 사랑의 한 방법이 아닐까하는 생각이 든다.

갑자기 벼락처럼 떨어지는 화두나 장애가 있어 인생길은 덜 지겨운지도 모를 일이다. 100세 인생길이 매일 탄탄하고 순조로운 고속도로라면 얼마나 지겹겠는가. 수수께끼처럼 틈틈이 떨어지는 화두는 인생을 풍요롭게 한다. 그걸 해결하느라 잠시 골머리를 싸매겠지만, 그 덕에 텅 빈 머리에 지혜도 생기고, 그걸 해결하면서 뿌듯한 희열을 느끼니 말이다. 한 생을 훌쩍 살고 보니 이제 희미하게 보인다. 도저히 넘을 수 없을 것 같은 절벽 앞에서도, 앞이 보이지 않는 캄캄한 터널 속에서도, 스스로를 포기하지 않고 정신만 바짝 차리면 어떤 방법으로든 해결이 되는 게 우리네 인생이란 걸.

내 나이 이제 예순 후반으로 산전山戰, 수전水戰, 공중전空中戰을 다 겪었다. 이쯤 되면 인생살이 전문가가 되어 있어야 마땅하다. 웬만한 장애물이나 화두는 눈 하나 깜빡하지 않고 웃으며 넘길 수 있는 내공이 있어야 한다. 하지만 나는 아직도 작은 돌부리에도 엎어지고, 미나리 한 단을 두고도 앞이 캄캄하니 이럴 어쩌랴. 일생동안 머리만 굴렸지, 수족手足이나 몸을 부리는 데엔 겁부터 난다. 어쩜 일생 동안 학생들 앞에서 이것저것 입으로만 지시하던 직업근성이 남아있어 그런지도 모를 일이다. 굳이 내가 움직이지 않아도 말 한마디만 하면 모든 게 해결되는 세상에 아직도 혼자 남아 있는 게다.

칼을 뺏으니 무라도 잘라야지. 네이버 검색을 해선 폰을 곁에 두고 미나리 생채조리개부터 해볼 참이다. 미나리를 씻어서 건져둔 후, 무를 씻어 채를 썬다. 이런 땐 한석봉 어머니처럼 칼질 잘하는 남편이 외출 중이라 아쉽다. 하지만 나름 가늘게 무채를 썰어 설탕과 소금으로 적당히 간을 하고, 식초도 두 술 넣는다. 무채가 숨이 숙은 후에 손가락 반 마디 크기로 자른 미나리를 투척하고 고춧가루와 다진 마늘, 후추, 통깨를 대충 넣어 버무린다. 비주얼이 그럴싸하다. 고춧가루가 퍼질 시간을 기다린 다음, 두근거리는 가슴으로 맛을 본다. 대성공! 이렇게 하면 되는 걸, 지레 겁을 먹은 내가 한심하기 짝이 없다.

한재 미나리의 그윽한 향기와 시원한 무의 맛이 어우러져 상큼달콤한 게 그대로 봄의 맛이다. 갑자기 식욕이 당긴다. 얼른 커다란 대접에 따뜻한 밥을 퍼서 고추장과 미나리생채를 넣고 비빔밥을 만든다. 남편이 끓여두고 간 콩나물국 건더기를 건져 넣고, 참기름도 한

술 듬뿍 넣는다. 밥을 비비는데 침샘이 먼저 열린다. 허겁지겁 밥숟갈을 퍼 올리며 이런 걸 단숨에 만든 내가 뿌듯하다. 봄을 타는지 요즘 입맛이 없어 식사를 통 못했기 때문이다. 새삼 미나리를 화두로 들고 온 딸내미가 고맙다.

금강산도 식후경이라고, 배가 부르니 이제 마음에 여유가 생긴다. 무엇이든 마음만 먹으면 된다는 자신감에 기분이 좋아진다. 기왕에 받은 미나리, 제대로 뭔가를 만들어 봐야겠다는 오기까지 발동한다. 남은 미나리로 손주들을 위해 미나리 물김치도 도전하고, 생새우를 사서 미나리 전도 부쳐봐야겠다.

딸내미가 던지고 간 한재 미나리 덕에 배도 누눅하고 마음도 넉넉해진 저녁이다.

반려견에서 인생을

오랜만에 초읍 성지곡수원지를 찾았다. 심폐기능을 기르고자 일부러 가파른 언덕길을 골라서 오르는데 반려견, 삼식이와 춘삼이가 나보다 앞서서 달린다. 산타클로스 썰매처럼 녀석들 목에 수레를 걸고 달려도 될 성싶다. 하얀 공 모양의 머리털에 햇살이 비쳐 눈이 부시다. 녀석들은 지금 긴 겨울 응축된 스트레스를 한껏 풀고 있는 게다.

우리 반려견의 종種은 비숑 프리제다. 윤기 있는 하얀 털이 귀티가 나는데다 커다란 눈과 공 모양의 머리가 인형 같다. 녀석들은 기본 성정이 활발한데다 에너지가 넘쳐 매일 산책을 해야 한다. 제대로 산책을 못 시켜주면 녀석들은 에너지를 주체하지 못해 집안에서 저들끼리 엉켜 경찰놀이를 하느라 소파나 가구를 사정없이 할퀴어댄다. 하지만 지난겨울은 유난히 추워 녀석들은 산책을 거의 못했다. 게다가 봄이 왔는데도 연일 비가 와서 애들은 며칠째 창틀에 앉아 창밖을 바라보며 칭얼거렸다. 그러니 지금 녀석들이 무장해제 되어 천방지축 뛰는 것도 나무랄 수가 없는 노릇이다.

강아지의 하루 일과를 보면 참으로 한심하다. 아침저녁으로 주는 사료로 끼니를 때우곤 종일 잠을 자거나 빈둥거린다. 그나마 자상한 주인을 만나면 틈틈이 껌이나 간식 등을 먹기도 하지만, 대개는 생명유지를 위한 최소한의 에너지 공급을 위해 인공사료 몇 알을 주워 먹는 게 전부다. 바깥세계가 그립다고 주인에게 한탄할 수도 없으려니와 말이 통하지도 않는다. 그러니 '내 생명은 오로지 당신 것이오.'라며 숫제 제 존재를 주인에게 맡겨버린다. 본능적으로 영역표시를 하느라 집안구석에 함부로 배뇨마킹을 하다가는 혼이 난다. 포악한 주인을 만나면 두들겨 맞기도 하고, 길거리로 쫓겨나 유기견이 되기도 한다. 그러므로 반려견이란 존재는 항상 주인의 눈치를 살피며 조신하게 살아야 하는 팔자인 게다.

'반려견伴侶犬'은 말 그대로 가족처럼 함께 살아가는 강아지다. 하지만 그들의 일생은 항상 주인을 해바라기하며 살아가야 하는 삶이다. 주인의 관심과 사랑이 있어야 생존할 수 있고 행복을 누릴 수 있기 때문이다. 그러니 강아지는 행여 주인이 자신을 버릴까봐 항상 노심초사한다. 주인이 집을 나가면 돌아올 때까지 현관 앞에서 그의 발자국소리를 기다리며 하루를 보낸다. 강아지 일생의 절반이 주인을 기다리며 보내는 시간이라고 하니 애달픈 일이 아닐 수 없다.

우리 삼식이와 춘삼이도 예외가 아니다. 녀석들은 나를 주인으로, 아니 하느님으로 알고 있는 것 같다. 내가 외출준비를 하노라면 녀석들은 미리 기가 죽어 꼬리를 축 늘어뜨리고 거실바닥에 주저앉아 나를 올려다본다. 그러다가 내가 집에 들어서면 애들은 마치 구세주가 부활해 돌아온 듯 팡파르를 울려댄다. 두 녀석이 경쟁을 하듯 내 어깨를 감싸안고 혀를 날름거리며 얼굴을 핥아댄다. '내 사랑은 오직 할머니!'라고 고백하는 듯해서 순간 나도 황홀해진다.

두 녀석 중 동생 춘삼이의 나에 대한 애착은 유별나다. 녀석이 어미 곁을 떠나 우리 집으로 올 때 내가 안고 온 탓인지 춘삼이는 내 껌딱지다. 잠시 내가 보이지 않으면 안절부절 어쩔 줄을 몰라 한다. 부엌에서 일을 하면 발밑에서 묵묵히 기다리고, 화장을 하면 경대 의자 아래서 나를 올려다본다. 공원산책 시도 녀석은 틈틈이 고개를 들어 내가 있는지를 확인한다. 잠을 잘 때도 녀석은 내 베개머리를 떠나지 않는다. 어릴 때 내 숨소리를 들어야 안정이 되어 잠을 자던 손주를 닮았다. 그러니 내가 긴 해외여행을 떠나는 건 춘삼이에겐 일종의 재앙이다. 숫제 현관입구에 목을 길게 빼고 엎드려 내가 돌아갈 때까지 그렇게 기다린다고 한다. 그렇게 활달하던 녀석이 풀이 죽어 있다는 소식을 접하면, 나 역시 마음이 초조해져 빨리 집으로 돌아갈 생각밖에 안 난다.

춘삼이를 가만히 보고 있으면 녀석에게서 나는 하느님 같은 존재이지 싶다. 하늘같은 사랑을 늘 갈구하고 오매불망 해바라기하면서도, 가까이 가기엔 차마 두렵고 어려운 존재! 마음껏 의사소통을 하고 싶지만 말도 통하지 않는, 그러나 자신의 삶을 쥐락펴락하는 전지전능全知全能한 존재이니 포기할 수도 없는 노릇일 테니 말이다.

춘삼이 일생은 내 손바닥 위에 있다. 그러니 고작 15년 남짓한 강아지의 한 생生이 내 눈엔 훤히 보인다. 한치 앞도 모른 채, 내일에 대한 기대나 꿈도 없이, 오로지 감각과 본능에 충실하며 오늘이 다인 양 살아가는 하루살이 같은 미물微物! 그 많은 피조물 중에 하필 힘없는 강아지로 태어나 저렇게 밋밋하고 건조한 일생을 살다니 안쓰럽기 그지없다. 게다가 녀석은 작년에 당뇨병 판정에다 백내장 수술까지 한 터라, 주인이 하루 두 번 인슐린 주사와 안약을 챙겨주지 않으면 당장 목숨 줄이 끊기는 신세가 되고 말았다.

강아지는 키가 작으니 시야가 좁을 터, 그래서인지 눈높이도 낮고 원하는 것도 적다. 강아지 일생의 절반은 잠이다. 눈을 뜬 시간엔 원초적 본능을 채우면 그냥 족하다. 녀석들이 유일하게 욕심을 부리는 것이라곤 주인이 주는 사료나 간식, 그리고 집안을 돌아다니며 오줌으로 자기 영역을 마킹하는 일이다. 주인이 다 알아서 줄 텐데 어리석게 식탐을 부리는 것, 결코 제 것이 될 수 없는 땅에 허황된 욕심을 내는 게 어리석은 인간을 꼭 닮았다.

하느님 손바닥 위에 있는 나란 존재도 마찬가지가 아닐까? 필시 내가 춘삼이를 보듯 늘 안쓰럽고, 하는 짓마다 한심해 애간장을 태우는 애물단지일 게 뻔하다. 언젠가 거품으로 사라질 허상들을 갈취하려고 날마다 아등바등 뛰어다니고, 강아지가 배뇨마킹을 하듯 결코 내 것이 될 수 없는 것들에 오늘도 눈독을 들이고 있으니 말이다.

열심히 하면 뭐든 이룰 수 있다는 야망과 패기로 앞만 보고 달려왔다. 왜 이제야 깨닫는 것일까? 나라는 존재는 조물주의 손바닥 위에서 발버둥 치며 놀고 있는 작은 인형이라는 것을. 내가 어렵게 이루어낸 업적이라 자부하던 것들이, 내 능력이 아니라 모두가 나를 창조하고 내 인생을 조종하는 절대자의 힘이라는 것을 말이다. 얼마 남아 있을지 모르는 인생 여정을 멋지게 마무리하기 위해선 불완전한 존재로서의 나 자신을 먼저 인정해야 한다. 매순간 내 뜻이 아니라 하늘의 뜻을 헤아리며, 그분 보시기에 좋은 모습으로 하루하루를 성실하게 살아가야 하는 이유다.

공원 안엔 봄꽃들이 향연을 펼친다. 노란 유채꽃 사이로 우수수 떨어지는 벚꽃 비를 맞으며 삼식이와 춘삼이가 꼬리를 흔들며 달린다. 부디 녀석들이 지금처럼 활기차고 행복한 삶을 살았으면 좋겠다.

유기견

여느 때처럼 반려견 삼식이와 춘삼이를 데리고 공원에 산책을 왔다. 산책 중 필수과세가 형인 삼식이가 특히 좋아하는 공놀이다. 주차장 공터에서 공을 던지면 쪼르르 달려가 공을 재빨리 입에 물고 돌아온다. 속도가 어찌나 빠른지 항상 공보다 녀석이 앞서 달려간다. 그런데 오늘은 아니다. 공을 던졌는데 앞으로 달려가기는커녕 거꾸로 달려와 나한테 안아달라고 짖어댄다.

며칠 전이었다. 그날은 남편이 공을 던지며 강아지들이랑 같이 뛰었다. 그런데 잘못해서 남편이 삼식이 목줄을 밟아버리는 바람에 녀석이 시멘트바닥에 입을 그대로 찧었다. 녀석이 소리를 질러서 달려가 보니 입에서 피가 나왔다. 아마도 혀가 뾰족한 송곳니에 부딪친 게다. 입안 상태를 파악하기 위해 껌을 줬더니 상처가 그리 심하진 않은지 껌을 잘 받아먹었다. 그런데 문제는 그 다음날부터였다. 녀석이 그렇게 좋아하던 공놀이를 거부하는 것이었다. 남편이 공을 멀리 던지며 녀석들 앞에서 달려가는데, 삼식이가 몸을 홱 돌려 나한테로 달려와 SOS를 청하며 짖어댔다. 남편의 부주의한 실수 하나가 삼식이에겐 씻을 수 없는 상처가 된 게다. 그렇게 좋아하던 공놀이가 일생 공포의 트라우마로 남게 되었으니 얼마나 애석한가 말이다.

말을 하지 않는다고 생명체를 막무가내로 다루는 건 생명 학대다. 어린애가 어려서 말을 하지 못해도, 관심과 사랑이 있으면 부모는 아이가 무얼 원하는지 다 알아챈다. 강아지들도 마찬가지다. 그들도 인간 못지않게 싫고 좋은 감정이 있고, 두려움과 공포도 있다. 무심코 던진 돌에 개구리가 맞아 죽는다고, 인간의 작은 실수에 씻을 수 없는 상처를 받는 게다.

'반려동물伴侶動物'은 인간과 함께 가족처럼 살아가는 동물이다. 가족이란 죽음이 갈라놓기 전까지 동고동락하는 공동체다. 태초에 산야山野에서 잘 살아가고 있는 이들을 인간들이 석석해서 십으로 데리고 와서 길들인 게 반려동물이 아닌가. 그러니 힘들다고 가족을 버리는 건 도리가 아니듯, 동물들과의 의리도 마찬가지다. 자신이 없으면 처음부터 입양하지를 말지, 감정과 이성이 있는 생명체를 어느 날 성가시다고 내다버리는 건 잔인한 짓이고, 약자에 대한 강자의 만행이다.

요즘 들어 부쩍 유기견에 대한 뉴스가 많이 나온다. 주인으로부터 버림받은 개들이 길거리를 떠돌면서 생존본능 상 사나운 짐승으로 변한 결과는 끔찍하기 그지없다. 얼마 전에 뉴스에서 본 장면이다.

어디선가 한 무리의 들개들이 양계장을 들이닥쳤다. 놀란 병아리들과 닭들이 이리 저리 도망을 치지만, 야수野獸 같은 들개들 앞에선 속수무책이다. 맹견들에게 목덜미를 물린 닭들은 그 자리에서 피를 흘리며 쓰러졌다. 양계장은 순식간에 아비규한阿鼻叫喚이 되어버렸다. 미국 서부영화에서 총잡이 무법자들이 마을에 들이닥쳐 애먼 사람들을 무더기로 쏘아대는 장면 같았다. 그런가 하면, 커다란 들개가 지나가는 여자를 물어 그 자리에서 숨진 사고도 발생했다. 온몸에 털이 무성한 유기견은 양탄자 누더기를 걸친 거지형색이었다. 길거리에서 날벼락을 맞아 죽은 여인도 기가 차지만, 철망에 갇혀있는 가해자 들개도 불쌍했다. 개를 나무라기에 앞서, 이 모든 사건의 단초는 개를 길거리에 버린 우리 인간들의 탓이니 말이다.

해마다 반려동물의 숫자가 늘어나 우리나라도 반려동물 1500만 시대가 되었다. 하지만 한국은 아직 반려동물에 대한 인식이나 사회제도가 선진국 수준에 비해 아주 미흡하다. 정부에서도 반려동물의 유기 방지를 위해 태어나 3개월 이상 된 동물을 지자체에 등록하는 제도가 있지만, 이 또한 강제성이 없다 보니 출생 등록이 안 된 동물이 훨씬 많다고 한다. 유기된 동물은 임시 보호센터에서 보호를 받다가 일정기간이 지나 양육해줄 사람이 나타나지 않으면 거의가 안락사를 시킨다고 한다.

언젠가 TV프로에서 유기견의 비화悲話를 집중으로 다룬 적이 있다. 자신을 구원해줄 누군가가 나타나기를 애타게 기다리다가 끝내는 안락사 주사를 맞고 눈이 풀리며 죽어가는 유기견들의 모습! 그

잔인함은 유대인들을 집단으로 지하창고에 가두곤 사이클론B 독가스를 살포해 죽인 히틀러의 만행과 진배가 없었다. 하긴 인간성 자체가 소멸되어 가는 각박한 이 세상에서 무얼 더 기대하랴. 제 자식을 학대하다가 죽음에 이르게 하는 부모가 있는가 하면, 이사를 가면서 빈집에 어린애를 혼자 버리고 가는 모진 엄마도 있으니, 강아지쯤이야 쓰레기 분리수거하듯 버리는 것이리라.

선진국에선 생명존중사상으로 법적 차원에서 동물을 보호하는 제도가 확립되어 있다. 반려동물도 사람과 동등한 인격체로 대우를 받는다. 심지어 반려견을 입양할 때 주인이 개를 키울 수 있는 환경과 경제적 능력을 심사하는 나라도 있다. 엄격한 동물보호법으로 정부는 물론, 이웃들까지 반려동물을 학대하지 않고 잘 기르는지 서로 살피고 감시를 한다. 반려동물을 가족으로 인정하다 보니, 백화점과 음식점 심지어 술집에도 함께 다닐 수가 있다.

언젠가 독일에 갔을 때다. 친구들이랑 야외 선술집에 앉아 맥주를 마시고 있는데 네댓 명의 건장한 남자들이 우르르 들어왔다. 그런데 그 뒤를 따라 마치 호위병처럼 덩치가 우람한 개들이 따라 들어왔다. 화들짝 놀라서 바라보는 우리들 시선을 아랑곳하지 않고, 개들은 주인들 발밑에 능숙하게 자리를 잡고 앉았다. 녀석들은 테이블 아래에 느긋이 앉아서 주인이 던져주는 소시지를 받아먹으며 그 시간을 함께 즐기는 것 같았다. 순간, 집에만 갇혀있는 우리나라 강아지들이 불쌍하게 느껴졌다. 개 팔자는 주인뿐 아니라 국가도 잘 만나야 하는 게다.

앞으로 우리나라도 동물을 귀한 생명체로 인정하는 법안이 곧 통과된다고 한다. 며칠 전엔 길고양이들을 이유 없이 괴롭히고 죽인 남자가 동물애호단체와 시민들의 청원으로 4개월 실형을 받았다는 뉴스가 나왔다. 오늘은 일부러 유기견들을 향해 차량을 질주해서 치사시킨 사람에게 500만원 벌금형이 내려졌다는 보도가 나왔다. 죄목은 모두가 '생명경시죄'다. 하지만 무자비하게 생명체를 죽인 벌치곤 너무 가볍다는 여론도 많다. 무릇 생명은 귀중한 것, 인간이 조금 힘이 세다고 힘없는 동물을 학대하고 목숨 줄을 끊는 건 명백하게 하느님 영역을 침범하는 행위다. 부디 이 땅에 사는 동물들도 법으로 보호를 받고, 당당히 가족의 일원으로 인정받는 날이 오길 바라는 마음이다.

남편이 삼식이를 끌어안고 토닥토닥 등을 두드리며 얘기를 한다.

"삼식아 할배가 미안하대이. 다시는 안 그럴게. 한번만 봐주라."

수명

믹스기가 고장이 났다. 간단한 과일주스나 야채즙을 낼 때 사용하는 미니 자동믹스기다. 벌써 5년째 사용했으니 탈이 날만도 하건만, 조금만 더 주의를 했으면 수명을 연장할 수도 있었을 텐데 싶어 아까운 생각이 든다. 적정용량보다 재료를 많이 넣어 그런 것 같아서다. 생물이나 무생물이나 무리를 하면 탈이 나고 수명을 다하지 못하는 것은 같은 이치인 게다.

모든 생물은 수명을 가지고 태어난다. 몇 백 년을 사는 거북이가 있는가 하면, 하루밖에 못사는 하루살이가 있다. 인간의 경우 하늘이 내린 수명을 다하고 죽는 경우, 자연수명을 다 했다고 해서 '천복天福'이라고 한다. 곧, '천수天壽'를 누린 것이다. 하늘로부터 부여받고 태어난 기氣와 에너지를 모두 소진하고 자연사自然死를 하는 것이니 이보다 더한 축복은 없으리라. 우리 할머니께선 자는 잠에 이승을 편히 떠나고 싶다고 입버릇처럼 말씀하시더니, 당신 소원대로 그렇게 돌아가셨다. 점심을 잘 드시고 감기기가 있다고 자리에 누우시더니, 바로 다음 날 평화로이 떠나신 것이다.

각자에게 하늘이 부여한 수명을 다하는 건 축복이며, 조물주로부터 받은 몸을 건강하게 잘 보존하여 제 수명까지 사는 건 피조물인 인간의 책임과 의무이기도 하다. 그러니 몸을 막 부려 지체肢體를 망가뜨리거나 무리를 해 수명을 단축시키는 건 본인은 물론, 자신을 창조한 조물주에게도 죄를 짓는 일이다.

어디 생명체의 수명뿐이랴. 인간이 만든 물건도 마찬가지다. 물건도 그것을 만든 이가 계획한 수명이 있을 터, 주인을 잘 만나야 제조자가 정해준 이른바 '인수人壽'를 누리는 게다. 하찮은 물건이나 도구도 이 세상에 출시될 땐 필시 그 존재의 의미가 있을진대, 나처럼 마구잡이로 그걸 다루어 수명을 다하지 못하고 망가뜨리게 하는 건 물건을 만든 사람과 물건에게도 미안한 일이다.

의학의 발달로 인간의 수명은 끝없이 연장되고 있다. 우리 할아버지 시대엔 회갑까지 사는 걸 천복으로 생각하며 동네잔치를 했다. 하지만 이젠 팔순이 넘어야 기본수명을 누렸다고 하는 시대가 되었으니, 다들 칠순잔치마저 생략한다. 하지만 무작정 오래 산다고 좋아할 일만은 아닌 듯하다. 경제적 능력이 있으면서 건강하게 장수한다면 더할 나위가 없겠지만, 가진 것도 없으면서 병원신세를 지며 생명을 연장하는 건 주변사람들에게 짐이 되기 때문이다.

어쩜 나이가 들면서 '인간'이란 몸체가 적절한 시기에 고장이 나는 건 하늘의 뜻인지도 모를 일이다. 더 이상 가족이나 사회에 도움이 되지 못할 만큼 노쇠했을 때, 몸의 부속품들이 차례차례 고장이 나서 수명을 조절하니 말이다. 따라서 이러한 섭리를 순순히 받아들이지 못하고 무리하게 부품을 고치고 교환해서 수명을 연장시키는 것은 하늘의 섭리와도 어긋나는 게 아닐까싶다. 정해진 때에 한줌의 흙이 되어 자연으로 돌아가 줘야하는 생태계 물질순환의 차원에서도, 그 자리를 이어받으려고 기다리고 있는 미래 후손을 위해서도, 주어진 수명에 순응하는 게 바람직한 일이지 싶다.

적당한 시기에 고장이 나서 순환의 법칙에 도움을 주는 게 어찌 동식물 같은 생명체뿐이겠는가? 인간이 만든 자동차나 전자제품, 각종 생활용품 역시 적절한 시기에 부품이나 몸체가 고장이 나야 그걸 생산하는 기업들이 먹고 살 수 있고, 나아가선 국가경제가 원활하게 돌아갈 수가 있다. 어릴 적부터 우리 안방을 떡하니 자리 잡고 있던 바느질기계의 대명사 '브라더 미싱'을 만든 회사가 망한 이유가 바로 그 때문이라고 들은 적이 있다. 너무나 견고하고 만들어져 그걸 대대로 물려주다 보니, 결국 재구매가 줄어들어 공장이 문을 닫게 되었다는 이론이다. 너무 견고해도 안 되고, 너무 쉽게 망가지지는 않으면서 적절하게 순환이 잘 되는 제품을 만들어야 회사가 살아남는다는 논리인 게다.

나이가 들면서 나 역시 몸의 곳곳에 적신호가 켜진다. 일찍이 '중년신고식'이라고 하는 대상포진을 치르고 나서부터는 부쩍 면역성이 떨어졌다. 이놈의 바이러스는 신경절에 붙어서 살다가 내가 조금만 느슨해졌다 싶으면 다시 기어 나오는 바람에 남들은 한 번도 안 하는 대상포진을 몇 차례나 앓았다. 요즘은 조금만 무리를 하면 몸이 알아서 반응을 한다. 귀에는 이명이 생기고, 편도선은 퉁퉁 붓고, 위와 장腸은 저들이 먼저 알아 뻗어버린다. 그러니 2년에 한 번씩 종합 건강검진을 받을 때면, 나는 항상 사형선고를 받는 죄수처럼 주눅이 든다. 옛날 우리 할머니를 생각하면 이미 살만큼 살았는데 말이다.

건강하고 여유롭게 내게 내린 수명을 다하며 살다가, 어느 날 홀연히 바람처럼 떠나게 해달라고 늘 기도한다. 수명이 다된 부품을 고쳐가며 굳이 생을 연장하고 싶지는 않다. 가족이나 이웃에게 해를 끼치기도 싫거니와, 무엇보다 죽고 나서 나의 흔적을 곱게 남기고 싶기 때문이다. 오늘 내가 망가뜨린 믹스기가 말을 할 수 있다면 나와 같은 말을 하지 않을까?

"주인님, 건강하던 제 모습만 기억해주세요!"

귀뚜라미의 부활

샤워를 하려고 욕실에 들어왔다. 욕실 문을 닫으려는데 바닥에 회색 물체가 눈에 띈다. 손녀가 씹던 껌이 붙었는가싶어 가까이 가서 보니, 기다란 다리를 휘젓는 게 귀뚜라미다. 화들짝 놀라 뒷걸음질을 친다. 귀뚜라미가 무사히 욕실 밖으로 나가길 기다리면서 양치질을 먼저 한다.

다행히 이를 닦고 보니, 귀뚜라미가 나갔는지 흔적도 없다. 샤워기로 온수를 흘리며 신나게 머리를 감은 후, 몸을 씻으려고 수건에 바디 클린저를 묻히다가 기겁을 한다. 물이 흥건한 바닥에 귀뚜라미가 뻗어 누워 있는 것이 아닌가! 녀석이 밖으로 무사히 나간 줄 알았는데 아직 욕실에 있었던 게다. 순간, 가슴이 덜컥 내려앉으며 온몸에 소름이 끼친다. 내가 기어이 한 생명을 죽였던 말인가. 불과 얼마 전에도 여기로 들어온 거미를 살리느라 곤혹을 치르지 않았던가.

숨을 죽이고 가까이 다가가 녀석의 몸을 훑어본다. 등을 땅에 붙인 채 천정을 향해 하얀 배를 드러내고 기다란 다리와 촉수가 방사상으로 널브러져 있다. 물을 약하게 녀석 근처로 흘려보내본다. 다행히 아직은 살아있다. 몸을 움찔하는 걸 보니 목숨 줄이 완전히 끊어지진 않았나보다. 하지만 그 모습을 지켜보는 게 내겐 고문이다. 피도 눈물도 없는 살인자가 된 기분이 들어 차마 볼 수가 없다.

대체 내가 무슨 짓을 한 건가? 약하게 태어난 죄로, 강자의 몰지각한 행동으로 어처구니없이 희생양이 되어 버린 미물! 내가 조금만 더 신중하고 배려심이 있었다면, 녀석이 욕실을 나가는 걸 끝까지 지켜봐야 했다. 그런데도 나는 곧장 샤워를 하지 않고 양치질을 먼저 하는 걸로 내 도리를 다한 양, 아무 생각이 없었다. 녀석이 바람 앞의 등불처럼 생명이 오락가락하는 마당에, 나는 고작 육신을 씻는 일이 중요했던 게다.

힘 있는 자의 갑질! 험한 세상 살아가면서 조금만 배려하면 함께 살 수 있는데도, 단지 귀찮고 성가시다는 이유로 눈을 감아버리는 강자의 몰지각한 만행! 내가 얼마나 싫어하고 경멸했던 행동인가 말이다. 그런데 오늘 일을 돌아보면, 나도 그들과 별반 다르지 않다. 생각없이 저지른 작은 실수가 저렇게 한 생명을 죽음으로까지 몰고 갈 수 있을진대, 한 생을 살아오면서 세상에 얼마나 많은 죄를 지었을까, 새삼 두려운 생각이 든다. 무심코 던진 돌멩이에 개구리가 맞아 죽듯, 어쩜 표적 없이 날린 언어들과 부주의한 나의 행동으로 많은 이들이 치명적인 상처를 입고 고통을 받았을 수도 있으리라.

불현듯 어젯밤 일이 생각난다. 컴퓨터로 작업을 하고 있는데, 서재 아래에서 귀뚜라미가 유달리도 많이 울어대었던 것이다. 달도 없는 가을밤, 그것도 비가 온 뒤 눅눅한 밤에 듣는 귀뚜라미소리는 어쩐지 을씨년스럽기까지 했다. 녀석들은 오늘 제 식구 하나가 저 세상에 가는 걸 미리 알고 그렇게 슬피 울어대었던 걸까?

벌거벗은 몸이 갑자기 부끄러워진다. 행여 녀석이 아무 일 없었다는 듯 벌떡 일어날지도 모른다는 기적을 바라며, 조심조심 샤워를 마친다. 몸을 닦는데 갑자기 울컥하는 마음이 든다. 이까짓 몸 씻는 일 하루쯤 안 한다고 죽는 것도 아닌데, 녀석에게 너무 미안하다. 대충 몸을 닦고 쭈그리고 앉아 녀석의 몸 위로 손을 얹는다. 언젠가 몸이 안 좋았을 때 배운 기치료氣治療를 해볼 참이다. 현대의학으로 포기한 나도 한때 이 방법으로 다시 살아난 적이 있다. 지그시 눈을 감고 기도를 하면서 기氣를 손끝으로 보낸다. 설령 녀석이 살아나지 못할지언정, 마지막까지 녀석에게 내 나름의 정성을 다하고 싶다. 어쩜 이건 녀석을 위해서라기보단 나 스스로 마음이 홀가분해지고 싶어서인지도 모를 일이다.

얼마를 지났을까, 조용히 눈을 뜬다. 그런데 이게 웬일인가! 귀뚜라미가 일어나 축축한 바닥을 어슬렁거리며 기어가고 있는 게 아닌가! 촉수를 곧추세우고 무거운 다리를 저벅저벅 끌고 가는 게, 영락없이 전쟁터에서 돌아온 흑기사다. 순간, 눈물이 왈칵 솟구친다. 무릇 생명이란 소중한 것! 목숨에 대한 애착으로 막막한 사지死地에서 죽을힘을 다해 부활한 미물에게 찬사와 박수를 보낸다.

나는 녀석이 욕실을 다 빠져나가 사라질 때까지 그 자리에 목석처럼 서 있다. 얘야, 살아줘서 고맙다!

비문증飛蚊症

안과병원 안은 마치 커다란 은행처럼 분업이 이루어져 돌아간다. 접수를 하고 간호사가 시키는 대로 검사실 앞 소파에 앉아 차례를 기다린다. 한 번도 본 적이 없는 안과용 검사기구가 줄줄이 늘어서 있다. 검사기구 앞에도, 무려 10개가 넘는 진료실 앞에도 환자들이 빼곡히 앉아서 기다리고 있다. 난생 처음으로 안과에 온 나로선 모든 게 신기하고 어리둥절할 따름이다. 세상에 눈이 나쁜 사람들이 이렇게도 많단 말인가.

어제 아침에 눈을 떴는데 오른쪽 눈앞에 작은 실오라기 같은 게 보였다. 눈 안에 티가 들어갔는가 싶어 눈을 닦고 씻어내어 봐도 소용이 없었다. 거울로 동공 안을 살펴봐도 아무것도 없는데, 눈동자를 돌리면 돌리는 방향으로 실오라기가 따라갔다. 네이버에 들어가 검색을 해보았더니, 이런 증세를 '비문증飛蚊症'이라고 한단다.

의학적으로 비문증(飛蚊症, vitreous floaters)은 눈에 모기가 날아다닌다고 해서 붙인 이름으로, 노화현상으로 인해 눈 속의 유리체가 변해서 생긴다. 유리체는 눈 속을 채우고 있는 투명한 겔(gel) 같은 물질인데, 나이가 들수록 변성되어 혼탁하게 되거나 작은 부유물이 뜨게 된다. 그 결과 동공으로 들어오는 빛을 일부 차단하기 때문에 본인은 마치 눈에 무엇이 떠다니는 걸로 보이는 게다. 기계도 오래 되면 부속품이 녹슬고 사그라지듯, 모든 생명체의 기관들도 나이가 들면 노화현상이 진행된다. 생물학을 전공한 사람으로서, 슬프지만 이 생명현상의 원리는 거역할 수 없는 법칙이란 것도 잘 알고 있다. 하지만 일생동안 눈에 대해서는 자부심을 가지며 살아온 나로선, 아직도 이게 현실로 받아들여지지가 않는다.

나는 다행히도 선천적으로 좋은 시력의 유전자를 가지고 태어났다. 아버지와 어머니가 모두 눈이 좋아 우리 형제들은 안경을 쓴 사람이 없다. 나는 학창시절엔 시력이 2.0이나 되었고, 칠순이 다 되어가는 지금까지 깨알 같은 글씨도 잘 본다. 하늘이 참으로 공평한 것이, 태어나면서부터 부모로부터 흙수저를 물려받았지만 그 대신에 눈 하나는 일등급을 하사받았다. 그 덕에 작년까지만 해도 컴퓨터로 10시간씩 작업을 해도 눈이 피로한 줄을 몰랐다. 그런데 올해 들어 갑자기 2시간만 컴퓨터를 보고 있으면 눈앞이 침침해지고 글씨가 흐려졌다. 그러더니 이제 희한한 비문증까지 나타난 게다.

내 차례가 되어 검사대에 앉는다. 자리를 옮겨가며 안압측정과 동공 및 시신경 사진을 찍는다. 마지막은 시력검사다. 깨알 같은 작은 글자판을 눈앞에 보여주며 읽어보라고 하기에 막힘없이 줄줄 읽는다. 시력은 양쪽이 모두 0.9에 난시가 조금 있다고 한다. 검사가 끝나고 드디어 진료실 앞에 앉아서 차례를 기다린다. 이제 갓 20대로 보이는 청년이 눈 수술을 했는지 선글라스를 끼고 보호자 부축을 받으며 진료실을 나온다. 내 곁엔 40대로 보이는 부부가 앉아 있다. 남편이 양쪽 눈에 녹내장이 있어 수술을 해야 한다며 걱정을 한다. 나더러 어디가 불편하냐고 묻기에 비문증이라고 했더니, 자기는 30대부터 눈에 온갖 날파리들이 돌아다니는데 그냥 적응하며 살고 있다고 한다. 세상 사람들은 모두 이렇게 흔한 감기처럼 눈병을 앓고 있었던 게다.

드디어 내 이름이 불려 진료실 안으로 들어간다. 괜히 심장이 쿵쿵거린다. 이제 30대 중반쯤 되어 보이는 젊은 여의사다. 요즘 들어 갑자기 눈이 침침해서 오래 컴퓨터 작업을 할 수 없다고 투정을 하자, 연세치곤 아직도 시력이 좋아 눈 관리를 잘했다고 되레 칭찬을 한다. 눈이 침침한 건 이제 노안증세가 시작된 거란다. 내가 한숨을 쉬자, 의사가 웃으며 그래도 여태 밝은 눈으로 세상을 잘 사셨으니 복이 많은 분이라고 한다. 앞으론 책을 보거나 컴퓨터 작업을 할 때 돋보기 안경을 하나 만들어 쓰라고 권한다.

처방전을 가지고 약국으로 가서 약을 받고, 병원 부설 안경점으로 들어간다. 아직 돋보기안경을 써본 적이 없다는 말에 안경점 점원은 의아해한다. 안경 태를 고르는데 비싸도 좋으니 가벼운 소재를 달라고 부탁한다. 얼굴에 이물질을 걸치는 것 자체가 내겐 스트레스이기 때문이다. 안과에서 받은 시력자료로 렌즈를 고르고, 세팅을 할 때까지 기다린다. 곁에선 대학생으로 보이는 젊은 여자애들이 깔깔대며 시끄럽다. 선글라스가 아니라 시력 때문에 온 모양인데, 안경을 고르면서 멋과 분위기를 논하며 이것저것 안경을 골라 끼고선 TV 속 탤런트처럼 표정연기를 한다. 나처럼 울며 겨자 먹기로 안경을 쓰는 게 아니라, 안경자체를 멋으로 연출하려는 게 세대차를 느낀다. 하긴, 기왕에 안경을 쓸 바에야 즐거운 마음으로 이걸 패션으로까지 승화할 수 있다면 더 바람직한 일인지도 모르겠다.

드디어 내 안경이 나왔다. 점원이 조심스레 안경알을 닦아선 코에 걸쳐준다. 여행 갈 때 선글라스를 써본 적은 있지만, 눈이 나빠서 안경을 쓰기론 처음이다. 내가 봐도 이상하다. 예쁘진 않아도 부드럽고 선하게 보이던 인상은 어디로 가고, 차가운 사감선생이 거울 속에 서 있다. 안경을 쓰는 것도 선천적으로 DNA를 타고나야 하는 게다. 무게는 가볍지만, 귀와 코끝에 얹히는 이물감이 자꾸 신경이 쓰이고 불편하다. 점원이 이 정도 무게면 죽을 때까지 안 벗어도 된다고 농담을 한다. 하지만 내 의지와는 무관하게 억지로 안경을 걸친 모습은, 내가 보기에도 어색한 이방인이다.

집에 오자마자 자리에 누워 간호사가 설명해준 대로 눈에 약을 넣는다. 먼저 결막염이 있다고 처방해 준 안약을 넣고, 10분 있다가 눈물샘을 자극해주는 약을 또 넣는다. 틈틈이 눈물액도 넣으라고 한다. 매일 이 짓을 해야 한다니 기가 찰 노릇이다. 문득, 남편을 닮아 눈이 나쁜 아들과 딸이 어릴 적부터 매일 콘택트렌즈를 씻고 갈아 끼우던 생각이 난다. 어미가 되어 자식들의 눈이 나쁜 걸 걱정만 했지, 애들이 얼마나 힘든 시간을 보내고 있는지는 그렇게 절실하게 느끼지 못했던 것 같다. 아들이 서른 살이 넘어 라식수술을 하곤, 세상이 이렇게 밝고 훤한 줄 몰랐다고 했을 때도 그 감격이 그렇게 실감나지 않았던 게 사실이다. 내 배가 부르니 아이들 배고픈 걸 모르는 어미와 무엇이 다르랴 싶으니, 새삼 미안한 마음이 든다.

곰곰 생각해 보니, 눈이 좋다고 자만하던 내가 늘그막에 이런 비문증을 앓는 데는 그럴만한 하늘의 뜻이 있지 싶다. 아마도 이런 경험을 하지 않았다면, 나는 눈이 나빠 고생하는 사람들, 하물며 내 피붙이들의 고통조차 이해하지 못하고 일생을 마칠지도 모를 일이다. 그리고 일생 동안 세상을 환하고 투명하게 보며 살아온 아름다운 날들, 내가 누렸던 눈 호강이 얼마나 은혜로운 조물주의 선물인지도 끝내 모르고 말았을 게다. 날마다 복에 겨운 일상의 기적을 누리며 살아왔으면서도 전혀 감사하는 마음을 가지지 않았으니 말이다.

눈을 감아도, 눈을 떠도, 눈 속에 작은 티끌이 돌아다닌다. 피할 수 없으면 즐기라고, 이젠 생각을 바꾸어야겠다. 이것도 내 눈의 일부라고 생각하자. 어쩜 내 눈 안에서 끊임없이 돌아다니는 작은 날개가 항상 나를 깨어있게 자극하는 죽비 같은 존재인지도 모를 일이다. 앞으론 세상을 생각 없이 멍하게 보지 말고, 항상 관심과 초점을 모아 사람과 사물을 정성껏 보고 사랑하라는…….

손수건

장롱정리를 하는데, 빛바랜 손수건 한 장이 눈에 들어온다. 30여 년 전, 내 생일에 딸내미가 선물한 손수건이다. 초등학교 다니던 딸이 어미에게 준 첫 선물이라 싶어 아직도 이렇게 간직하고 있는 게다. 손수건은 추억을 담아두는 보자기다. 꽃그림 위로 딸내미와의 아름다운 추억들이 곰실거리며 피어오른다.

반듯한 천 조각을 잘라 맨 처음 손수건을 만든 이의 마음은 어떤 것일까? 필시 손수건의 처음 용도는 청결유지를 위한 도구였을 게다. 아마도 세월 따라 생활 속에서 손수건과의 관계가 밀접해지면서 그 용도와 의미가 점점 다양하게 변했지 싶다. 우리 세대에 있어 손수건은 갓난아기 때부터 시작해서 어른이 되어서도 습관적으로 들고 다니는 필수품이었다. 책가방이나 핸드백엔 항상 잘 다린 손수건 한 장이 나를 지키는 호위병처럼 따라다녔다. 묵묵히 내 곁을 지키면서 희로애락 일상을 함께한 내 삶의 증인이다. 휴대용 냅킨과 물휴지가 나오면서 차츰 그 자리를 잃어가고 있지만, 손수건은 아직도 아날로그 우리 세대들에겐 없어서는 안 될 소지품이다.

초등학교 입학할 때는 가슴에 커다란 손수건을 달고서 어머니 손을 잡고 학교엘 갔다. 이름표가 달린 길쭉하게 접은 손수건에 콧물도 닦고 눈물도 닦았다. 등교 때마다 예쁜 손수건을 반듯하게 다려서 내 가슴에 달아주시던 어머니 손끝의 온기가 아직도 가슴 속에 훈훈하게 남아있다. 아마도 어머니는 손수건 하나에 딸을 향한 당신의 사랑과 기도를 꾹꾹 다림질해 넣었으리라. 그리곤 날마다 딸에게 손수건을 달아주며 빌었으리라. 부디 딸이 궁상맞은 당신 팔자를 닮지 말고, 정갈하고 우아한 일생을 펼쳐가길 말이다. 아마도 어머니에게서 손수건은 당신 마음을 전하는 기도요, 염원의 도구였을 게다.

손수건은 상징이요, 표징이다. 프랑스에 여행 갔을 때다. 버스를 타고 가는데 도로변 아파트의 베란다에 울긋불긋 손수건이 매달려 펄럭이는 게 보였다. 궁금해서 가이드에게 물었더니, 손수건의 색은 독거노인이 그날의 자신의 건강상태를 알리는 표시란다. 바빠서 제대로 찾아보지 못하는 자녀들이나 친지들이 근처를 지나치다가 노인의 상태를 알 수 있게 하기 위해서인데, 초록색이나 흰색은 평온함을, 붉은 손수건은 몸이 아프거나 급한 일이 생겨 SOS를 청하는 상태라고 했다. 복싱경기 시 링 위에 던지는 하얀 손수건은 항복의 표시다. 그리고 사랑하는 연인과 헤어질 때 말없이 내미는 하얀 손수건은 이별의 슬픔과 아쉬움을 표현하는 눈물이다.

또한, 손수건은 주인의 인품을 슬쩍 엿보게 하는 명함이다. 말쑥하게 차려입은 신사의 정장正裝 윗주머니에 깔끔하게 접은 손수건 한 장은 '화룡점정畵龍點睛'의 효과로 신사의 품격을 완성한다. 사람마다 좋아하는 색과 무늬가 있어 어떤 무늬, 어떤 칼라의 손수건을 지니고 다니는가가 그 사람의 개성과 인품을 은근히 비춰주기도 한다. 차림새는 수수해도 주머니 안에서 얼핏 비치는 손수건이 반듯하고 멋지면 왠지 그 사람의 품격이 달리 보이는 이유도 바로 이것이다.

살아가면서 손수건을 선물한 적도 많고 받은 때도 많다. 내가 누구에게 보낸 손수건은 잘 기억나지 않지만, 선물로 받은 손수건을 나는 아직도 생생하게 기억하고 거의 간직하고 있다. 손수건을 보면 세월을 한참 거슬러 올라가 그걸 받은 그 시간, 그 사람 표정까지 다시 생생하게 떠오른다. 그러니 나에게 남겨진 손수건은 잊혀져가는 상대방의 사랑을 기억하게 하는 표징이고, 그 순간을 회고시켜주는 앨범인 셈이다. 결혼 전에 남편과 데이트를 하던 날, 남편에게 서운한 일이 있어 눈물을 흘릴 때 말없이 내 손에 건네주던 체크무늬 손수건도 그렇다. 살아가면서 이따금씩 둘의 의견이 맞지 않아 속이 상할 때 그 손수건을 보면, 다정한 눈빛으로 손수건을 건네며 나를 위로하던 그 옛날의 남편 기억이 나를 무장해제 시키곤 한다.

어쩜 손수건은 손 편지처럼 느림의 미학을 대변하는 아날로그 사고思考의 마지막 상징물인지도 모른다. 일회용 휴지가 아무리 판을 쳐도 손수건은 제 나름의 역할을 결코 잃지 않는다. 손수건과 휴지가 땀이나 먼지를 닦아주는 역할은 같다. 하지만 손수건이 휴지와 다른 건 손수건만이 가진 상징성이다. 한번 쓰고 버리는 휴지와는 달리, 손수건의 씨줄 날줄 사이엔 주인과 함께한 수많은 사연과 역사를 묵묵히 새겨두기 때문이다. 손수건은 언제나 주인을 호위병처럼 따라다니며 세상에서 눈물과 땀으로 눅눅해진 주인의 마음을 닦아주고 위로해준다. 그러니 세찬 폭풍과 비바람 속에 후줄근해진 주인의 마음처럼 빳빳하던 손수건도 주눅이 들어 꼬장꼬장해진다. 단내 나는 순간에도, 슬픈 순간에도, 언제나 동고동락하며 주인의 고통과 애환을 고스란히 몸으로 받아주는 존재! 문득 손수건 같은 존재가 많다면 세상이 얼마나 포근해질까하는 생각이 든다.

오늘은 내 손수건들을 갈무리하는 날. 세제를 풀어 손수건을 담근다. 꾀죄죄한 때가 세면기에 흐른다. 손수건을 씻는 게 아니라 살아오면서 올올이 박힌 찌든 마음, 아픈 기억을 씻어낸다. 그리곤 바람과 햇볕에 바짝 말린다. 자연 속에 몸을 맡기고 힐링을 하는 작업이다. 마지막으론 다림질이다. 쭈그러진 지난 생生을 펴듯, 네 귀를 반듯하게 펴서 다리미로 꾹꾹 눌러 다린다. 고달팠던 긴 세월에 골지고 헝클어진 마음이 좍좍 펴진다. 적당한 수분, 열기와 압력! 건강한 삶을 살아가면서 필요한 요소들이다. 세상을 촉촉하고, 열정적으로, 힘차게 살아가면 내 삶도 이렇게 반듯하게 펴지리라.

반듯하게 다린 꽃무늬 손수건을 핸드백에 넣고 집을 나선다. 휘파람이 절로 나온다. 오늘은 좋은 일이 있을 것만 같다.

지방종脂肪腫

병원만 오면 이상하게 심장이 곤두박질을 친다. 혈압은 또 쑥쑥 올라간다. 고작 등에 난 지방종을 제거하기 위해 왔는데, 지난 번 수술 시 힘들었던 걸 기억하는 몸이 먼저 반응을 하는 게다. 보호자로 따라온 남편이 눈치를 채곤 내 손을 지그시 잡아준다.

지방종은 피부의 지방세포가 과도하게 증식해서 생기는 일종의 종양이다. 지방종 중에도 간혹 악성인 것이 있으나, 대부분은 통증도 없고 생활에 불편이 없다보니 그대로 방치하여 혹을 키우는 경우가 많다. 유전적으로도 연관이 있다고 하는데, 우리 형제 중에 나만 유독 이런 걸 보면 꼭 유전 때문만은 아닌 것 같다.

마흔 살이 넘고부터였지 싶다. 커다란 여드름 같은 게 자꾸 등에 생겼다. 딸내미는 걸핏하면 내 등을 열어 그걸 터뜨리는 걸 즐겼다. 지방종 양쪽에 면봉을 대고 누르면, 노란 기름덩이가 톡톡 나오는 게

재미있던 게다. 지방종이 여드름과 다른 건, 두께가 두꺼운데다 그 안에 악취가 나는 기름이 들어있다. 문제는 그게 점점 자라는 것이었다. 3년 전에도 지방종 하나를 수술했는데 어느새 생긴 혹이 또 불쑥 자랐다. 거울에 등을 비추어 봐도 족히 2센티미터는 되지 싶었다. 하지만 당장 불편하지도 않은데다 수술이 무서워 계속 미루어 왔던 것이다.

젊었을 때 죽을 고비를 넘긴 병력도 있으면서 고작 지방종 수술에 겁먹는 내 자신이 우습다. 전번에 지방종 수술 시 조직을 덜 들어내어 재수술을 하면서 고생했던 게 아직도 생생해서다. 이번엔 실수하지 않기 위해 네이버에서 검색을 철저히 했다. 그러다가 지방종 수술만 7,000회를 했다는 이 병원 의사를 찾아낸 것이다. 성형외과로 유명한 병원인데다 코로나사태로 수술이 밀려, 수술예약을 하고 한 달을 기다렸다.

마치 큰 수술을 하는 것처럼 탈의실에서 환자 옷으로 갈아입은 후, 진료실에 앞에 앉아 차례를 기다린다. 건너편에 젊은 여자가 앉아 있다. 저 여자는 어딜 고치려고 왔을까? 마스크를 쓰고 있지만 이목구비가 반듯하고 아름답다. 고쳐서 예쁜 걸까? 아님 또 어딜 성형하러 온 걸까? 암튼 이 순간은 저 여자가 부럽기만 하다. 여자가 미美에 관심을 가지고 자신을 아름답게 가꾼다는 건, 그 자체가 생生에 애착이 있고 젊다는 뜻이니 말이다. 매사가 시들하고 외출 시 화장하기도 귀찮아하는 나이가 되고 보니, 청춘은 그 자체가 축복이고 선물인 것 같다.

초조한 마음을 달래려고 짐짓 애먼 아가씨를 보며 영양가 없는 생각에 잠긴 사이, 드디어 내 이름이 불린다. 곁에 있던 남편이 내 눈을 보며 파이팅 신호를 보낸다. 의사는 일반적인 의사 이미지와는 달리 시커먼 얼굴에 우람한 덩치가 막 밭에서 일하다가 온 농부 같다. 내 등을 들여다보고 초음파사진을 찍으면서, 이런 건 별거 아니니 걱정하지 말라고 짐짓 환자를 안심시킨다. 이런 땐 의사의 덩치도 신뢰감에 한몫을 한다. 긴장이 풀리자 왜 이런 게 자꾸 생기느냐고 물었더니, 의사의 답이 명쾌하다. 그냥 운이 나빠서란다. 의사 눈엔 내가 그냥 단순하고 어리숙한 노인으로 보인 게다. 하긴 태생부터 연약하고 불완전한 존재인 인간이 살고 있는 이 세상에선 만사가 운으로 좌우된다는 게 틀린 말은 아니다.

간호사를 따라 한 층을 올라가선 수술실로 들어간다. 이제부턴 내 몸은 내 게 아니다. 작은 수술대 위에 나를 납작 엎어 몸을 고정시키더니 꼼짝 말고 그대로 있으란다. 영락없는 '표본실의 청개구리' 모습이다. 문득 내 주치의인 제자 앞에 항문을 벌리고 누워 대장내시경을 받던 때가 생각난다. 만물의 영장인 인간도 별 수가 없다. 기왕이면 우아한 척하고 살고 싶은데, 목숨이 달려있는 경우는 자존감이 무너지는 걸 감수해야 하는 게다.

수술대 위에서 기다리는 1분은 1시간처럼 길다. 숨죽이며 초를 세고 있는데 아무 기척이 없다. 딱딱하고 서늘한 수술대 위에서 납작 엎드린 자세가 영 편치 않다. 참다못해 고개를 들어 보니, 수술기구들 속에 노란 마취액이 가득 든 커다란 주사기가 눈에 띈다. 순간, 벌써

마취가 시작되는 듯 머리가 몽롱해진다.

20여 분이나 기다렸을까? 반갑고도 두려운 저승사자 발소리가 들린다. 이런 꼴로 벌을 세운 게 미안한지 의사는 더 친절해졌다. 내 곁에 바짝 앉아 수술과정을 자상하게 설명해준다. 덤으로 내가 몰랐던 작은 혹까지 수술을 해준단다. 마취를 했지만 오랜 경력이 손끝에서 느껴진다. '전문의'란 자격은 국가가 주지만, 실력인정은 환자가 하는 게다. 환자가 긴장하지 않게 코로나바이러스로부터 시작해서 이런저런 시사이야기를 끊임없이 한다. 나도 짐짓 응답을 한다. 피부를 칼로 자르고 바늘로 깁는 걸 느끼지만, 통증은 전혀 없다. 새삼 마취제를 발견한 사람이 고맙게 느껴진다. 살에 박힌 총탄을 제거하기 위해 보드카 술을 상처에 부어 생짜배기로 수술을 하던 서부영화가 떠올라서다. 유능한 의사와 마취제 덕분에 채 20분도 안 되어 내 등의 혹 2개가 가뿐하게 제거되었다.

간호사가 막 떼 낸 누런 기름덩이를 보여준다. 보기만 해도 역겹고 악취 나는 오물이다. 내 몸 어디서 저런 더러운 게 고여 있었을까? 육신이 아니라 내 속의 더러운 것들을 쏟아내 보인 듯, 얼굴이 화끈거린다. 어쩜 세상과 타협하지 못하고 일생 동안 내 안에 가득 차 있던 고집과 오만, 이기심과 질투, 세상을 향한 불만과 증오심들이 응축되어 저토록 냄새나는 분비물을 만들었는지도 모를 일이다.

지방종은 지방세포가 다른 세포와는 달리 과잉분열해서 생기는 종양이다. 그러니 그 본질은 암세포와 별반 다르지 않다. 생각해 보면, 세상 속에 살면서도 세상과 어울리지 못하고 혼자 엇박자로 살아온 내 일생이 지방종을 닮았다. 어떤 수를 써든 남들보다 앞지르고, 남들보다 높이 올라 세상에 공중 부양하고픈 순간적인 이기심과 욕망들! 그 결과는 늘 고약한 악취를 풍기는 결과물을 낳았으니 말이다. 다행히 세월 따라 그 상처와 흔적들은 아물고 덮어졌지만, 내 가슴 속에 남은 크고 작은 찌끼들을 아직도 수술도 못한 채 시큼한 냄새를 풍기며 올라오고 있다.

내 인생도, 내 영혼도, 이렇게 단 한 번의 수술로 다시 깨끗하고 가뿐한 상태로 돌아갈 수 있다면 얼마나 좋을까? 세월에 삭은 육신은 어쩔 수 없더라도, 세상에 때 묻지 않은 풋풋하고 싱그러운 영혼으로 돌아갈 수 있다면 얼마나 좋을까 말이다.

수술실에서 나오자 보호자 대기실에서 기다리고 있던 남편이 반가이 맞이한다. 일생 병치레를 달고 사는 아내지만, 불평 한마디 없이 보호자 자리를 지켜주는 남편이 오늘따라 고맙다. 더러운 혹을 두 개나 제거한 날, 오늘은 둘이 오붓하게 데이트를 할까보다.

저녁 같이 드실래요?

6개월 만에 여고친구들과의 모임이다. 코로나사태로 인한 정부의 '사회적 거리두기' 방역지침에 따라 단체모임은 물론 사적인 만남이 거의 정지된 상태다. 면역성이 없는 구순 노모를 틈틈이 돌봐야 되는 나로선 신경을 바짝 써야 한다. 하지만 오늘은 친구들 얼굴을 보고 싶어 당차게 차를 몰고 집을 나섰다.

인간의 삶은 인간과 인간의 관계 속에 일어난다. 태어나면서부터 부모와의 혈연으로 시작한 인간관계는 점차 지연, 학연 등의 인간그물을 만들어가며 살아간다. 작게는 가족사회, 나아가서는 크고 작은 사회조직이나 단체를 만들어 그 속에서 서로 부대끼고 마주치며 살아간다.

인간의 만남 양상을 보면, 그들 사이의 친밀도를 알 수 있다. 업무상 가볍게 만나는 사람은 차나 한잔 마시며 만난다. 취미활동을 같이 하는 모임이나 동호회 등의 피상적이고 수동적인 모임이다. 자신의 이익을 위해 상대의 마음을 잡아야 하는 정치적, 사업적 로비엔 항상 술이 따른다. 이성보다는 감성적으로 접근해서 필요한 청탁이나 압력을 넣기 위해서다. 반면에 어떠한 이해관계를 떠나 밥을 같이 먹고 싶은 사람은 따로 있다. 그냥 보고 싶고, 무얼 줘도 더 주고 싶은 피붙이나 형제 같이 친한 친구들이다.

코로나바이러스는 세상을 완전히 흔들어 놓았다. 생물과 무생물의 중간단계로, 생명체로도 제대로 인정받지 못하는 바이러스란 놈이 만물의 영장인 인간의 세계를 초토화시키며 공포의 도가니로 내몰고 있다. 기업과 공장들이 줄도산하며 세계경제는 바닥을 치고, 하루에 수십만 명이 죽어가고 있으니 말이다. 코로나바이러스는 환자의 입에서 나온 침방울이 공기 중에 퍼져서 감염된다. 그러니 사람들이 많이 모이는 장소는 피해야 한다. 특히 마주 보고 식사를 하는 게 가장 위험한 일이다. 이런 와중에도 만나서 함께 식사를 하는 사람은 보통 사이가 아니다. 설령 자신이 바이러스에 감염되더라도 그 위험을 감수할 만큼 귀한 피붙이이거나 절친切親인 게다.

최근 모 TV 지상파방송에서 「저녁 같이 드실래요」 란 드라마를 방영했다. 아름다운 선남선녀가 분위기 있는 레스토랑에서 식사를 하는 장면으로 드라마는 시작된다. 그런데 어처구니없게도 거기서 여주인공이 애인으로부터 배신을 당한다. '그 동안 여친이란 이유로 불편하고 맛없는 밥을 행복한 척하며 먹어줬다. 이제 너랑 억지로 밥 먹는 거 그만 할래.'라며 결별을 선언한 것이다. 갑작스런 이별 통보로 실연을 당한 여자는 힘든 나날을 보내던 중, 운명적으로 그 광경을 우연히 보게 된 한 남자를 만난다. 대화를 하면서 서로에 대한 신뢰가 싹트면서 둘은 '혼밥'이 싫을 때 부담 없이 저녁식사를 같이 하는 밥 친구, 이른바 'dinnermate' 관계를 맺는다. 그리곤 서로 필요할 때 전화를 걸어 식사를 하며 더욱 친해지고, 마침내 연인관계로 발전한다. 사람을 가깝게 만드는 데엔 역시 '식사'라는 게 끼어야 하는 게다.

문득 드라마를 보며 나도 저런 밥친구가 있으면 좋겠다는 생각이 들었다. 나이 탓인지 요즘은 먹고 싶은 것도 없고 입맛도 없다. 배는 고픈데 먹고 싶은 게 없어 난감할 때가 많다. 그럴 때 전화를 하면 언제든 달려와 함께 밥을 함께 먹어 줄 친구가 있으면 얼마나 좋을까 말이다. 나에게서 음식은 맛보단 분위기가 더 우선이다. 혼자 먹는 산해진미보다 보리밥이나 가락국수 하나라도 좋은 사람이랑 기분 좋게 먹으면 더 맛있고 행복한 걸 어쩌랴. 나는 음식을 입으로 먹는 게 아니라 가슴으로 먹는 것 같다.

인간이 누리는 쾌락과 복 중에 식복食福만한 게 있을까? 어쩜 모든 인간 활동의 궁극적 목표는 잘 먹고 잘 살기 위해서인지도 모를 일이다. 그러니 밥을 먹는 시간은 생명유지를 위한 절대적이고 필수적인 시간이다. 이렇게 소중한 시간을 누군가와 공유한다는 건, 그 자체가 상대를 내편으로 받아들이는 '인증 샷'인 셈이다. 인간관계 중 가장 가까운 '식구食口'는 세속적 이해관계를 떠나 한 지붕 아래서 함께 밥을 먹고 살아가는 피붙이들이다. 그런 의미에서 식사는 대인관계 활동의 정점頂點이다. 누군가와 식사를 한다는 것은 곧, 그 자체가 피붙이 식구처럼 밥 먹는 귀한 시간을 공유하는 행위이니 말이다. 예수 그리스도가 십자가에 못 박혀 돌아가시기 전에 열두 제자들을 불러 모아 최후의 만찬을 연 것도, 제자들을 자신의 구원사업 동참자이며 가족으로 인정하는 전례예식이었던 게다.

시대가 변함에 따라 식사의 모습도 많이 바뀌고 있다. 핵가족시대에 식구는 고작 서너 명으로 압축된다. 가마솥에 밥을 해서 할아버지와 손주가 한자리에 앉아서 식사하는 모습은 고전드라마에서나 볼 수 있다. 특이한 것은 핵가족화가 진행되고 맞벌이부부가 늘어감에 따라 혼밥하는 사람이 점점 증가하고 있다는 사실이다. 혼자 식사하는 사람이 늘어난다는 건, 그만큼 세상이 각박해지고 사랑이 메말라 간다는 의미이니 서글픈 일이 아닐 수 없다.

식사는 육체만 살찌우는 게 아니라 영혼을 살찌우고 기름지게 한다. 사랑하는 이와 마주 앉아 먹는 한 공기의 밥은 그 자체가 보양식이고 엔도르핀 덩이다. 코로나사태로 가장 힘든 게 떨어져 살고 있는 피붙이들을 볼 수 없는 것이다. 지난 내 생일에도 서울에 사는 손녀를 차마 부를 수가 없었고, 손녀 생일에도 내가 가지 못했다. 보고픈 피붙이나 친구와 함께 언제든 따뜻한 밥 한 그릇을 나누던 일상이 이젠 기적이 되어버린 게다.

인간세계에서 만남이 통제되는 세상은 그 자체가 지옥이고 형벌이다. 그런데 막상 누구를 만나려 해도 행여 바이러스에 감염될까 하는 불안감에 나 스스로도 만남을 피하게 되고, 식사 자리는 더더욱 두렵다. 남편까지 귀가시간이 늦다 보니 요즘 나는 거의 혼밥을 한다. 이

건 '군중 속의 고독'이 아니라 세상 속의 외톨이다. 부디 이 재앙이 나쁜 꿈처럼 휑하니 지나버리고, 예전의 소소한 일상 풍경이 돌아오길 기원한다. 나는 날마다 사람이 그립고 사랑이 고프다.

드디어 약속장소로 정한 호텔 앞이다. 이산가족을 만나는 설렘이 이런 것일까? 몸보다 마음이 저만치 앞서 달려간다. 영영 끝나지 않을 것만 같은 칠흑 같은 터널 속의 '번개팅'이 더없이 소중하게 느껴진다. 설령 코로나바이러스에 감염되더라도, 나는 오늘 친구들을 원없이 안아보고 한껏 회포를 풀리라.

발로 창조하는 천상의 소리

모차르트 호른협주곡 2번 3악장이 경쾌하게 흐른다. 모차르트가 잘츠부르크 궁정 오케스트라의 호른주자로 활동하는 친구 요제프에게 작곡해준 4개의 호른협주곡 중 하나다. 특히 3악장은 말이 달리는 듯 한 갈롭(galop) 리듬의 론도형식으로 유럽풍의 유머와 익살이 묻어난다. 웅장한 오케스트라단 속에서 호른을 연주하는 음악가는 선천적으로 두 팔이 없어 발로 연주하는 펠릭스 클리저(Felix Klieser)다.

금관악기 중 연주가 까다롭기로 유명한 게 호른이라고 한다. 그의 이름 'felix'가 '운이 좋은'이란 뜻이 있다고 하는데, 과연 그는 운이 좋아 성공한 걸까? 2015년에 그가 우리나라를 방문했을 때, 장애를 극복하고 세계적인 연주자가 된 게 이슈가 되어 모 방송국에서 인터뷰를 한 적이 있다. 그는 자신의 연주로 많은 사람들과 행복을 나누고 싶다며, '호른은 피아노와 바이올린처럼 대중적이지도 않고 테크

닉하지도 않지만, 소리 자체가 좋아서 감정을 많이 실을 수 있다.'라고 말해 호른에 대한 각별한 사랑을 드러냈다.

연주하기 전에 그의 행동을 보면 사뭇 묘기를 보는 듯하다. 능숙하게 두 발로 받침대를 조립해 세우고는 그 위에 악기를 얹는다. 두 팔이 없으니 왼손 대신 왼발로 밸브를 조작한다. 다른 호른 연주자는 오른손을 벨에 넣었다 뺐다가 하며 볼륨을 조절하고 리듬을 만들지만, 그는 이 모든 걸 발가락과 입술로 해결한다. 우아한 드레스와 정장을 멋지게 차려입은 오케스트라 단원들 속에서 맨발을 치켜들고 앉아 호른을 연주하는 그의 모습은 가히 파격적이다. 밸브를 누르는 발가락근육이 정교하고 섬세하게 움직인다. 하지만 어떤 연주자의 손보다 더 능란하고 자유롭다. 내 눈엔 그게 발이 아니라 위대한 신의 손으로 보인다. 익숙하지 않은 이 광경에 나는 왜 자꾸 눈물이 나는 걸까?

독일의 작은 마을에서 태어나 공연장엔 가본 적도 없던 네 살배기 꼬마가 어디선가 들은 호른 소리에 반해 그 악기를 배우겠다고 하자, 부모는 깜짝 놀랄 수밖에 없었다고 한다. 하지만 그렇게 시작한 호른 연주는 지난한 그의 삶에서 유일한 즐거움이었고, 20년이 지난 지금 세계적인 음악가가 되어 사람들을 눈물짓게 하는 명연주를 하고 있으니, 이건 가히 기적이다. 모든 조건이 갖추어져도 악기의 한 분야에서 성공하긴 어렵다. 하물며 섬세한 조작이 필요한 호른의 경우는 더하리라. 바로크시대나 고전시대의 음악은 꾸밈음이 많아 능숙한 연주자들도 곧잘 실수를 한다고 한다. 하지만 그는 '누구에게나 24시간은 주어지는 것, 나는 완성을 위해 조금 더 노력을 했을 뿐이다.'라고 담담히 말한다.

신체에 있어서 발은 몸의 가장 아래쪽에 있으면서 항상 땅을 밟고 있다. 그런 이유로 발은 가장 더럽게 여기며 천시 받는 기관이다. 그런데 그런 발가락을 통해 그는 천상의 소리를 창조해낸다. 문득 세계적인 발레리나, 강수지의 발이 생각난다. 천사 같이 날렵하고 아름다운 겉모습과는 달리, 굳은살이 박히고 울퉁불퉁 튀어나온 상처투성이의 그녀의 발은 야생동물의 발처럼 흉물스럽다. 남들이 쉬고 단잠을 청하고 있을 때도, 발이 헤어지고 닳도록 연습에 연습을 거듭한 결과라고 한다. 지금 내가 보고 있는 연주자의 발도 마찬가지다. 얼핏 보면 평범하고 하얀 발이다. 하지만 자세히 보면 분명 다르리라.

땅을 디디고 있어야 할 발이 호른을 연주하느라 저렇게 위로 치켜져 있으니, 다리근육이나 인대가 정상일 리가 없다. 악기를 잡기 위해 이상한 각도로 다리를 휘감아 올려야 하니, 척추인들 제자리를 지킬 수 있을까. 필시 뼈가 휘어지고 인대가 늘어나는 고통을 감내하며 지금의 저 자세가 나왔을 테다. 얼핏 보면 발인지 손인지도 모를 만큼 편하게 느껴지는 걸 보면, 아마도 그의 몸은 호른 연주하기에 최상인 상태로 날마다 조금씩 진화를 거듭했지 싶다.

클래식 음악가들은 대개 우아하고 멋지다. 클래식연주회를 찾는 사람들 역시 음악 감상 못지않게 연주회가 자아내는 멋스런 분위기를 즐긴다. 그런데 잔뜩 고대하며 간 음악회에서, 무대의 연주자가 사람들이 천시하는 맨발을 치켜들고 악기를 연주하는 걸 보면 어떻게 느낄까? 펠릭스 역시 그걸 모르는 바가 아니었을 게다. 필시 그는 자신의 인생을 송두리째 걸고 진검승부를 했으리라. 자신의 모든 결점에도 불구하고, 소리 하나로 관중을 휘어잡고 감동을 줄 수 있는 최고의 연주자가 될 것이라고. 비딱하게 돌아앉은 세상을 향해 자신을 인정하고 껴안아 줄 때까지 러브 콜을 하며, 피를 토하고 입술이 닳도록 호른을 불고 또 불었으리라.

장애를 극복하고 세상에 빛이 된 음악가들은 많다. 하지만 악기를 연주하는 음악가가 팔이 없다는 건 최악의 조건이다. 그럼에도 불구하고, 펠릭스 클리저에게 오늘이 있게 한 그토록 간절한 게 과연 무엇이었을까? 세계적인 호르니스트가 되기까지 가랑비가 바위를 뚫듯, 담쟁이덩굴이 한 뼘 한 뼘씩 땅을 넓혀가며 메마른 벽을 타고 오르듯, 끈질긴 집념과 절대로 포기할 수 없는 그 어떤 것, 한 맺힌 그 무엇이 분명히 있었으리라. 살아가는 이유이고, 자신의 존재의 근원이 되는 그 무엇이 있었기에 기적 같은 결실을 이룰 수 있었으리라.

이제 인생의 해거름을 걸어가는 나에게는 저토록 간절한 그 무엇이 있었을까? 지금의 나는 과거의 나로부터 만들어지는 것. 사지가 멀쩡해가지곤 세상 힘들다고 투정하며 살아온 날들이 부끄럽기 짝이 없다. 사지육신 건강하게 태어난 것도 당연한 것으로 생각했고, 벌거숭이로 태어나서 여태껏 덤으로 얻은 모든 것과 현재 누리고 있는 소소한 일상도 감사할 줄을 몰랐으니 말이다.

경쾌하면서도 상큼한 음률에 가슴이 시원해진다. 웅장한 오케스트라 연주 속에서 내 귀엔 오로지 호른소리만 들린다. 비록 발가락 끝으로 연주하고 있지만, 저 무대의 주인공은 바로 펠릭스다. 그는 지금 발가락 끝으로 밸브를 누르며 관현악단 전체를 당당하게 전두지휘하고 있는 게다.

새삼, 나이를 핑계 삼아 세상 밖에 앉아선 클래식 감상이나 하고 있는 내 자신이 부끄러워진다.

죽음의 무도

음산하고 기괴한 음률에 맞추어 해골들이 춤을 춘다. 귀를 기울일 수밖에 없는 중독성이 강한 선율과 눈을 뗄 수 없는 영상에 넋을 잃는다. 19세기 프랑스 낭만파 작곡가인 카미유 생상의 교향시 '죽음의 무도' 애니메이션이다. 화면 아래로 애니메이션을 설명하는 자막 글이 나온다.

> 한밤중을 알리는 하프소리에 해골들이 발꿈치로 무덤을 박차고 뛰쳐나온다. 지그, 지그, 지그! 죽음의 신의 바이올린 선율을 따라 해골들이 춤을 춘다. 겨울바람은 세차게 불어 닥치고 밤은 깊어만 가는데, 어디선가 린덴나무로부터 신음소리가 들리더니 죽음의 신의 하얀 해골이 수의를 펄럭이며 음침한 분위기를 가로질러 나아간다. 지그, 지그, 지그! 바이올린 소리에 맞춰 해골들은 깡충깡충 뛰어다니고, 춤추는 뼈들이 부딪치며 덜그럭 덜그럭 소리를 낸다. 이끼 위에 앉은 음탕한

> 두 연인은 기나긴 타락의 희열을 만끽하고. 지그, 지그, 지그! 죽음의 신은 엄숙하게 자신의 악기를 할퀴며 연주를 한다. 얼마나 시간이 지났을까, 어디선가 수탉이 운다. 순간, 해골들은 모두 춤을 멈추고 무덤 속으로 유유히 사라진다.

요즘 나는 클래식음악에 심취하고 있다. 나이가 들어서인지 일생 동안 생활 속에서 자연스레 귀에 익히며 들어왔던 클래식음악이 마음을 편하게 하고 위로가 되어서다. 정식으로 클래식음악에 입문하고 싶어 대학교 평생교육원에 등록, 7년째 클래식음악을 배우며 감상하고 있다.

중세의 왈츠리듬을 중심으로 전개되는 이 곡은 프랑스 시인 앙리 카자리스의 시, '죽음의 무도'를 바탕으로 만들었다고 한다. 이 시는 중세시대의 죽음에 대한 견해에서 시작되었다. 당시 유럽을 휩쓸었던 흑사병과 프랑스와 영국간의 백년전쟁으로 인해 죽음에 대한 강박감에 시달리던 때, 사람들은 죽음에 대한 두려움을 극복하고자 죽음을 삶의 일부이자 보편적 현상으로 묘사하기 시작했다. 즉, 살아있는 사람들과 죽은 사람들의 행진이나 춤을 문학이나 그림 등으로 표현했던 것이다. 죽음은 만물을 정복하고 평준화하는 힘을 가지고 있다. '죽음의 무도' 역시 죽음의 본질적 개념인 불가피성과 공평함을 표현한 것이다. 모든 사람은 언젠간 죽게 마련이며, 죽음 앞에선 모든 사람이 평등하다는 진리를.

'죽음의 무도' 곡은 2009년 세계 피겨스케이팅 선수권대회에서 김연아 선수가 쇼트프로그램 배경음악으로 사용해 더 유명해졌다. 나는 원래 빙상스포츠를 좋아하기도 하거니와 당시 한국을 빛낸 피겨요정 김연아의 열광팬이었다. 그러니 나는 이 곡을 제대로 알기도 전에 그녀의 빙상연기를 보면서 수십 번이나 들은 셈이다.

뻣뻣한 애니메이션의 해골 춤과는 달리 김연아의 춤은 예술의 극치다. 곡이 시작되기 전, 검은 드레스차림으로 광활한 빙판에 홀로서 있는 듯한 김연아의 모습은 마치 적진으로 출전하는 무사 같다. 결연한 표정의 얼굴, 상복을 연상케 하는 검은 의상과 한 치의 빈틈도 허용치 않는 도도하고 꼿꼿한 자태엔 저승사자도 물리쳐버릴 것같은 비장함이 엿보인다. 드디어 경쾌하면서도 음산한 음악이 흐르면서 그녀는 여유롭게, 그러나 절도 있게 한 마리 나비처럼 나풀거리며 빙판을 나아간다. 도도하면서도 날렵하게, 금방이라도 죽음의 악마를 내려칠 듯 눈에서 살기가 튀어나온다. 때로는 요염하게, 때로는 온전히 두려움과 비탄에 빠진 듯, 그러더니 갑자기 악마에게 홀린 늣이 정처 없이 어디론가 끌려간다. 자신을 부르는 게 죽음의 신일지언정 당당하고 의연하게 맞이하는 모습이다. 순간순간 한 마리 제비처럼, 악마와 대적하는 용감한 무사처럼, 한바탕 현란하게 무희를 하곤 처연히 죽음을 맞이하는 그녀의 모습은 아름답다 못해 거룩하기까지 하다. 그녀에겐 죽음마저도 삶의 한 과정으로 아름다운 것이며, 생은 그 자체가 한바탕 신나는 무도회인 게다.

문득 해골과 인간이 다른 건 무엇일까 하는 생각이 든다. 인간의 몸은 200여 개의 뼈로 되어 있다. 두개골, 흉부와 복부, 그 사이를 연결하는 척추와 사지四肢에 수많은 뼈가 연결되어 있다. 그리고 여기에 살과 신경올실이 붙어 하나의 몸체를 이룬다. 신경다발은 모여 중추신경인 뇌를 만들며, 여기서 감각기관으로부터 받은 자극을 판단하고 해석해 적절한 명령을 운동기관으로 전달한다. 이렇듯 인간의 몸은 컴퓨터처럼 한 치의 오차도 없이 환경에 반응하고 적응하며 자신을 지켜내는 것이다. 하지만 아이러니컬하게도 여기에 인간의 비극이 있다.

인간에게 뇌가 없다면 어떻게 될까? 당연히 인간 스스로 생각하고 판단하며 반응을 할 수 없을 터, 조물주의 손에 조정되어 춤을 추는 꼭두각시인형처럼 살다가 생生을 마감할 것이다. 대신에 그런 인간에겐 번뇌가 없을 게다. 하루하루 신이 내린 명령을 받아들이고 따르며 순간순간 즐겁게 살면 되니 말이다. 인간의 불행은 해골에 살이 붙고 신경이 연결되어 사고思考를 하고나서부터다. 뇌를 통해 이성을 가지게 되면서 인간의 절대적 행복은 사라져버렸다. 항상 남들과 비교를 하면서, 행여 조물주가 자신에게 불공평한 배분을 할까 노심초사하며 새우잠을 자는 까닭이다. 심지어 자신을 창조한 신을 능가하려고 머리를 쓰다가 저주를 받고 자폭하기도 하는 존재가 바로 인간이다.

화면으로 봐도 해골의 삐거덕거리는 춤은 부자연스러우며 괴기하고 으스스하다. 하지만 그 춤을 보고 있노라면 입가에 미소가 절로 인다. 장난감병정의 춤처럼 단조롭고 단백하기 그지없다. 저들은 신이 자신에게 하사한 모습과 능력 그대로, 음악 그 자체를 즐기며 춤을 추기 때문이리라. 뇌가 없으니 자신만의 편협한 해석이나 욕심이 없을 터, 이웃과 서로 뼈가 부딪쳐도 아랑곳하지 않는다. 그들에겐 가진 지와 못 가진 자의 구별이 없고, 배운 자와 무지렁이의 차별도 없다. 왕과 평민, 심지어 성직자들도 함께 춤을 추는 친구들일 뿐이다. 그러니 여명을 알리는 닭이 울기 전까지 본능에 충실하게 혼신을 다해 그 순간을 즐기면 되는 게다.

해골 위에 살을 붙인 인간의 춤은 참으로 역동적이다. 하지만 아름다운 조화造花를 보는 듯 상업적인 냄새가 난다. 인간은 제 나름의 지혜와 기교로 세상을 현혹시킬 궁리를 하며 춤을 추는 까닭이다. 그런데 김연아의 연기와 춤이 그렇게 자연스럽고 아름다운 연유는 무엇일까? 어쩜 자신 안의 모든 앙금과 찌꺼기들, 세상에 잘 보이며 이기고 싶은 욕심과 이기심조차 모두 버리고 해골들처럼 몸피가 가벼워졌기 때문인지도 모를 일이다. 텅 빈 머리와 가슴으로, 오로지 하늘이 시키는 대로 아름다운 음악에 몸을 내맡기고 움직이기 때문이리라.

생生이란 한밤중에 무덤 속에서 뛰쳐나온 해골들과 함께 한바탕 춤을 추고, 새벽닭이 울면 다시 무덤으로 들어가는 찰나인 것을! 아직도 내 삶이 영원할 것으로 착각을 하고, 이 순간도 손에 뭔가를 갈취하려는 이 어리석음을 어찌하랴.

어머니의 노래, 트로트(trot)

화창한 봄날, 연일 집에 있자니 가슴이 답답하다. 창살 없는 감옥이 따로 없다. 이런 때 내가 찾은 힐링제가 하나 있다. 바로 모 케이블방송에서 핫 하게 뜨고 있는 음악 연예프로, 「미스터 트롯」이다. 이미 음악대전은 끝났지만, 결승전 모음곡들을 유튜브로 듣고 또 듣는다.

트로트는 일본 대중가요의 한 장르인 엔카演歌의 영향을 받아 1930년대에 정착된 대중가요 양식으로, 신민요와 더불어 일제강점기 우리나라 대중가요의 양대 산맥을 이루었다. 트로트(trot)라는 말은 여우가 걷는 듯한 사뿐사뿐하고 경쾌한 4/4박자의 서양 춤곡 폭스 트로트(fox trot)에서 유래되었다. 트로트의 가사에서 풍기는 내용은 소설이나 연극, 영화처럼 다분히 신파조다. 주인공이 세상이나 타인과의 갈등에 대해 스스로 해결할 능력이 없어 체념하며, 이러한 상실감을 자학과 자기연민의 감정으로 해소하는 특성을 지닌다. 이루지 못한 사랑, 행복해질 수 없는 자신의 처지에 대한 비관, 고향을 떠나 정착하지 못하는 나그네의 설움 등이 주 내용이다. 따라서 트로트는 가사나 곡조가 애절하기도 하거니와 국악의 일부를 차용하다 보니 우리 민족만의 정서인 한恨이 잘 드러나 있다. 하지만 해방 후의 세대들에겐 트로트는 낡고 청승스런 노래로 받아들여져, 한때 '뽕짝'이라는 명칭으로 불리며 노년층이나 유행에 덜 민감한 계층의 취향으로 밀려났다. 다행히 현대에 와서 트로트가 지닌 독특한 양식과 함께 역사의 중요성이 인정되어 그 의미가 재해석되고 있다. 유능한 작곡가나 가수들이 기존 트로트를 리메이크해서 부르고 있으며, 모든 세대를 아우르는 새로운 트로트를 계속 만들고 있다는 건 우리나라 대중가요의 발전에 있어서도 매우 고무적인 일이다.

기원이 어떠하든 트로트는 이제 우리나라 대중가요의 중요한 장르다. 우리 아버지, 어머니의 삶과 애환이 고스란히 담겨있는 살아있는 역사이기도 하다. 그러니 이런 대중가요를 귀하게 보전하고 발전시키는 것은 곧, 우리의 소중한 문화를 지키는 길이며 우리 민족의 자긍심을 지키는 일이기도 하다. 그런 의미에서 요즘 여러 방송국에서 핫 하게 벌이고 있는 트로트 프로그램은 그 자체가 애국방송인 게다.

코로나바이러스로 지금 전 세계가 불안과 근심에 싸여 있다. 최초의 발병지인 중국과 인접한 탓에 우리나라 피해는 더 심하다. 감염공포와 함께 경제가 바닥을 치다 보니 인심도 팍팍하고 모두가 생지옥을 겪고 있다. 이런 와중에도 「미스터 트롯」의 TV 시청률은 30퍼센트가 넘어 TV역사상 역대 예능프로의 기록을 갱신했다고 한다. 이것은 곧, 이 프로그램이 암울한 시대에 힐링제 역할을 제대로 하고 있다는 증거다. 국내는 물론, 해외동포들까지 이 프로그램과 노래로 위로를 받고 힘을 얻고 있다니 얼마나 다행한 일인가 말이다.

이 프로그램은 트로트의 재발견과 한류열풍의 마중물이란 대국적 의의와 함께, 숨은 트로트인재를 발굴하는 오디션이란 의미에서 신인가수들에겐 자신을 세상에 드러내고 공중 부양시킬 수 있는 절호의 기회인 셈이다. 가수로 발을 디뎠지만 방송의 기회를 가지지 못해 음지에서 살고 있는 현역가수는 물론, 트로트가수의 원대한 야망을 가진 신인 꿈나무들에게도 더없이 좋은 무대다. 나이도 최연소 8살부터 40대까지 다양하다.

15,000명의 응시자가 무려 1년 동안 치열한 예선전을 거쳐 선정된 101명으로부터 프로그램은 시작된다. 사연을 들어보면, 하나 같이 음악의 길을 선택한 대가로 힘들고 고단한 삶을 살아온 이들이다. 하지만 그 실력은 현역가수 못지않은 자들이 많다. 최종 결선까지 무려 3개월 간 참여가수는 물론, 점수를 매기는 마스터들과 시청자, 그리고 실제 녹화에 참석한 방청객들이 모두 하나가 되었다. 자신이 응원하는 가수가 행여 실수를 할까 봐 숨을 졸이고, 잘할 땐 환희와 감동의 박수를 치며 함께 울고 웃었다. 모두가 내 가족이고 내 자식인 것 같은 안쓰러운 마음인 게다. 14명의 준결승 진출자를 뽑고, 이어서 7명의 결승 진출자를 뽑는 과정은 그야말로 숨 막히는 혈전이다. 나도 질세라 폰으로 내가 응원하는 가수들에게 열심히 응원투표를 날려 보냈다. 결승전이 있는 날엔 마치 내 아들이 무대에 서는 듯, 아침부

터 일이 손에 잡히질 않았다.

나는 모든 장르의 음악을 좋아한다. 노래를 부르는 건 거의 음치 수준이지만, 듣는 데는 장르를 가리지 않는다. 학창시절엔 팝송과 가곡을, 어른이 되고나선 발라드와 재즈, 거기다가 최근엔 락까지 좋아하게 되었다. 그리고 몇 해 전부턴 정식으로 대학부에서 클래식 감상법을 배우고 있어 요즘은 오페라나 뮤지컬공연까지 즐기고 있다.

내가 맨 처음 음악에 대한 감수성을 기르기 시작한 건 바로 옛날 노래다. 어릴 때부터 어른들이 부르는 창이나 트로트를 듣고 자랐기 때문이다. 어려운 형편에도 노래를 좋아하는 어머니가 우리 집 보물1호로 마련한 게 턴테이블 전축이었고, 제일 먼저 구입한 LP판 음반이 모두 트로트였다. 가사의 의미도 제대로 모르면서 나는 트로트의 슬픈 정서를 몸으로 익혔고, 애절한 음률을 가슴에 새기며 자랐다. 그러니 옛날 노래치곤 모르는 게 거의 없다. 하지만 어른이 되고나서부턴 나는 애써 그 노래에 귀를 막았던 것 같다. 노래방에 가서도 누가 그런 노래를 부르면 어쩐지 노티 나고 청승스럽다고 생각했다. 어쩜 내가 짐짓 트로트를 외면한 건, 가난하고 초라한 나의 과거 아니, 부모님들의 가난과 애환을 다시 돌아보기 싫은 마음이었는지도 모를 일이다. 그들의 한 맺힌 노래보단 짐짓 폼 나고 고상한 척 팝송이나 클래식을 들으면서 말이다.

트로트는 오래된 잠옷을 입은 듯, 오랜 여행 끝에 돌아온 집처럼 마음을 편하게 한다. 여태 내가 들은 그 어느 장르의 음률보다 정겹다. 한번 가슴의 빗장을 풀어 젖히자 마른 땅에 물이 스며들듯, 느낌이 그대로 가슴으로 전해져 전율이 온다. 바로 내 어머니의 한恨이고, 내 핏줄의 노래이기 때문이리라. 절절한 사연과 애수를 띤 곡을 들으면 나도 몰래 눈시울이 젖어들고, 발랄하고 톡톡 튀는 노래엔 어깨가 들썩인다. 새삼 이 프로가 얼마나 감사하고 소중한지 모르겠다.

지난한 세월 속에 잊고 있던 내 핏줄의 노래를 다시 찾게 되었으니 이보다 더한 기쁨이 어디 있으랴. 부디 우리 어머니의 노래 트로트가 국내는 물론, 한류열풍으로 전 세계로 퍼져나가길 기도하는 마음이다.

찐팬의 가슴앓이

오늘은 그를 볼 수 있을까, 가슴 조이며 TV를 켠다. 토요일 저녁마다 방영되는 모 지상파 음악 예능프로다. 드디어 오프닝을 하고 카메라가 도는데, 얼핏 저 멀리 그가 앉아있는 게 보인다. 하지만 1시간 반 동안 진행되는 프로에서 그의 얼굴은 잠시 두 번만 비춰졌다. 어떤 프로에 나가든, 예능감이 뛰어나 기발한 말이나 행동으로 항상 카메라를 한 몸에 받던 그가 아니던가. 그런데 요즘 돌고 있는 악성루머로 방송사에서 통 편집을 한 게다. 순간, 내 아들이 당한 수모 같아 눈물이 핑 돈다.

내가 그를 처음 안 것은 올해 핫한 인기를 끌며 방영되었던 모 케이블방송의 「미스터 트롯」이란 오디션프로에서였다. 15,000명의 지원자가 1년 동안 치열한 예선전을 거쳐 선정된 101명으로 시작된 예선전. 거기서 단번에 내 시선과 관심을 끈 이가 바로 K가수다. 그는 성악으로 다져진 시원한 가창력에 트롯을 접목시켜 예선전에서 당당히 진眞을 차지하며 본선에 올랐다. 그를 사랑하는 팬으로부터 '트바로티'란 별명을 얻은 것도 이때부터다. 고등학교시절에 세계적인 성악가 파바로티가 부른 '네순 도르마'를 멋지게 완창해 '고딩 파바로티'란 별명을 가진 그에게 붙여진 애칭인 게다.

몇 년 전에 우연히 『파파로티』란 영화를 보고 무척 감동을 받았다. 불우한 자신의 처지에 대한 회의로 불량배들과 어울리며 방황하던 한 학생이 한 교사의 정성과 사랑 덕분에 훌륭한 성악가로 성장하는 스토리의 영화였다. 그런데 그가 바로 이 영화의 실제 주인공이라니, 프로가 시작되기 전부터 나는 그를 기다리고 있었다.

처음부터 그는 남 같지가 않았다. 유유상종類類相從이라고, 가난한 집안 탓에 중학교시절부터 알바를 하고, 대학생이 된 후론 숫제 가정 경제를 등에 메고 달려야 했던 나의 인생스토리가 그와 통해서일까, 그는 경연 시작 전부터 이미 '우리 편'이었다. 게다가 자칫하면 인생 낙오자가 될 뻔한 학생을 한눈에 알아보고 키워준 그의 스승에 대한 고마움과 존경심 또한 그를 원 픽하는 마음에 불꽃을 더했다. 세상 모두가 등을 돌리고 외면해도, 오로지 한 선생님이 자신을 인정하고 믿어주는 것에 힘을 얻어 그는 다시 태어났고, 잡초 같은 근성으로 뚜벅뚜벅 자신의 길을 개척해온 것이다.

그의 노래는 이상한 마력을 지니고 있다. 시원한 가창력도 그렇지만, 어떤 노래든 그의 목소리를 통해 나오면 모두가 품격이 올라간다. 가수가 부르는 노래는 그냥 입으로 부르는 게 아니다. 곡 하나하나엔 그 사람의 삶의 연륜과 혼과 정서가 배어 있다. 그는 이제 갓 30세다. 하지만 그의 노래엔 시베리아 겨울처럼 혹독한 삶을 통해 보드카 술처럼 응축되고 압축된 삶의 기쁨과 애환이 그대로 녹아있다. 게다가 전공이 성악이라 어떤 노래든 그가 부르면 하나의 연극이 되고, 한편의 오페라가 된다. 가사의 뜻 하나하나를 살려서, 속이 시원한 고음부터 가슴을 촉촉이 어루만지는 부드러운 저음까지 감정을 고스란히 전달하기 때문이다. 나처럼 트롯을 그냥 '뽕짝'이라고 격하하던 이들에게 새삼 트롯의 이미지를 격상시키고 좋아하게 만든 사람이 바로 트바로티니, 그는 가히 한국에 트롯의 새바람을 일으킨 개혁자인 셈이다.

「미스터 트롯」 시작부터 그는 많은 사랑을 받아 팬들을 확보했다. 노래를 잘하는 것도 물론이지만, 그의 음악은 힐링 효과가 뛰어나기 때문이다. 코로나사태로 모두들 우울하고 불안해하는 시기에 그의 노래로 위안을 받고 실제로 병을 치유한 사람이 너무도 많다. 그의 팬은 남녀노소 구분이 없고, 연령층도 다양하다. 시한부 선고를 받고 항암치료를 받고 있던 한 노인은 그의 음악을 들으며 더 살고 싶은 마음이 생겼다고 고백했다. 산후우울증에 힘들어 하던 어느 여성은 아기를 안고 그의 음악을 들으며 고비를 넘겼다고 한다. 이제 그의 노래는 한국을 넘어 전 세계로 퍼져나가 한류열풍을 일으키고 있다. 중국, 일본, 미국 등 세계에 흩어져 있는 해외동포들도 그를 응원하며 후원하는 작은 단체들을 만들고 있다고 한다.

인간에게 있어 사랑의 힘은 세상을 살아가는 원동력이다. 그리고 누군가를 진정으로 사랑한다는 건 행복한 일이다. 틈틈이 그의 노래를 듣고, 그가 나오는 TV프로를 찾아서 시청하는 것만으로도 하루가 즐겁고 엔도르핀이 나온다. 이 나이에 한 가수의 팬이 되어 이렇게 열광한다는 자체가 스스로도 신기하다. 이제야 학생들이 좋아하는 연예인이나 운동선수를 따라다니며 울고불고 하는 심정이 이해가 간다. 그에게 좋은 일이 생기면 내 기분이 업 된다. 새 광고를 하거나 새 프로를 맡게 되면, 내가 더 흥분이 된다.

누군가를 사랑하고 '찐팬'이 된다는 건 자신의 모든 걸 거는 일이다. 진정한 팬이 된다는 것은 무척 행복하지만, 때론 너무 신경이 쓰이고 힘들다. 상대의 일거수일투족에 내 행복이 좌우되기 때문이다. 요즘 들어 계속 그에 대한 악성루머가 나온다. 비천한 환경에서 자라 갑자기 세상에 공중 부양하는 그를 시샘하는 자들이 과거의 그의 이력으로 자꾸 태클을 걸어대기 때문이다. 근거 없는 조그만 소문에도 큰일이나 난 듯 떠들썩하며, 진실을 확인하기도 전에 상대를 매장시키려 혈안이 되는 연예계 생태를 절묘하게 이용한다. 그만큼 그가 이제 유명스타가 된 증거이기도 하겠지만, 그럴 때마다 나는 가슴이 콩닥거린다. 피붙이가 당한 것처럼 잠도 안 오고 밥맛도 없다. 이제 조용히 살아갈 나이에 이게 무슨 일인가 하는 회의가 들기도 한다. 하지만 힘들다고 내가 등을 돌리기엔, 그는 이미 내 가족이다. 아무리 힘들어도 가족을 배신하는 사람이 어디 있는가 말이다.

그를 아들처럼 사랑하지만, 내가 할 수 있는 건 고작 아침저녁 그를 위해 기도하는 것뿐이니 슬프다. 하지만 나는 믿는다. 아무리 어둠이 짙어도 빛을 이길 순 없고, 거짓이 진실을 가릴 순 없다는 것을. 언젠간 그의 결백이 만천하에 드러나고, 그가 당당하게 세상에서 다시 훨훨 날갯짓 하리라고 믿는다.

누군가의 찐팬이 된다는 건 행복하면서도 고통스런 일이다.

세상에서 제일 아름다운 풍경

내가 좋아하는 K가수의 「풍경」이란 노래가 흐른다. 이번에 발매된 그의 클래식음반 중 가사도 음률도 가장 단순하다. 1절도 2절도 같은 가사와 가락이 계속 반복된다. 하지만 나직하고 애절한 그의 목소리와 감성에 가슴이 촉촉해진다. 그는 과연 어떤 풍경을 그리며 이토록 가슴을 애며 노래한 것일까? 그가 클래식음반 끝에 굳이 한글로 된 이 곡을 담은 이유는 무엇일까?

> 세상 풍경 중에서 제일 아름다운 풍경
> 모든 것들이 제자리로 돌아가는 풍경

같은 가사에 같은 운율이 계속된다. 따스한 봄 햇살 같은 음률이 가슴에 그대로 스며든다. 나직하게 세상을 향해 외치는 하소연 같기도 하고, 하늘을 향한 기도 같기도 하다.

그가 말하는 세상에서 제일 아름다운 풍경은 무엇일까? 어쩜 태초에 인간이 이 지구상에 살던 때인지도 모를 일이다. 그 시절엔 누구와 경쟁하는 게 아니라, 오로지 하늘의 뜻에 따라 들판에서 땀 흘려 일하며 수확한 먹거리로 가족들과 오순도순 살았다. 살아남기 위해 누굴 헤치거나 상처를 주지도 않고 자신이 노동한 만큼의 결실과 대가를 받으니, 사시사철 세상은 평화로웠을 것이다.

지금 세상은 온통 혼란스럽다. 만물의 영장인 인간이 고작 미생물 바이러스에 태클을 당할 줄을 누가 알았겠는가 말이다. 작년 1월, 중국에서 시작한 코로나19 바이러스가 4월 현재까지 확진자가 무려 1억 4000만 명, 사망자가 300만 명에 이른다. 하루 사망자가 만 명이 넘는다. 도대체 인간이 무슨 잘못을 저질렀기에 하늘이 이토록 무서운 재앙을 내린 걸까 하는 원망이 들다가도, 이 모든 게 바로 우리 탓이란 걸 인정하지 않을 수 없다. 인간에게만 부여된 고귀한 이성을 망각한 채, 원하는 것들을 쟁취하기 위해 서로 총을 겨누며 들짐승늘처럼 살아온 인간이 만든 '인재人災'이니 말이다.

전쟁이 터진 것도 아니고, 멀건 대낮에 벼락이 내린 듯 사람들이 죽어나간다. 인간의 역사는 서로 간의 만남과 접촉으로 이루어진다. 그런데 소설 『페스트』에서처럼 인간이 서로를 위협하는 존재가 되었으니 모든 경제활동이 정지되어버렸다. 그러니 코로나에 걸려 죽는 사람 외에 굶어죽는 사람도 늘어간다. 기본적인 의식주 외에 우아하게 즐기던 여가활동은 물론, 극히 소소한 일상이 이젠 기적이 되어버렸다. 친구를 만나 지하철을 타고 재잘거리며, 함께 차를 마시고 싸

돌아다니던 게 이젠 두려운 일이 되어버렸다.

모든 게 혼돈이다. TV를 틀면 연일 코로나로 죽어가는 사람들 뉴스가 주눅 들게 한다. 국내외 경제가 흔들리니 정국 또한 불안하다. 인간이 부지런히 백신이나 치료약을 개발하고 있지만, 바이러스 또한 만만치 않다. 약이 독해질수록 바이러스 역시 변이를 일으켜 그 세력을 더 키워가고 있으니 말이다. 국민들은 이제 국가를 믿지 못하고, 내일에 대한 어떤 정책이나 공약에 대해 실낱같은 희망이나 기대조차 하지를 못한다. 앞으로의 인류역사는 필시 인간과 코로나바이러스와의 엎치락뒤치락하는 씨름판 역사가 될 것이다.

이런 상황에 그가 노래한 「풍경」의 의미는 세상을 향한 애절한 간증이 아닐까싶다. 일전에 모 가수가 노래한 「테스형」처럼, 그 역시 이 세상을 향해 열변을 토하고 싶었는지도 모를 일이다. 세상에서 제일 아름다운 풍경은 모든 것들이 제자리로 돌아가는 풍경이라고, 제발 우리 좀 각성하자고 말이다.

모든 게 제자리로 돌아가는 풍경은 조물주가 만든 태초의 세상이 아닐까? 하느님이 손수 만든 아담과 하와는 벌거벗고도 서로 사랑하고 의좋게 살았다. 어차피 자신이 누리고 있는 것 모두가 하늘이 공짜로 내린 것이니, 내 것이라 생각하지 않고 무엇이든 함께 나누었다. 항상 함께 생각하고, 한 마음으로 행동하고, 모든 걸 자연의 순리에 따랐다. 욕심을 부려 하늘이 준 땅을 헤치지도, 오염시키지도 않았다. 그러니 그들은 벌거벗고도 부끄러움을 몰랐던 것이다.

오늘의 코로나재앙이 있기 전부터 많은 현자賢者들은 인간의 미래에 대해 경고를 했다. 눈앞의 욕심으로 앞만 보고 치닫다간 언젠간 스스로 멸망을 초래할 날이 온다고 말이다. 더 나은 미래를 개척한다는 명분으로, 인간은 자신의 존재를 망각하고 하늘의 영역을 침범하기 시작했다. 약을 개발한다는 미명으로 인간을 생체마르타로 이용해서 그 존엄성을 스스로 격하시키고, 하늘과 땅과 물을 오염시키고, 자국의 이익을 위해선 약소국을 향해 마구 폭탄과 총포를 갈겨대었다. 어디 그뿐이랴. 인간의 욕망은 바벨탑처럼 하늘을 찔러 드디어 우주를 정복하고, 하늘이 내린 수명까지 연장시키는 쾌거를 이루었다. 그런데 이렇게 위대한 인간이 결국은 자신들이 연구하던 미생물에게 목덜미를 잡혀 두 무릎을 꿇고만 게다.

인류역사를 돌이켜보면 이유 없는 사건은 하나도 없다. 원인이 있어 그에 합당한 결과가 있고, 그렇게 역사는 굽이굽이 흘러왔다. 그러니 지금 인간이 이렇게 참혹한 시련을 겪는 데는 필시 이유가 있는 게다. 어쩜 지금의 이 재앙은 기고만장한 인간의 욕심과 이기심에 경종을 울리려는 게 아닐까? 빈손으로 이 세상에 와서 공짜로 얻은 모든 것들에 대해 감사는커녕, 가족의 소중함과 일상의 소소한 행복을 모른 채 서로 총칼을 겨누며 싸우는 인간들에게 뭔가를 일깨워주기 위한 하늘의 뜻은 아닐까?

하늘의 뜻이 통했는지 이제 세상이 조금씩 바뀌고 있다. 멀쩡한 정신으로 지옥의 끝을 보고 있으니 인간들이 변할 수밖에 없는 것이리라. 코로나로 격리되어 있는 이웃을 위해 빵과 약을 나누고, 질병과 기아로 죽어가는 인도나 아프리카 이재민들에게 구원의 손길을 내밀고 있다. 이웃의 고통이 바로 내 아픔이 될 수 있으며, 지구 한 모퉁이의 재난이 곧 자국의 재앙이 될 수 있음을 자각하기 시작한 게다. 그러고 보니, 보이지 않는 코로나바이러스가 돌고 돌면서 인간을 서로 소통시키고 융합시켜주고 있는 게다.

자신의 의지가 아니라 갑작스레 이 세상에 던져진 인간들! 나신裸身으로 이 세상에 왔다가 어느 날 홀연히 맨몸으로 돌아갈 덧없는 존재인 인간들이 이제야 모두가 한 형제이고 가족임을 깨닫고 있으니 그나마 다행한 일이다. 머지않아 그가 애타게 노래하는, 모든 게 제자리로 돌아가는 풍경의 세상이 올 것만 같다.

은하철도 999

삼라만상이 잠든 이 밤,
드디어 지구를
떠난다.
눈앞의 것을 잡으며,
더 높은 곳을 향해
허우적거리던
욕심과 아집을
내려놓는다.
하늘을 날며
사랑도,
미움도,
고단함도
모두 바다 속에
던져
버린다.

지구탈출 캡슐을 타다

가슴 설레며 기다리던 대학동기들과의 미주 여행을 떠나는 날! 나에게서 여행은 일상의 모진 고리를 끊고 지구를 탈출하는 것이다. 출발 전까지 하릴없는 일들로 육신은 만신창이고 마늘 즙처럼 진이 빠져나갔다. 가슴은 우글거리는 거품으로 폭발 직전, 나는 과감히 목에 걸린 연자매 줄을 끊고 세상 울타리를 탈출한다.

모두가 잠든 밤, 인천공항 행 심야버스에 몸을 싣다. 아내의 부재보다는 자유를 만끽하는 기쁨이 더 큰지 남편은 흔쾌히 나를 배웅해준다. 동행할 친구들 역시 설레는 눈빛이다. 이번 코스는 8년 전 겨울에 남편과 다녀온 캐나다와 미동부지역이다. 영하 20도의 폭한에 평소 그다지 정겹지도 않던 우리 부부가 서로를 의탁하며 체온을 나누던 추억이 아스라이 떠오른다. 하지만 여행은 지친 몸과 마음을 풀고 힐링하는 과정이고 보면, 시시때때로 아웅다웅하는 부부보다는 마음

맞는 친구와 하는 여행이 더 즐겁다. 한번 가 본 곳이든 아니든 그게 중요하지 않다. 나에게서 여행은 일상을 떠나 나를 찾는 작업이고, 숨 가쁜 시간의 쉼표일 따름이다.

우등버스에 몸을 기다랗게 펴고 뒤로 젖힌다. 선천성 역마살로 그렇게 오랜 세월 여행을 다녀도, 내 돈으로 비행기 비즈니스 석을 탄 적이 없다. 언젠가 쌓인 마일리지로 비즈니스 석에 앉아 간 적이 있다. 지그시 몸을 누이고 여유로운 공간에서 최상의 서비스를 받으며 부티 나게 12시간을 향유해 본 그날, 마치 내가 대단한 인물이 된 것 같은 착각이 들었다. 그런데 지금은 그 때의 그 자리보다 더 아늑하고 편하다. 그러고 보면, 세월이 약인지 이젠 나도 세상과의 마찰이 없이 곧잘 순응을 하는 것 같다.

드디어 실내등이 모두 꺼지고 아스라이 취침등이 불을 밝힌다. 앞에서 뒤로 쭉 연결된 형광 빛 두 줄이 동화 속의 '은하철도 999' 같다. 갑자기 내 몸이 두둥실 뜬다. 공중부양! 난 이제 이 작은 캡슐을 타고 은하계로 날아간다. 지구와의 단절이다. 날 친친 묶고 있던 인간사슬, 목을 조르고 있던 연자매 줄이 우두둑 끊어진다. 갑자기 가슴이 쿵한다. 고압선에 감전된 듯, 온몸으로 짜릿하게 퍼져오는 이 전율의 정체는 무엇일까?

나를 탈출시킨다. 여기 이 캡슐 차에 탑승한 자는 모두 하늘의 초대를 받은 이들이다. 한치 앞도 보이지 않는 안개 속에서, 숨 쉴 틈 없이 머리 위로 쏟아지는 폭우 속에서, 불평 없이 묵묵히 견디며 이제껏 열심히 달려온 자들에게 신이 내린 선물인 게다. 급한 마음은 버스보다 먼저 무지개를 타고 우주로 날갯짓을 한다. 모두들 평화로워 보인다. 자신을 내려놓고, 육신을 온전히 하늘에 맡기고 의탁하며 잠이 든 모습이다.

캄캄한 캡슐! 하지만 죽음이 아니라 생명의 캡슐이다. 어둠이 아니라 환희의 탈출이다. 영광의 탈출을 알리는 표징처럼, 닫힌 차창의 커튼 사이로 아스라한 불빛이 새어 들어온다. 버스는 순간 성서 속 창세기 홍수의 '노아의 방주'가 된다. 우리 모두를 안전하게 천상으로 인도할 임무를 띠고 온 사자인 양, 건장하고 잘 생긴 기사청년은 어둠 속으로 경쾌하게 차를 내몬다.

나른한 일상, 지치고 힘든 세상에서 한 번씩 자기일탈은 필요한 것 같다. 일생을 열심히 살았는데, 정신없이 앞만 보고 달렸는데, 이제는 나도 시원한 당산나무 그늘 아래 누워 한가로이 쉴 자격이 있다. 하지만 아직도 내 가슴엔 작은 돌멩이 하나가 걸려 있다. 이렇게 넋 놓고 쉬면 안 될 것 같은, 가만히 앉아서 놀고먹으면 세상에서 낙오되어 도태될 것만 같은 알 수 없는 강박감이다. 아직도 내 손이 가야만 세상이 돌아간다고 생각하는 이 착각 자체가 나의 불치병인 게다.

세상은 엎치락뒤치락 한판의 씨름 터다. 상대를 잎어치기해서 눕히든, 아님 내가 모래 바닥에 뒹굴어 납작 엎드려야 한다. 그러니 몸은 언제나 숨 가쁜 샅바싸움에 만신창이다. 어디 그뿐이랴! 틈틈이 자식과 이웃의 씨름판까지 엿보면서 가슴앓이를 하다 보니 에너지가 전소全燒되어 몸은 어느새 바스락거리는 낙엽이 되어버렸다.

삼라만상이 잠든 이 밤, 드디어 지구를 떠난다. 이제 나만을 위한 긴 피정避靜이 시작된다. 눈앞의 것을 잡으려, 더 높은 곳을 향해 허우적거리던 욕심과 아집을 모두 내려놓는다. 이제 곧 하늘을 날며 사랑도, 미움도, 고단함도 모두 바다에 던져버릴 테다. 지구를 내 눈 아래로 느긋하게 내려다보리라. 방관의 시선으로, 텅 빈 가슴으로, 스쳐가는 한 줄기 바람으로 세상을 바라보리라.

조용히 눈을 감는다. 하늘에서 부드러운 음성이 들린다.

"지치고 힘든 자여 내 품으로 오너라!
내가 너의 그늘이 되어 주리라."

나이아가라를 정복하다

두 번째의 캐나다동부 여행, 이번엔 나이아가라 폭포를 제대로 정복할 참이다. 한번은 8년 전에 남편과 함께 영하20도의 혹한 속에, 그리고는 이제 따뜻한 봄날에 친구들이랑 다시 이곳엘 온 것이다. 겨울엔 하얀 설경雪景 속에서 신비하고 진중하게 흐르는 폭포를 보았다. 하지만 폭포 일부가 얼어서 수량水量이 적었고, 폭포 아래서 배를 탈 수가 없는 게 아쉬웠다. 하지만 이번엔 얼음과 눈이 녹아 수량이 가장 풍부한 철이라고 하니 사뭇 기대가 된다.

오대호 가운데 하나인 이리 호에서 하류에 있는 온타리오 호를 향해 흐르는 나이아가라 강은 두 호수의 중간 지점에서 55미터의 낙차로 단숨에 떨어지는데, 이것이 바로 연간 1천만 명의 관광객을 불러들이고 있는 나이아가라 폭포다. 지금부터 대략 10,000년 전 지구의 마지막 빙하기 때, 빙하가 녹아 강바닥을 침식시키며 내려오다가 특히 침식이 많이 되어 형성된 폭포가 바로 나이아가라 폭포라고 한다. 이 폭포는 워낙 커서 미국폭포와 캐나다폭포로 나뉘는데, 동쪽이 미국폭포이고 서쪽이 캐나다폭포다. 미국폭포는 폭이 320미터, 낙차가 56미터로 캐나다폭포에 비하면 지류이기 때문에 수량이 6분의 1정도다. 신부의 면사포처럼 포근하게 감싸주는 느낌이라고 해서 '브라이들 베일폭포(Bridal Veil Falls)'라고 부르는데 폭포가 떨어지는 부분의 바위를 약간 성형한 폭포다. 캐나다폭포는 낙차 54미터, 폭이 675미터로 말발굽 모양을 하고 있어 '말발굽 폭포(Horse Shoe Falls)'라 부르는데 자연 그대로의 폭포다.

8년 전 겨울에 이곳 나이아가라 폭포를 찾은 것은 해가 저물 때쯤이었다. 날씨가 흐렸지만 폭포 바로 옆쪽에 있는 테이블 록 하우스(Table Rock House)건물로 들어갔다. 여기엔 간단한 기념품을 파는 상점과 음식점이 있다. 이곳에서 엘리베이터를 타고 38미터를 내려가면 시닉 터널(Scenic Tunnel)이란 곳이 나온다. 밀폐공포증이 있는지라 여기가 폭포 아래라고 생각하니 갑자기 가슴이 답답해졌다. 이곳에서 비옷과 장화를 빌려 입고 폭포 맨 아래 전망대로 나가면 나이아가라폭포를 가장 낮은 지점에서 바라볼 수 있는데, 위압적으로 쏟아지며 튀는 물보라를 보는 게 마치 폭우를 맞는 기분이라고 한다. 하지만 이 또한 겨울이라 문을 닫은 상태였다. 그러니 고작 유리창 너머로 쏟아지는 폭포 물줄기를 간접적으로 느낄 수밖에 없었다.

아쉬운 마음을 접고 호텔로 안내를 받아 들어갔다. 그런데 이런 횡

재가 또 있을까! 여행사에서 우리 부부에게 준 호텔이 바로 나이아가라폭포 위였다. 호텔 이름이 'Sight Seeing the Falls'이니 폭포를 직접 보기 위해 만든 호텔인 게다. 우리를 데려다 준 봉고차 기사가 말하기를, 그 호텔 방이 하룻밤 묵는 데 1,000불이나 되는 방이라고 했다. 아마도 그때가 비성수기인지라 비어있는 방을 여행사에서 VIP고객에게 특별히 배려를 해준 게다. 방이 3개에 널따란 거실과 베란다까지 딸려 있었다. 우리는 베란다에 나와 환호성을 울렸다. 발아래서 은빛, 금빛, 오색 불빛에 싸여 쏟아지는 폭포! 그리고 폭포 주위로 물안개가 피어오르는 야경은 심장을 멎게 했다, 새삼 조물주의 위대한 능력에 절로 머리가 숙여졌다. 아무리 과학이 발달하고 기술이 뛰어나도 인위적으로 그런 풍경을 결코 만들 수가 없기 때문이다.

다음 날 일찍 눈을 떠서 우리는 다시 베란다로 달려갔다. 어젯밤에 본 폭포와는 또 다른 모습으로 폭포는 그 자리에서 자태를 뽐내며 쏟아지고 있었다. 유리창 너머로 보는 게 성이 차지 않았다. 결국 둘은 베란다로 나갔다. 살을 에는 듯 한 세찬 바람이 온몸을 덮쳤다. 하지만 이런 기회를 어찌 놓치랴! 정신없이 카메라 셔터를 눌러댔다. 폭포가 발아래서 갖가지 유희를 했다. 우리가 서 있는 곳이 천상세계인 듯 한 착각마저 일었다. 발그스레 동이 트면서 폭포는 다시 아름답게 변모하기 시작했다. 붉게 타오르는 태양을 받아 발갛게 익어가는 폭포! 그 감동에 나는 손가락이 얼어붙는 것도 모르고 서 있었다.

호텔에서 식사를 하고 우리를 데리러 온 가이드의 안내를 받아 예약된 헬기장으로 이동했다. 그리 크지 않은 헬기사무실 안에는 영하 20도의 혹한에도 헬기를 타러온 사람들이 순서를 기다리고 있었다. 약간의 고소공포증이 있는지라 차례를 기다리면서도 순서가 늦게 오면 좋겠다고 생각하고 있는데, 우리더러 제일 먼저 타라고 했다. 이것도 특별대우인가 싶은 마음에 울며 겨자 먹기로 자리에서 일어나 헬기 쪽으로 갔다. 지금은 6인승 최신 헬기도 나왔다고 하는데, 당시는 조종사와 조수가 앞에 타고 뒷자리엔 관광객 두 명만이 타게 되어 있었다.

헬기에 오르자 조수가 다가와 안전벨트를 매어준다. 숨고를 시간도 없이 헬기는 가뿐히 하늘을 향해 솟아오른다. 순간, 가슴이 철렁해진다. 하지만 바로 눈앞에 펼쳐지는 설경에 저절로 환호성이 터져

나온다. 조수한테 사진을 찍어달라고 카메라를 넘기는 여유까지 생긴다. 시야는 온통 하얀 세상이다. 유일하게 움직이는 건 나이아가라 강과 폭포뿐이니 폭포를 찾기도 쉽다. 여기서 폭포를 보고 '월풀 세탁기'를 창안한 장소라고 하는 월풀 소용돌이도 저 아래 선명하게 보인다. 내가 하늘을 날고 있다! 그것도 꿈에도 그리던 나이아가라 폭포 위를 말이다. 고작 15여분의 비행이지만 나이아가라를 다 점령한 듯 한 충만함에 우리는 혹한의 추위도 잊고 있었다.

이번 나이아가라 여행의 첫날, 오늘은 지상에서의 나이아가라 폭포관광이다. 아무래도 산책은 추운 겨울보단 지금처럼 봄이 더 좋다.

캐나다의 말발굽폭포 위쪽, 나이아가라 강변에서 버스가 정차하더니 우리를 내려준다. 다들 무엇에 홀린 듯 강변으로 달려간다. 하늘은 온통 물안개다. 순간, 비가 내리는 줄 알았다. 폭포 아래로 내리치는 나이아가라 강을 보고 카메라 셔터를 눌러댄다. 강물은 전투에 나선 성난 기마병대열처럼 엄숙하고 빠르게 폭포를 향해 달려간다. 그러더니 사정없이 바닥으로 곤두박질치는 물폭탄, 거기서 튀어나오는 물바람에 카메라가 순식간에 젖는다. 이건 바람이 아니라 숫제 물세례다. 어느새 얼굴은 흠뻑 젖어 화장기 없는 생얼이 된다.

일행을 찾아도 보이지 않는다. 모두들 경이로운 대자연의 향연에 취하고, 아름다운 풍광 속에 그대로 동화되어버린 게다. 포효하는 폭포소리에 까닭 없이 마음이 들뜬다. 폭포의 옆모습을 감상하며 조금씩 말발굽폭포가 쏟아지는 앞쪽으로 다가간다. 욕조처럼 움푹 파인 폭포 아래 모습이 이름처럼 말발굽을 닮았다. 카메라 각도마다 찍힌 사진은 그대로 한 폭의 그림이다.

드디어 폭포가 쏟아지는 앞쪽, 정면을 마주한다. 굉음을 울리며 폭포는 거침없이 물을 토해낸다. 어디서 저 많은 물이 끝없이 흘러내릴까? 지난 번 겨울에 본 폭포보다 물의 양도 많거니와 규모가 훨씬 웅장하다. 찬란한 햇빛을 받으며 둥그런 원탕 물 위로 쏟아지는 폭포수는 맨해튼의 타임스 스퀘어 불빛보다 현란하고 아름답다. 성난 사자 같기도 하고, 굶주린 하이에나의 울음소리와도 같은 폭포소리에 심장이 얼어붙는다. 절대자가 아니고서야 어떻게 이런 풍광을 연출할 수가 있으랴. 보이지 않는 신의 손길, 웅대한 자연 속의 신의 계시啓示

가 바로 이런 것이 아닐까 싶다.

잠시 숨을 돌리며 목을 축이기 위해 폭포 옆에 있는 건물로 들어간다. 이 건물이 바로 전번에도 들렀던 테이블 록 하우스다. 폭포가 보이는 창가에 앉아 커피 한잔의 행복을 즐긴다. 좋아하는 커피에다 오매불망 그리던 나이아가라 폭포를 곁에서 보고 있으니, 이보다 더한 행운이 어디 있으랴. 이 순간을 위해 그동안 열심히 잘 살았노라고 자신에게 파이팅을 건다.

다시 강가 도로로 나와 혼자서 셀카를 찍으며 미국 쪽 폭포를 향해 걸어간다. 걸음걸음이 산책이 아니라 신나는 유희다. 남미 이과수 폭포처럼 깊은 산도 아닌 훤한 도시 안에 이렇듯 웅장한 폭포를 가지고 있는 이 나라가 부럽다. 자그마한 천지연폭포 앞에서 넋을 잃는 우리 아이들 생각이 나서다. 같은 나이아가라 강에서 생겼지만 강의 지류이다 보니 미국폭포는 캐나다폭포에 비하면 덜 웅장하고 수량도 적다. 게다가 조금은 성형을 한 폭포라고 하니 신비감이 줄어든다. 미국폭포를 보고 있으니, '브라이들 베일 폭포(Bridal Veil Falls)'란 이름처럼, 하얀 면사포를 쓴 가녀린 신부가 떠오른다. 자연이 만든 두 폭포를 두고 미국과 캐나다가 관광사업으로 신경전을 하고 있다니, 하느님의 눈으로 볼 때는 기가 찰 노릇이지 싶다. 버스를 타기 위해 아까 내린 나이아가라 강변 쪽으로 걸어오는데 캐나다폭포 위에 선명하게 무지개가 걸렸다. 이번 여행이 행운이라는 걸 보여주는 징표 같아 괜히 기분이 업 된다.

드디어 저녁식사 후, 고대하던 나이아가라 야경투어가 시작된다. 가이드와 함께 폭포를 눈 아래로 내려다 볼 수 있는 스카일론 타워로 올라간다. 내일 점심 때 식사예약을 한 곳이라 오늘 타워에 오를 수 있는 티켓을 보너스로 준 것이란다. 스카일론 타워(Skylon Tower)는 높이 236미터로 나이아가라에 있는 전망대 중 가장 높다. '옐로 벅(Yellow Bug)'이라는 이름의 엘리베이터는 절반이 유리로 되어 있어서 약 52초 간 올라가면서 바깥으로 펼쳐지는 전망을 즐길 수 있다. 엘리베이터를 타자 백인 안내사가 친절하게 한국말로 인사를 한다.

밤에 보는 폭포는 환상적이다. 조명을 아름답게 해서 두 얼굴의 나이아가라를 보고 있는 게다. 맑은 날에는 멀리 128킬로미터 지점에 있는 토론토와 버펄로의 마천루까지 보인다고 한다. 전망대에서는 밖으로 나갈 수도 있고, 약 1시간을 주기로 천천히 회전하는 레스토랑에 앉아 풍광을 즐기면서 식사를 할 수 있단다. 은근히 내일이 기다려진다.

폭포 정복의 마지막 일정은 직접 배를 타고 폭포 아래로 들어가 보는 코스다. 느긋하게 자고 일어나 호텔식 식사를 하고, 9시 반에 예약이 된 유람선을 타기 위해 버스로 출발한다. 폭포 아래를 도는 배를 '메이드 오브 더 미스트(Maid of the Mist)'라고 하는데, 나이아가라 폭포관광에서 가장 인기 있는 옵션이다. 유람선은 캐나다와 미국 양쪽에서 출발하는데 캐나다 쪽은 빅토리아 공원에서, 미국 쪽은 프로스펙트 공원에서 출발한다. 여기서 유람선을 탑승하여 양쪽 폭포 바로 밑까지 들어갔다 나오는 코스이다. 흥미로운 것은 관광객을 구별하기 위해 미국 쪽에서 출발하는 배는 파란색 비옷을, 캐나다 쪽에서 출발하는 배는 빨간색 비옷을 입혀 만일의 사태에 대비한다고 한다.

미국폭포 가까이 있는 클리프턴 힐(Clifton Hill)에 도착, 버스에서 내려 추적거리는 비를 맞으며 선착장까지 내려간다. 한가한 관광이 아니라 무슨 큰일을 도모하러 가는 듯, 모두들 표정이 사뭇 진지하다. 선착장 앞은 도로에서부터 북새통이다. 선착장 입구에서 주는 빨간 비닐 우비를 하나씩 받아 입고 드디어 유람선을 탑승한다. 사람들이 가득 찬 배는 온통 붉은 색이다. 문득 2002년 월드컵 때 입던 '붉은 악마' 응원복이 연상되어 웃음이 나온다. 배 안에는 따뜻한 커피를 파는 미니 카페도 있다. 하지만 이 혼잡한 북새통에 귀한 볼거리를 눈앞에 두고 먹는 걸 선택하는 사람은 아무도 없다. 배의 조금 왼쪽 저만치서 미국폭포가 쏟아지고 있다. 다들 전망이 좋은 자리를 차지하느라 배 안은 소리 없는 신경전이다.

드디어 배가 움직이기 시작한다. 경쾌한 음악이 흘러나온다. 배가 미국폭포 쪽으로 머리를 돌리더니 서서히 폭포에 접근한다. 폭포로부터 하얀 물안개가 사정없이 쏟아진다. '브라이들 베일 폭포(Bridal Veil Falls)' 이름처럼 신부의 하얀 면사포가 배 위에 펼쳐진다. 물벼락을 맞고는 모두들 환호성을 지르며 선실 안으로 들어온다. 얼김에

나도 선실로 들어왔다간 이 아까운 순간에 옷 젖는 걱정을 하랴 싶어 다시 뱃전으로 나간다. 배 안은 말 그대로 인산인해人山人海다. 한 발자국도 내디딜 수 없이 초만원이다. 문득, 아무런 준비도 없는데 여기서 배가 가라앉으면 어쩌나 하는 불안감이 압도해 온다. 하지만 폭포에서 몰아치는 상큼하고 써늘한 물바람에 모든 감각신경이 팽팽해 온다. 스릴 속의 희열이 바로 이런 것이리라.

서로 몸싸움을 하며 환호성을 터뜨리는 사이, 배는 어느덧 캐나다 폭포 쪽으로 머리를 돌려 서서히 접근하기 시작한다. 다시 가슴이 고동치기 시작한다. 다행히 얼마 전에 브라질 이과수폭포 아래로 보트 모험을 해본 적이 있어 스스로를 다잡는다. 조금씩 안개비가 쏟아지더니 이젠 굵은 비가 위에서 소나기로 떨어진다. 폭포는 바로 우리들

머리 위에서 굉음을 내며 포효하는 맹수처럼, 금방이라도 배를 집어 삼킬 듯 노려본다. 눈 깜짝할 사이, 하늘이 터진 듯 물은 그대로 배 안으로 쏟아져 들어온다. 순간, 저절로 고개가 숙여지고 몸이 웅크려진다. 이건 지상세계가 아니다. 내리치는 폭포 아래서 거대한 배도 그 속의 사람도 작은 나뭇잎이 되어 파르르 뜬다. 써늘한 폭포수를 맞으며 진땀이 흐른다. 절로 기도가 나온다.

"이렇게 경이로운 자연을 창조하신 이는 찬미 받으소서!"

무한한 절대자 앞에서 유한한 생명체 인간이 흘리는 눈물이고 사랑의 기도다. 고개를 드니 배는 폭포에서 서서히 물러서고, 하늘엔 햇살이 가득하다. 어쩜 저 폭포 위에 애절한 사연의 전설 속 이레와라 처녀가 무지개를 타고 나타날 것만 같다.

관광이 아니라 한 차례 정사情事를 후줄근하게 치른 듯, 온몸이 녹다운된다. 경이로움과 환희, 무언가 대단한 걸 힘들게 쟁취했을 때 느끼는 성취감 속에 정신이 몽롱하다. 나이아가라 폭포를 이 나라 사람들이 그렇게 자랑하는 이유를 이제 알 것만 같다. 남미 이과수 폭포가 웅장하지만 하나의 폭포가 쏟아 붓는 수량水量과 폭포 규모는 가히 세계 으뜸이라 할 수 있다. 드디어 나이아가라 정복을 완성했다.

꿈에서 깨어난 듯, 붉은 비옷을 벗는다.

하늘에 바벨탑을 쌓다

뉴욕 여행 이틀째, 미드타운에서 처음 들르는 곳은 뉴욕의 상징 건물, 엠파이어 스테이트 빌딩이다. 엠파이어 스테이트 빌딩(The Empire State Building)은 자유의 여신상과 함께 뉴욕을 대표하는 고층빌딩으로, 연간 700만 명이 방문한다. 이 빌딩은 높이 381미터, 탑 꼭대기까지는 443미터, 102층의 건물로, 세계 대 공항 시 뉴딜정책의 하나로 마천루를 지어 올리던 시절에 단 19개월 만에 완성되어 세계 7대 불가사의 건물에 속한다. 건물이 그렇게 빨리 완성될 수 있었던 것은 이와 똑같은 작은 건물을 로어 맨해튼에 설계해두었다가 뻥튀기를 해서 올렸기 때문이라고 한다.

이 빌딩에 얽힌 우스운 에피소드가 있다. 건물이 완성된 1931년 4월 30일, 당시 후버대통령이 이 건물의 벨을 누르고 불이 켜지는 순간 사람들은 모두 뒤로 물러섰다고 한다. 무너질까 겁이 나서다. 한때는 사무실 임대가 안 되어 건물 별명이 'Empty Building'이었다고 한다.

사람들의 우려를 완전히 깬 영화가 바로 1930년대에 나온 『킹콩』이다. 킹콩이 올라가 빌딩을 잡고 흔들어 이 건물의 단단함을 상징적으로 보여준 것이다. 과연 그 영화처럼 80년이 지난 지금까지도 이 건물엔 균열이 하나도 없다고 하니 놀라지 않을 수 없다.

전망대는 외부로 나갈 수 있는 86층과 유리창을 통해 보는 102층이 있는데, 2층의 티켓판매소에서 입장권을 사서 엘리베이터를 타면 된다. 80층에서 내려서 다른 엘리베이터로 갈아타고 86층 전망대까지 올라간다. 날씨가 좋으면 전방 100킬로미터까지 볼 수 있어 맨해튼은 물론 뉴욕 시 전체, 롱아일랜드와 뉴저지까지도 훤하게 보인다고 한다.

엠파이어 스테이트 빌딩의 상징인 야간조명은 1976년 미국독립 200주년을 기념하여 적·백·청의 3색 조명을 켜기 시작한 것이 그 시초로, 2012년부터 한번에 16만 가지 색을 연출할 수 있는 컴퓨터제어 LED조명이 설치되어 화려한 조명 쇼를 감상할 수 있다. 특히 크리스마스를 준비하는 12월 첫 주가 되면 초모양이 가득 박힌 아름다운 빌딩 모습을 볼 수 있다. 2층에는 N.Y. 스카이라이드가 있어 마치 헬리콥터를 탄 듯 한 시뮬레이션 공간에서 대형 스크린으로 뉴욕의 경관을 즐길 수 있다.

한참 줄을 서서 기다려 80층까지 초고속 엘리베이터를 탔다. 80층에서 내리자 다시 엘리베이터를 기다리기 싫은 마음에 86층까지 계단으로 걸어가기로 한다. 앞사람을 따라 아무 생각 없이 시작한 이 작은 모험에 금방 후회를 한다. 고층이라 산소도 부족한데다 부산에서부터 이틀간 날아오느라 아직 풀리지 않은 다리가 투정을 부리는 것이다. 그래도 여기서 멈출 수는 없다. 4,000미터 고산지대 볼리비아의 라파스를 돌아다닌 내가 아니더냐 하며 스스로를 부추긴다. 숨이 턱에 닿아 주저앉고 싶은 순간에 86층 전망대 입구가 나타난다. 무엇이든 힘들어 쟁취한 것일수록 더없이 값진 것! 눈 아래로 시원하게 펼쳐지는 마천루 경관에 뭔가 가슴 저 아래 고여 있던 게 왈칵 쏟아진다. 험악한 산을 힘들게 정복하고 정상에 섰을 때의 바로 그 느낌이다. 50층 이상의 빌딩이 무려 300개라고 하니 이게 바로 빌딩숲이다.

세계 최강을 자랑하는 미합중국의 자부심이라도 되는 양, 이들은 정신없이 하늘을 향해 마천루를 지어 올렸다. 하지만 9·11 테러로 세계무역센터, 쌍둥이빌딩은 하루아침에 바닥으로 내려앉아버렸다. 하늘을 향해 도전상을 띄우고 정신없이 하늘로 치솟다가 하루아침에 바닥으로 부너진 마천루는 어쩜 신이 인간에게 내리는 어떤 메시지인지도 모를 일이다. 하지만 이들은 포기하지 않았다. 빌딩이 무너져 내린 이곳을 'Ground Zero Memorial'이란 이름으로 기억하며, 여기를 원점으로 다시 그 자리에 '자유의 탑(Freedom Tower)'을 묵묵히 쌓아 올린 것이다. 저만치 맨해튼의 푸른 하늘 아래 웅장하게 빛나고 있는 건물이 보인다. 아마도 저 탑은 어떠한 재앙에도 인간의 기본권리, 자유만은 목숨 걸고 지키겠다는 이들의 한 맺힌 의지의 상징이 아닐까싶다.

유한한 생명의 불완전한 존재인 인간은 항상 하늘 저 위에 있을 듯한 무한한 절대자, 신을 그리워하였다. 그런 연유로 아흔 아홉에 하나를 더 채우고 싶은 인간의 욕망은 하늘을 향해 이렇게 높고 화려한 바벨탑을 쌓아 올렸다. 하늘에 가까이 가면 마치 자신이 신처럼 위대해지는 것 같은 착각에서다. 하지만 아무리 하늘로 치솟아도 결코 영혼까지는 다 채울 수가 없기에, 인간은 물질의 풍요 속에 영혼은 늘 허기져 허덕인다. 그러니 맨해튼 타임스 스퀘어 거리의 조명은 더욱 현란해지고, 맨해튼은 밤에도 잠들지 못한다.

위에서 보니 맨해튼이 고구마모양이다. 저 아래 오후에 돌았던 건물들이 다 보인다. 중앙에 있는 푸른 숲이 조금 전 릭사를 타고 돌았던 센트럴 파크다. 몇 년 전엔 영하 20도의 혹한 겨울에 남편과 함께 여길 왔다. 그때는 얼굴이 얼어붙는 통증으로 사진만 한 컷 찍고 실내로 들어가 창문 너머로 전경을 보고 갔다. 하늘의 축복인 양 오늘은 날씨마저 청명해서 저 멀리 뉴저지까지 시야에 들어온다.

정신없이 사진기 셔터를 누른다. 두 번째 여길 왔지만 이제 내 생에 다시 이 마천루에 오를 날이 있을까 하는 마음에서다. 하늘이 가까우니 필시 하느님과도 잘 통할 터, 지그시 눈을 감고 천상기도를 올린다. 시원하게 트인 저 세상처럼, 남은 삶엔 내 안에 켜켜이 쌓인 아집과 욕심을 훌훌 털어내고, 새털 같은 마음으로 하루하루를 살아가게 해 달라고.

맨해튼의 밤거리, 뉴요커가 되어

뉴욕 여행 이틀째, 낮에 미국의 상징인 자유의 여신상과 엠파이어 스테이트 빌딩을 보고 내려왔다. 이제 차는 미드타운의 중앙으로 달린다. 타임스 스퀘어의 현란한 조명에 눈이 부시다. 가게마다 건물마다 경쟁하듯 화려한 야광의상을 갈아입고 맨해튼거리는 흥청거리기 시작한다.

타임스 스퀘어(Times Square)는 맨해튼 42번지에서 47번지와 브로드웨이, 7번가가 교차하는 삼각지대다. 라디오, 텔레비전, 오디오, 인터넷 등 엔터테인먼트 문화의 중심지로 알려진 곳으로 1904년「뉴욕 타임스」의 본사가 이 지역으로 이전되면서 붙여진 이름이라고 한다. 주변에는 브로드웨이 극장가를 중심으로 수많은 뮤지컬극장과 영화관, 호텔, 레스토랑, 상품매장, 바 등이 즐비하다. 새해맞이 종을 울리는 건물도 여기 있고, 우리가 내일 뮤지컬을 보기로 예약한 극장도 이 거리에 있다.

극장 앞에서 줄을 서 있는 사람들, 화려한 조명 아래 노상 바에서 맥주를 마시는 사람들, 쇼핑을 하는 사람들로 거리는 술렁거린다. 화려한 네온사인에 밤에도 잠들지 않는 도시, 뉴욕이다. 마천루 경쟁만큼이나 조명디자인 경쟁도 치열하다. 3D입체조명에 금방이라도 어디선가 괴물이 덮칠 것만 같은 분위기에 조심조심 사위를 살피며 발걸음을 옮긴다. 숫제 건물자체가 화염 속에서 타고 있는 듯 한 입체조명도 있다. 낮엔 정숙하고 조신하던 여인이 밤에는 짙은 화장을 하고 요정에 나가는 요부妖婦가 되듯, 밤과 낮의 모습이 너무도 다른 두 얼굴의 맨해튼이다. 건물 위에서 반짝이는 저 광고 간판의 수입으로 1년에 저 건물을 몇 채 살 수 있다고 하니, 새삼 치열한 디지털경쟁에

현기증을 느낀다.

타임스 스퀘어의 현란하고 화려한 불빛에 뉴요커들은 몸을 내맡기고 흥청거린다. 순간, 저들에게 무슨 미래가 있고 꿈이 있을까 하는 생각이 든다. 하지만 이들은 급변하는 시대에 맞춰 칠전팔기의 정신으로 무장된 자들이다. 세계 대공항을 맞아 모든 나라들이 비틀거릴 때도, 이들은 무無에서 유有를 창조하며 되레 하늘을 향해 경쟁하듯 마천루를 쌓아올렸다. 테러를 당해 하루아침에 쌍둥이빌딩이 내려앉은 자리를 '그라운드 제로(Ground Zero)'라는 이름을 붙여 재무장하며, 다시 자유의 탑(Freedom Tower)을 묵묵히 쌓아올린 민족이 아니던가 말이다.

어디서 태어날지는 나의 뜻이 아니라 하늘이 정해준 것이지만, 아마존 외진 정글에서 수근樹根으로 연명하며 살아가는 원주민들이나 기아로 죽어가는 아프리카 난민들을 생각해 볼 때, 세계의 중심 여기서 마약과 술에 취해 흔들거리며 젊음을 발산하고 있는 저들은 무엇이 다른 것일까 하는 생각이 문득 든다. 분명 지금 여기는 뉴욕의 한가운데다. 그런데 현란한 네온사인과 흥청거리는 젊은이들 속에서 내 영혼은 내내 허공을 맴돌며, 발이 땅에 붙어 있지 않는 것 같다. 나는 태생 자체가 어쩔 수 없는 아날로그 인간인 게다.

가이드 말에 따르면, 뉴요커의 3가지 조건은 세련된 영국식 악센트, 거침없는 비평, 그리고 시대에 뒤지지 않는 패션감각이라고 한다. 그런 의미에서 볼 때 애초부터 나는 뉴요커가 될 수 없는 DNA다. 영어는 서툴면서도 숫제 '콩글리시(Konglish)'이고, 성격은 소심하여 비평하고 태클을 거는 것보다는 적당히 넘어가고 편하기를 바란다. 게다가 여자라도 중성에 가깝다 보니 패션감각이 있을 리가 없다. 따라서 근본부터가 뉴요커 흉내조차 낼 수가 없는 몸이니, 지금 이 혼잡한 타임스 스퀘어에서 혼자 미아가 되어 떠돌고 있는 게 어쩜 당연한 일인지도 모를 일이다.

날씨가 매섭다. 코트 깃을 치켜세우고 기氣와 젊음, 사랑과 낭만이 출렁이는 거리를 뉴요커들과 어깨를 나란히 하고 걷는다. 스치는 젊은이들에게서 상큼하고 자유분방한 영혼의 향기가 물씬거린다. 바로 앞에 낯익은 곳이 보인다. 아이스링크가 유명한 록펠러 센터다. 70층짜리 제네럴 일렉트릭(G. E.) 본사 빌딩을 중심으로 거대한 21개의 빌딩이 모여 있는 군단이다. 이 안에는 35개의 레스토랑을 비롯해서 약국, 은행, 이발소, 극장, 학교까지 갖추고 있어 하나의 작은 도시를 형성하고 있다고 한다. G. E. 빌딩의 맞은 편 오른쪽이 영국관, 왼쪽이 프랑스관이며 그 사이에 채널 가든이 있다. 채널 가든과 G. E. 빌딩 사이의 로어 플라자에는 화려한 크리스마스트리와 만국기가 꽂혀 있다.

영화에서 본 아이스링크 위에 올라서 본다. 써늘한 냉기가 온몸으로 올라온다. 하지만 맨해튼의 열기와 뉴요커들의 열정이 응축된 싱그러운 냉기다. 뭔가 가슴이 시원해지는 이 기분은 대체 무엇일까? 내 뒤를 따르던 한 쌍의 젊은 커플이 손을 잡고 사뿐사뿐 얼음 위에서 춤을 추듯 나를 앞질러 나아간다. 어쩜 저 뉴요커들은 맨해튼 거리를 돌아다니며 타임스 스퀘어의 현란한 조명으로 뜨거워진 몸과 끓어오르는 광기를 여기 이 냉기로 식히고 있는지도 모를 일이다.

생각과 DNA야 뉴요커가 될 순 없지만, 나도 흉내는 낼 수 있다. 비틀거리는 몸에 중심을 잡으며 어릴 적의 얼음지치기 실력을 발휘해서 앞으로 나아간다. 제법 속도가 붙는다. 몸도 마음도 속도에 맞추어 뉴요커가 되어간다. 마지막으로 화려한 조명의 노상 바에서 와인 한잔을 기울여야겠다. 이 밤엔 나도 흥청거리는 뉴요커가 되고 싶다.

천섬(Thousand Islands)

캐나다 여행 3일째, 세인트로렌스 강이 흘러드는 물의 도시 킹스턴에 도착했다. 오늘은 천섬을 관광하는 날, 이번 여행일정 중 유일하게 안 가본 코스라 아침부터 가슴이 설레발을 친다. 몇 년 전 겨울, 남편과 함께 여기를 지나간 적이 있지만 혹한의 겨울이라 천섬엔 갈 수가 없었다. 섬 주위는 물론, 강이 꽁꽁 얼었기 때문이다. 호텔 조식을 한 후, 버스를 타고 크루즈 선착장인 락포르트(Rockport)로 가면서 천섬에 대한 가이드의 설명이 펼쳐진다.

천섬(Thousand Islands)은 캐나다와 미국의 경계를 이루는 세인트로렌스 강 위에 있는 1800개 이상의 섬들로 이루어져 있다. 미국 측의 섬은 뉴욕 주에, 캐나다 측의 섬은 온타리오 주에 속한다. 무려 129킬로미터의 강위로 펼쳐진 천섬은 대부분이 미국이나 캐나다 소속의 부호들의 별장이지만, 외국인들의 별장도 있다고 한다. 섬에는 각각 개성 있는 별장들이 있는데, 크기가 다양해 개집만한 것부터 성곽만한 것까지 있다고 한다. 천섬에서 가장 유명한 곳은 뉴욕 주에 속하는 하트 섬(Heart Island)으로, 여기엔 애달픈 사랑의 이야기가 얽혀 있는 볼트 성(Boldt Castle)이 있다.

볼트(George C. Boldt)씨는 펜실베니아 주에서 조그만 민박집을 하고 있었다. 폭우가 쏟아지던 어느 날밤, 어느 노부부가 찾아와 문을 두드린다. 볼트씨는 그분들을 이틀간 극진히 모신다. 그 부부가 떠나면서 '당신 같이 친절한 사람은 미국의 최고 호텔 지배인이 되어야 한다. 내가 언제 초청장을 보낼게.'라고 하며 떠났다. 그로부터 3년 후, 그는 그 노인으로부터 뉴욕 5번가 맨해튼으로 초대를 받는다. 노인은 당시 맨해튼에서 가장 화려한 호텔을 가리키며 '오늘부터 당신이 이 호텔 주인이다.'라고 하며 전격적으로 그를 호텔에 취직을 시킨다. 그 노인이 바로 맨해튼 최고의 호텔을 경영하는 회장이었던 것이다. 운 좋게도 40세 이후 인생역전의 기회를 잡은 그는 주방에서 일을 하기 시작, 빠른 속도로 성장하여 드디어 미국의 주요 호텔리어가 되었다. 오늘날 호텔경영서비스의 주요 레귤레이션(regulation)을 만들 정도로 그는 이 분야에서 전문가로 성공하여 미국의 대부호가 된 것이다.

볼트 씨는 1893년 7월 가족들과 함께 천섬지역에서 주말을 보내다가 천섬의 아름다움에 반해 자주 천섬을 찾았다. 마침내 그는 1895년 하트 섬을 구입하여 아내 루이스(Louise)를 위해 그 섬에 성을 건설하기 시작했다. 하지만 안타깝게도 부인은 성이 완공되기 6개월 전에 심장마비로 세상을 떠났다. 이미 250만 달러 이상의 막대한 돈을 투자하여 120개의 방을 만든 상태였지만 성곽의 공사는 중단되고 그는 다시는 이 섬을 찾지 않았다. 방치되어 있던 이 성을 뉴욕 시에서 구입하여 보수를 진행하고 있다고 한다. 당시 루시아는 입맛이 까다로웠는데 이런 아내를 위해 볼트 씨가 개발해서 만든 새콤하고 달달한 드레싱이 미국식당 어디에서나 나오는 '천섬 드레싱'이란다.

이밖에도 이곳에서 유명한 곳은 자비콘 섬(Zavikon Island) 그룹인데 이 중 하나의 섬에는 세계에서 가장 짧은 국제다리가 있다. 큰 섬은 캐나다에, 작은 섬은 미국에 속한다. 또한, 체리섬(Cherry Island)에는 1880년대에 지은 한 쌍의 붉은 성곽 카사블랑카(Casa Blanca)가 있는데 빅토리아시대의 골동품으로 가득 찬 방이 26개나 있다고 한다.

캐나다 깃발을 단 크루즈호는 서서히 강 위를 달린다. 동화 속에 나오는 작은 별들처럼 푸른 물 위에 무수히 많은 섬들이 흩어져 있다. 섬이 너무 작아서 금방이라도 물에 잠길 것 같은 것도 있다. 이름 모를 새가 작은 바위 위에 앉았다가 휘리릭 하늘로 날아간다. 필시 저 바위별장의 주인은 저 새이겠지. 그러고 보니 여기는 인간과 동물이 평화롭게 공존하는 파라다이스다. 옛날 여기 사는 원주민들이 이곳을 '신의 정원'이라고 부른 이유를 알 것 같다.

안내방송으로 이 섬에 얽힌 재미있는 전설을 이야기해준다. 친절하게도 배에 탄 여행객들을 위해 각 나라 언어로 설명을 해준다. '아름다운 영혼들의 정원'이라는 이름의 '마니토바 여신'은 인간들이 계속 분쟁을 하고 싸우자 섬들을 하나하나 모아 보자기에 싸들고 하늘로 올라갔다. 그런데 올라가다가 보자기가 터져 섬들이 땅으로 우르르 쏟아졌는데 그게 바로 천섬이란다.

바다처럼 드넓은 세인트로렌스 강 위에 나뭇잎처럼 동동 떠있는 섬들. 그리고 그 섬 위에 자리 잡은 개성 있는 별장들의 모습은 그 자체가 한 폭의 그림이다. 눈에 띄지도 않은 만큼 작은 바위섬도 있다. 하지만 그 위에 있는 작은 집이 문패처럼 섬의 존재를 세상에 알려준다. 저렇게 외진 별장 안에서 저들은 어떤 생각을 하고 있을까? 필시 저들은 자기들이 만든 작은 세상에서 커다란 우주를 느끼고 있으리라. 커든 작든, 누구의 지배를 받지 않는 자신만의 왕국을 건설하고픈 건 인간의 기본 욕구이자 본능이니 말이다.

인간은 원하든 원하지 않든, 세상의 복잡다단한 인간관계 속에 빠져 버둥거리며 살아가는 존재다. 엎치락뒤치락 씨름판 세상에서 울고 웃으며 살다 보면, 숨 막히게 얽혀있는 인간그물 속에서 질식할 것 같은 때도 많다. 하지만 언젠가는 자유로운 영혼으로 자신만의 작은 왕국을 건설할 거라는 희망의 불씨가 그 순간을 버티어 내고 삶을 지탱해주는 에너지가 된다. 아무도 침범할 수 없는 자신만의 세계! 태초에 어머니 자궁 속에서 평화로이 혼자 노닐었던, 바로 그때의 원초적 자아로 돌아가고픈 게다.

거울 같은 강물 위에 섬들이 하나씩 나타난다. 하나 같이 동화 속의 성곽들 같다. 알프스 산자락의 푸른 초원에서 보았던 통나무집도 있고, 프랑스 궁궐을 본 딴 것도 보인다. 어떤 섬엔 날렵한 현대식 분위기의 건물도 앉아 있다. 어쨌든 저 섬들은 각각이 작은 왕국이고, 별장주인은 곧 왕이다. 세상과는 고립되어 다소 불편할 듯하지만, 음식배달부터 별장관리 등 모든 서비스가 전화 한 통으로 해결된다고 하니 부호들의 삶의 양상은 우리 서민들과는 격이 다른 게다.

갑자기 사람들이 환호성을 질러서 고개를 들어보니 볼트 성이 서서히 나타나기 시작한다. 성곽 느낌이 중세 유럽풍이다. 첫눈에 독일에서 가장 아름다운 루트비히 2세가 지은 '노이슈반스타인 성(백조의 성)' 분위기가 난다. 루이 14세의 절대적 왕권을 부러워하여, 자신만의 파라다이스를 꿈꾸며 성곽을 짓다가 미완성으로 남기고 죽음을 맞이한 비운의 왕이다. 공교롭게도 볼트 씨의 사연과 닮은 데가 있다.

전쟁터 같은 세상에서 살아가다 보니 인간의 가슴은 갈수록 팍팍해지고 정은 메말라간다. 피를 나눈 가족은 물론, 검은 머리 파뿌리 될 때까지 서로 사랑하며 살기로 맹세한 부부도 세월이 가면 그 정이 미지근해지기 일쑤다. 그런데 사랑하는 아내를 위해 저렇게 아름다운 성곽을 지을 생각을 한 볼트 씨야말로 참으로 자상하고 멋진 남편이다. 비록 저 성곽에서 살지는 못했지만, 그의 아내 역시 복 받은 여인임에 틀림없다. 이렇게 바다 건너 관광을 온 우리들까지 그녀의 이름을 기억하고, 그녀 별장을 보며 부러워하니 말이다.

수제비처럼 떠있는 섬은 금방이라도 물속으로 잠길 듯 하지만, 결코 물이 넘치지 않고 그대로 유지된다고 한다. 이유인 즉, 천섬 뒤의 거대한 온타리오 호수가 수량을 항상 일정하게 조절하기 때문이란다. 가이드 말로는, 강바닥엔 아직도 그 옛날 토론트에서 밀주密酒를 만들어 미국으로 수송하다가 좌초된 프랑스 배들이 가라앉아 있다고 한다. 어쩜 운이 좋아 프랑스 보석이나 위스키 한 병을 낚을 수도 있으려나, 다들 눈독을 들여 강바닥을 들여다본다.

열심히 카메라 셔터를 누르다 보니 배는 다시 락포르트로 돌아왔다. 점심식사는 선착장 바로 위의 레스토랑이다. 4월 말인데도 날씨가 써늘해 식당 안에는 우람한 전기히트가 돌아가고 있다. 현지식 뷔페 식사를 하는데 가이드가 얘기한 '천섬 드레싱'이 나와 있다. 야채 위에 곁들여 맛을 보니 새콤달콤한 게 우리 입맛에도 맞다. 볼트 씨의 아내 덕에 이제는 입 호강을 한다. 상큼하면서도 달콤한 드레싱은 아내를 향한 볼트 씨의 지극한 사랑이 진액으로 응축된 맛이지 싶다.

포스토니아 동굴을 찾아서

동유럽 여행 7일차, 오늘은 슬로베니아(Slovenia) 관광이다. 슬로베니아는 1991년 유고슬라비아로부터 독립을 선언한 발칸반도의 신생국으로, 2004년 유럽연합(EU)에 가입해 경제, 사회적으로 개방화가 빠르게 이루어지고 있다. 국토면적은 이스라엘이나 웨일즈 정도의 크기로 동유럽에서 가장 작은 나라다. 국토의 대부분이 산악지형으로 줄리앙 알프스가 있는 북서부에 뻗어 있고, 들쭉날쭉한 알프스 산맥은 오스트리아 국경을 따라서 동쪽으로 뻗어 있다. 전체 국토면적의 절반 정도가 숲으로 덮여 있다. 유고슬라비아의 독재자들 입장에서 보면 슬로베니아는 사라져버린 '황금알을 낳는 거위'다. 유고슬라비아에서 떨어져 나온 이후 슬로베니아는 풍부한 자원, 천연의 아름다운 자연, 영속적인 평화 덕택으로 번영을 누리고 있다. 유럽의 복잡함과 비싼 물가를 피하려는 관광객들이 슬로베니아를 그 대안의 장소로 많이 찾는다고 한다.

국토의 대부분이 카르스트지형인 슬로베니아에는 석회암동굴이

5000여 개가 있다. 그 중 포스토니아 동굴은 유럽에서 가장 큰 석회동굴이며, 세계에서는 미국 켄터키 주에 있는 매머드 동굴 다음으로 2번째로 큰 석회동굴이다. 총 길이가 21km로 카렌스, 돌리네, 동굴, 협곡, 좁아지는 개울, 간헐성 호수와 같은 독특한 자연형상이 많아 더 인기가 있다고 한다.

포스토니아 동굴은 백악기인 7000만 년 전 바다 속의 석회석을 기반으로 만들어졌다. 이 시기에 바다가 퇴각하고 그 땅위에서 카르스트작용이 시작되어 석회암이 형성되었는데, 수백만 년에 걸쳐 조금씩 석회암이 용식되어 희귀한 모양의 종유석이 만들어졌다. 동굴 속 기온은 연중 10℃로 거의 일정하며, 공기의 순환이 잘 이루어져 귀뚜라미, 거미, 새우, 지네 등 다양한 동물들이 서식하고 있다.

1213년 처음 동굴이 세상에 알려졌고, 지금의 동굴입구는 1818년 현지인에 의해 발견되었다. 동굴에 전기를 설치하고, 동굴열차와 철도를 부설한 후 관광지로 더욱 각광을 받게 되었다고 한다. 관광객들에게는 약 5km의 길이만을 공개하고 있다. 15분정도 전동차를 타고 동굴 깊숙이 들이가선 50분 정도 도보관광을 한 후, 디시 전동차를 타고 동굴입구로 되돌아오는 코스나.

놀이동산에서나 볼 수 있는 작은 전동차에 몸을 싣는다. 차에서 내려 동굴의 가장 높은 부분인 높이 45m의 'Great Mountain'에서부터 도보관광이 시작된다. 조금 걷다보니 'Russian Bridge'가 나타나는데, 러시아 포로들에 의해 이 다리가 만들어져 붙게 된 이름이라고 한다. 이 다리를 지나자 동굴의 가장 하이라이트인 'Beautiful Cave'라고 이름이 붙은 500m에 이르는 동굴통로가 나온다. 이곳은 하얀 석순으로 된 'White Chamber,' 붉은 석순으로 된 'Red Chamber', 작은 종류석으로 이루어진 'Spaghetti Hall'등 아름다운 구역으로 나누어져 있다. 여기가 바로 포스토니아 동굴의 상징으로, 기념품과 엽서에 나오는 아이스크림 모양의 희고 큰 다이아몬드 석순을 직접 볼 수가 있다.

다시 Russian Bridge 밑으로 Beautiful Cave를 빠져나와 걷다 보니 예전에 'Human Fish'를 전시했다는 조그마한 연못이 나온다. 아쉽게도 지금은 실물 대신 커다란 사진으로 덮혀 있다. 실제 생물체는 동굴 밖 수족관에서 따로 3유로에 전시하고 있다. 이 종種은 길이가

30cm, 수명이 무려 80년에서 100년이나 되는 생물체로, 코카사스인종의 피부색깔과 같아 'Human Fish'라는 이름으로 불린다고 한다. 놀랍게도 이 생물은 포스토니아 동굴 밑의 피브카 강에서만 발견되는데 7년간 아무것도 먹지 않고도 생존할 수가 있다고 하니 놀라울 따름이다. 물속의 작은 미생물이나 벌레를 잡아먹고 사는데 어두운 곳에서만 살다보니 시각이 퇴화되었으며, 종종 흑인처럼 검은색의 희귀종도 있다고 한다.

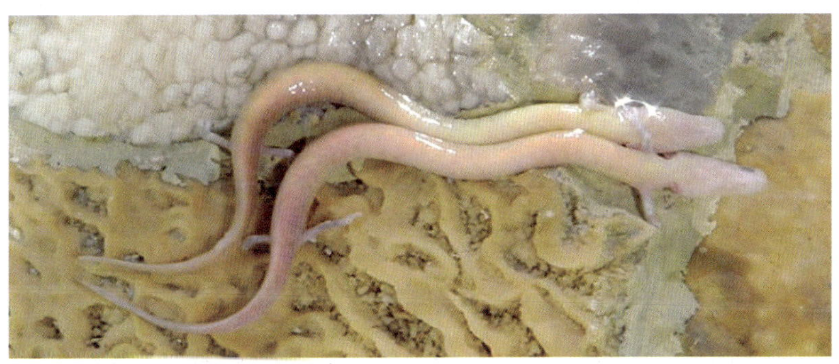

드디어 동굴관광의 마지막 코스, 무려 1만 명을 수용할 수 있다는 콘서트홀에 도착한다. 이곳에서 소리를 내면 약 6초간 울림이 지속되어 가끔 아카펠라합창단이 여기서 노래를 부른다고 한다. 동굴의 다른 곳과는 달리 사진촬영이 허용된다. 동굴의 적색 종유석은 산화철과 석회성분이, 흑색과 회색은 산화망간이 석회성분과 섞여서 나타나는 자연색이다. 하지만 푸른색은 동굴의 전기시설과 관광객의 카메라 빛에 의한 인공적으로 만들어진 것이라고 한다.

갑자기 조명이 다 꺼지더니 이름 모를 클래식음악이 흘러나온다. 소리울림이 웅장한 오케스트라의 연주 같다. 동굴 속의 음향효과는 가히 환상적이다. 노래를 부르면 동굴의 구석구석 벽에서 소리가 돌아와 연속적인 메아리를 만들어 웅장한 화음을 만들기 때문이란다. 유명한 음악가 피에트로 마스카니, 엔니코 카루소, 토스카니니도 이곳에서 연주한 적이 있다고 한다.

콘서트홀에서 사진을 찍고 자유시간을 가진 후 전동차를 타고 다시 동굴입구로 돌아 나온다. 영국의 대문호 헨리 무어가 이 동굴을 찾은 후 '가장 경이로운 자연미술관'이라고 격찬을 했다는데, 참으로 공감이 가는 표현이다.

오랫동안 여행을 하다 보니 세계에서 유명한 동굴은 거의 다 보았다. 석회암동굴 중, 웅장하면서도 아름답기로는 이 동굴이 최고인 것 같다. 자연의 힘이 얼마나 위대한지, 하느님의 창조 위력 앞에 숙연해진다. 한낱 돌멩이의 세계에서도 생성과 소멸에 엄격한 조직적 질서가 있음에 경탄할 따름이다. 소리 없이 태어나서 자라고, 자연과 조화롭게 타협하면서 긴 세월을 숙성시킨 결과, 결국은 이렇듯 화려하고 경이로운 모습을 세상에 드러내니 말이다. 이렇다 할 결실도 없이 일생을 빈둥빈둥 살아가는 인간들을 부끄럽게 한다.

플리트비체 국립공원

동유럽 여행 6일차, 오늘은 크로아티아 관광이다. 코로아티아의 정식명칭은 크로아티아 공화국(Republic of Croatia)으로, 옛 유고슬라비아연방을 이루던 공화국이었으나 1980년대 말 소련과 동유럽을 휩쓴 개혁의 흐름 속에 1991년에 독립을 선언했다. 크로아티아 중심부에 위치한 플리트비체는 호수와 숲으로 둘러싸인 천혜의 자연환경으로 축복 받은 도시이다. 플리트비체 국립공원은 1949년 남동부 유럽에서는 최초로 국립공원으로 지정되고, 1979년 세계 최초로 유네스코 자연유산으로 등재되어 세계 각지에서 연간 백만에 가까운 관광객들이 방문하는 크로아티아 최고의 명소이다.

석회암지형을 기초로 형성이 된 플리트비체는 특이하게도 석회암동굴의 형성과정이 그대로 지상에서 진행된 결과물이라 할 수 있다. 오랜 세월, 발칸반도 석회암지역을 흐르던 강물의 힘에 의해 서서히 지형이 깎이고 침식된 흔적이 300평방킬로미터의 면적에 그대로 남은 게 플리트비체 국립공원이다. 수많은 폭포와 16개에 달하는 크고 작은 호수에다 수목이 우거진 숲으로 된 공원은 워낙 방대해 하루 만에 속속들이 돌아본다는 것은 거의 불가능하다. 하지만 워낙 오래 전부터 잘 알려진 곳이어서 미답지로 남은 곳이 하나도 없다고 한다. 유럽에서는 동구권의 붕괴 이전부터 여러 영화촬영지로 이미 유명했던 곳이기도 하다.

플리트비체로 가는 길에는 아직도 크로아티아 내전의 흔적이 상처처럼 곳곳에 남아 있다. 총탄자국이 고스란히 남아있는 파괴된 외딴 농가와 막 복구작업이 끝나가는 마을들을 지나는데, 전쟁으로 희생된 이들을 위한 위령비도 보인다. 그 사이로 옛날 흑백사진에서나 볼 수 있던 검은 스카프를 두른 아낙네의 모습이 스쳐가고, 당나귀에 땔감을 잔뜩 실은 촌로가 속도를 줄이는 관광버스를 피해간다. 서유럽처럼 세련되고 질서정연하지는 않지만, 적당히 낡고 남루해 보이는 크로아티아의 시골은 어쩐지 우리나라 60년대를 연상시켜 고향에 온 듯한 정겨움마저 든다.

플리트비체가 가까워 오자 벌써부터 버스 안에서는 탄성과 셔터 누르는 소리로 들썩이기 시작한다. 짙은 녹음 사이로 눈 시린 옥색의 물줄기, 크고 작은 폭포들이 눈을 뗄 수 없게 한다. 공원입구에 도착하니, 이미 유럽 각지의 번호판을 단 관광버스들이 가득하다. 신발끈을 다시 묶고, 가이드를 따라 도보여행을 시작한다. 자연을 보호하기 위해 공원 안에서는 걸어 다니는 것을 원칙으로 한단다. 입구에서

나눠주는 입장권은 나중에 호수를 건널 때 이용하는 작은 보트의 이용권이 되기도 하니 끝까지 잘 간수하라고 한다.

이번 여행을 출발할 때부터 가장 기대를 한 코스가 발칸반도 국가들이다. 소련 위성국에서 이제 막 독립을 하고 서방문화를 받아들이기 시작한 나라들. 아직도 전쟁 중인 곳도 있고, 전쟁이 끝나도 곳곳에 지뢰가 묻혀 있어 위험관광지로 간주되는 곳이지만, 반면에 관광객의 손때가 덜 묻어 자연 그대로의 생태계가 보존되어 있을 것 같은 생각에 더 욕심이 생겼다. 그 중 가장 안전한 여행지로 최근에 사람들의 입에 가장 많이 오르내리는 곳이 이곳 플리트비체 국립공원이다.

여행가이드북에선 출발지에서 배를 타고 호수 꼭대기까지 올라가서 전경을 보면서 산보를 하고 내려가는 걸로 되어있는데, 우리는 중간지섬에서 옆으로 치고 들어가는 코스를 택했다. 가이드에게 물어보니 그 코스는 배 타는 시간이 너무 짧아 차라리 이 코스가 좋다고 한다. 어쨌든, 시선이 가는 곳마다 탄성이 절로 나오는 절경들이다.

흰 천을 담그면 그대로 옥색물이 들 것만 같은 맑은 물속에는 물고기 떼가 말 그대로 물 반, 고기 반으로 섞여 있다. 숭어, 연어 비슷한 물고기들이 모두 수면 위로 둥둥 떠서 여행객들이 던져주는 먹이를 기다리고 있다. 이름도 알 수 없는 아름다움 나비와 새들, 거기에 풋풋한 야생화가 어우러져 말 그대로 파라다이스다. 지금 나는 천국의 정원을 거닐고 있는 게다. 깎아지른 절벽 위에서는 펼쳐놓은 병풍처럼 수많은 폭으로 연결된 폭포수가 은빛 물방울을 튀기며 거침없이 쏟아져 내린다. 금방이라도 잠자리 날개옷을 입은 선녀들이 내려와 나풀나풀 춤을 출 것 같다.

계단처럼 연결된 16개의 호수를 꿈결처럼 거닌다. 푸른 녹음을 관통하는 시원한 바람, 풋풋한 솔내음과 야생화 향기 속에 내가 스며든다. 이제 자연이 나이고, 내가 곧 자연이다. 남편 루돌프 황태자를 잃고 실의에 잠겼던 오스트리아 합스부르크가의 황태자비 스테파니 공주가 왜 이곳에서 위로를 찾았는지 알 것 같다.

빙하물이 섞여서 그런지 캐나다, 노르웨이의 호수들처럼 이곳 물빛도 거의 옥색이다. 어디서 촬영을 해도 사진은 한 폭의 수채화요, 그림엽서가 된다. 이런 게 대자연을 통한 신의 계시啓示인 게다. 인간의 두뇌와 지혜로는 감히 이해할 수조차 없는 초자연적인 아름다움 앞에서 위대한 하느님의 권능과 존재를 인정하지 않을 수 없으니 말이다.

지금 여기 이 자리에서 시간이 영원히 멈추어도 좋을 듯하다.

고래상어와 아들

추석연휴에 아들네랑 필리핀 세부에 왔다. 오늘은 고래상어를 보러 가는 날, 새벽어둠을 뚫고 우리 가족만을 태운 봉고차는 오슬롭 마을을 향해 덜컹거리며 달린다. 무리한 여행일정으로 몸은 천근이지만, 아들이 좋아하는 고래상어를 보러 간다는 마음에 덩달아 가슴이 설렌다.

아들은 어릴 적부터 고래상어를 동경했다. 지금 생각해 보니, 아들에게서 고래상어란 존재는 마치 자신이 쫓아가야 할 꿈이자 이상의 상징이고, 꼭 추구해야만 되는 어떤 메타포였던 것 같다. 그러니 제 아내와 어린 딸에게도 고래상어에 대해 자주 얘기했다고 한다. 2년 전 추석에 처음으로 아들네랑 일본으로 여행을 갔는데, 그때도 아들은 두 살밖에 안 된 손녀에게 고래상어를 보여주기 위해서 굳이 오키나와를 여행지로 잡았다. 내가 아들에게 왜 고래상어가 좋으냐고 물

었더니. 아들의 대답은 간단했다. '엄마가 나를 사랑하는 데 이유가 있나요? 그냥 좋은 거지.'

이번 세부여행에도 선택옵션이 많았다. 그런데 아들은 구태여 이 코스를 고집했다. 고래상어를 보기 위해선 꼭두새벽에 일어나야 하는데다, 가격도 비싸며 왕복 5시간이나 걸리는 장거리라 모두가 꺼려하는 코스란다. 하지만 여기까지 왔는데 어미로서 아들이 좋아하는 걸 해주고 싶다. 게다가 오늘은 아들의 생일이다. 제가 좋아하는 고래상어와 한껏 놀 수 있다면 이보다 더한 축복이 있으랴. 이미 예정된 것처럼 여행일정이 이렇게 생일과 맞게 떨어진 것 역시, 아들과 고래상어는 예사 인연이 아닌 성싶다.

고래상어를 보러가는 길은 험난하다. 새벽 2시에 일어나 준비를 하고, 호텔에서 챙겨주는 간단한 도시락을 받아서 차에 올랐다. 그저께 밤에 부산에서 심야버스로 인천공항엘 가서 새벽에 바로 출국한 터라, 여름에 다친 허리가 자꾸 태클을 건다. 새우처럼 다리를 웅크리고 누워 눈을 감는다. 도로정비가 덜 된 시골도로는 계속 덜컹거린다. 그럴 때마다 허리는 아우성을 친다. 자신이 원하는 걸 이루는 과정은 이처럼 험난한 길을 마다않고 고통을 참으며 달려가야 하는 게다. 확실히 그 꿈이 성취된다는 보장도 없이, 한치 앞도 보이지 않는 어둠 속의 터널을 묵묵히 달려야만 한다. 하지만 오늘은 이 길을 곧장 가기만 하면, 우리가 원하는 곳에 도착할 수가 있다. 확실한 이정표를 보며, 게다가 이렇게 누워서 갈 수 있으니 이것만으로도 얼마나 호사스런 여정인가 말이다.

드디어 목적지인 오슬롭 어촌마을에 도착했다. 깊은 바다에 있어야 할 고래가 어떻게 이런 작은 어촌해안에 있는 걸까 의문이 간다. 가이드의 말로는, 2011년 12월에 우연히 이 마을 앞바다를 찾아온 고래상어 떼에게 어부들이 먹이를 주자 이들이 계속 머물게 되었다고 한다. 고래상어들이 마을 앞바다에 둥지를 틀면서 이곳은 갑자기 하루에도 수백 명의 관광객이 찾아오는 관광명소가 되었는데, 이곳 주민들은 크리스마스 때 나타난 고래상어를 산타가 준 선물로 생각한단다. 나름 생태학을 전공한 자로서, 드넓은 대양에서 헤엄치며 살아야할 고래상어를 먹이로 유인해서 여기에 묶어두는 게 과연 옳은 일인가 하는 생각이 든다. 더구나 지구상에서 서서히 멸종해 가는 보호대상 동물을 말이다.

이제 겨우 6시경인데 바닷가에 자리 잡은 투어 매표소엔 사람들이 북적거린다. 저만치 바다 위엔 벌써 고래상어 투어를 시작한 배들이 떠있다. 안내소에서 투어를 할 때의 주의사항에 대한 간단한 교육을 받고 해안으로 내려간다. 이곳의 전통 목선이라는 방카는 길쭉하고 앞뒤가 좁은 게 베를 짜는 북 모양이다. 정원이 여덟 명쯤 됨직한 배엔 노를 젓는 사공과 관광객을 돌보는 조수 청년, 신혼으로 보이는 커플과 우리 가족 넷이 탔다. 배의 폭은 건장한 성인 둘이 앉기에도 좁다. 내 뒤엔 며느리가 앉고, 앞엔 아들과 손녀 주하가 나란히 앉는다.

아들은 벌써 스노쿨링장비를 얼굴에 끼고 바다로 들어갈 채비를 한다. 갑자기 무장을 하고 바다로 뛰어드려는 아빠를 보고 주하는 기겁을 하며 울어댄다. 하지만 이 순간 아들의 귀엔 딸의 울음소리가 들릴 리가 없다. 그렇게도 꿈꾸며 그리워하던 고래상어가 물 아래서 세레나데를 부르고 있으니 말이다.

아들은 주저 없이 물속으로 몸을 던진다. 추위도 아랑곳하지 않고 물속으로 뛰어드는 아들의 모습은 숙연하기까지 하다. 자신이 사랑하고 아끼는 존재를 위해 위험도 감수하며 혼신을 다하는 모습이다. 그런 열정이 있기에 오늘의 아들이 있는 게다.

우리 뒷배에 탄 사람들이 고함을 지르기에 고개를 돌려보니 검은 고래상어 한 마리가 서서히 물밑에서 모습을 드러내고 있다. 상어를 유인하기 위해 새우젓을 던지는 배를 따라오고 있는 거란다. 고래상어를 발견한 아들은 겁도 없이 그쪽을 향해 돌진해간다. 오랫동안 그리던 연인을 보고 넋이 빠져 달려가는 모습이다.

먹이를 따라 여기저기 고래상어들이 몰려온다. 우리더러 고래상어 가까이 가지 말라고 했지만, 상어가 되레 우리 뱃전을 겁도 없이 스치고 지나간다. 온몸에 전율이 인다. 아마 물속에서 상어와 놀고 있는 아들의 감흥은 더하리라. 이제 물속엔 사람보다 고래가 더 많다. 아들은 신이 났다. 회색빛 고래상어와 아들이 정답게 헤엄치고 논다. 아들이 상어 가까이 다가가자 사공이 계속 주의를 준다. 하지만 둘은 이미 오랜지기 친구처럼 스스럼없이 어울려 논다. 꺼무죽죽하고 곰탱이 같은 고래상어와 잘 생기고 훤칠한 아들 모습은 전혀 다르다.

하지만 뭔가가 서로 닮았다. 자유로운 영혼으로 바다와 세상을 마음껏 가르며 나아가되, 어떤 유혹에도 흔들리지 않고 자신이 만든 노선대로 우직하고 진중하게 행동하는 게 서로 닮은 것일까?

고래상어가 유유히 헤엄을 쳐간다. 아들이 그 뒤를 따른다. 둘 다 덩치가 크지만 성격이 온순하니 친구가 되는 게다. 나는 그 모습을 지켜보며 마냥 흐뭇하다. 키즈 카페에 와서 아이가 노는 걸 보는 엄마의 마음이 이런 것이리라. 한바탕 고래상어와 놀던 아들이 뱃전으로 올라온다. 제 의지로 올라온 게 아니라, 시간이 다 되어 사공이 올라오라는 신호를 보낸 게다. 하지만 수경을 벗는 아들의 얼굴에는 흡족한 미소가 번진다. 고난과 역경을 뚫고 자신이 추구하던 그 무엇을 이루었을 때의 뿌듯한 바로 그 웃음이다.

아들이 꿈을 이룬 아침, 배에서 내려 걸어가는 그의 등짝 위로 붉은 햇살이 쏟아진다. 아들이 남은 삶의 여정에도 고래상어처럼 우직하고 순탄하게 파고를 잘 헤쳐 나가길 바라는 마음이다.

이동소 수필집

영끌

초판1쇄 발행 2022년 4월 15일

지은이 이동소
펴낸이 이길안
펴낸곳 세종출판사

주소 부산광역시 중구 흑교로 71번길 12 (부수동2가)
전화 051－463－5898, 253－2213~5
팩스 051－248－4880
전자우편 sjpl5898@daum.net
출판등록 제02-01-96

ISBN 979-11-5979-506-0 03810

정가 13,000원

부산광역시 BUSAN METROPOLITAN CITY 부산문화재단 BUSAN CULTURAL FOUNDATION
본 도서는 2022년 부산광역시, 부산문화재단 부산문화예술지원사업으로 지원을 받았습니다.